중국아주경제발전협회

중·한 수교 30주년 기념

중국 조선족 기업가 30인에 대한 취재 실록

무지개를
수놓는 사람들

주필 이 춘 일

새로운 세상의 숲
신세림출판사

중국 조선족 기업가 30인에 대한 취재 실록

무지개를 수놓는 사람들

새로운 세상의 숲
신세림출판사

목 차

『编织彩虹的人们』书序言

　　为纪念中韩建交30周年，中国亚洲经济发展协会整理编撰的『编织彩虹的人们』一书，通过对30位中国朝鲜族企业家的访谈实录，向人们展现30年间中韩经贸交往之进程。

　　上个世纪九十年代是冷战结束世界格局转换的重要时期，各国的发展战略与国际政治经济关系发生了深刻的调整。1992年8月24日，中韩两国正式建立大使级外交关系，意义之重大，影响之深远，对两国的发展起到了举足轻重的作用。回顾30年发展历程，聚焦合作、实现共赢是中韩关系不断发展的关键动力。

　　一方面，中国实行改革开放之国策，市场经济迅速发展，产品、资源、投资、服务全面处于需求状态，与中国有着天然近邻优势的韩国顺理成章的成为了我国进口大量商品、服务的供给国；另一方面，作为"汉江奇迹"的缔造者、东亚较早实现战后经济转型的韩国，也面临着自身市场容量的制约，需求"出口导向型"经济发展。中韩建交后广阔的中国市场迅速成为韩国产品、投资的流入地。

　　时至今日，韩国对华实际投资累计861.9亿美元，中国对韩国实际投资累计98.5亿美元。韩国一跃成为中国第二大外资来源国，中国更是成为韩国第二大投资对象国，中韩贸易额占韩国对外贸易总额近1/4，接近韩美、韩日及韩欧贸易总和。中韩经贸合作在世界范围已成为互利共赢的典范，中韩两国早已成为相互依存、密不可分的利益共同体。

　作为中韩民间外交的重要主体——中国亚洲经济发展协会，其前身中韩经济发展协会，成立于中韩建交的次年——1993年。深耕中韩各项经济、文化交往活动已有近30年历史。作为对外经济口协会，在中韩经贸交往过程中，特别是在中国地方政府招商引资、韩国企业在华投资落地等方面起到了"桥梁"作用。协会在发展过程中得到了许多领导与专家们的指导、支持，成为了民间外交的重要纽带。联通包括朝鲜族企业家在内的中韩各项交往活动是协会的重要工作内容之一。

　中国朝鲜族向来被认为是充满智慧且吃苦耐劳的民族。依靠语言文化的相近性，朝鲜族在中韩经贸交往的过程中发挥了重要作用，常被称之为"编织彩虹的人们"。

　『编织彩虹的人们』一书通过讲述中国朝鲜族企业家们在与韩国进行经贸往来过程中自身成长与企业发展的故事，尝试以企业为视角向读者呈现两国经贸交往的细节，从而得以展现30年中韩经贸发展、甚至中韩关系发展的脉络。这是一部充分反映中国朝鲜族企业家精神的专著。

　作为协会纪念中韩建交30周年的系列活动之一，『编织彩虹的人们』一经出版，意义深远。未来，我们希望在中韩关系的基础上，在RCEP框架下进一步组织、支持更多企业家投身于区域经济一体化的构建，为实现人类命运共同体发挥应有的作用。

　三十半甲子，如日中天时。在世界政治经济格局进行深度调整的今天，中韩两国面临的机遇和挑战并存。挑战自不必言，围绕高科技、低碳发展等领域的合作则是充满机遇。而充满智慧的中韩两国人民应当相信持续不断的发展是破解一切挑战的良方。

　值此中韩建交三十周年纪念之时，愿此书，能对两国经贸交往发力的企业家们起到一些鼓励作用。期待中韩下一个三十年！期待中韩关系万古长青！

中国亚洲经济发展协会 会长

权 顺 基

『무지개를 수놓는 사람들』 책 서언

중국아주경제발전협회는 중한 수교 30주년을 기념하기 위하여 중국 조선족기업가 30명에 대한 취재 실록을 통해 30년간 중한 경제무역의 발전사를 보여주는 『무지개를 수놓는 사람들』이란 책을 편찬, 출판하게 되었다.

지난 세기 90년대는 냉전이 끝나고 세계구도가 뒤바뀌는 중요한 시기였으며 각국의 발전전략과 국제 정치 경제 관계에 심각한 변화가 생겼다. 1992년 8월 24일, 중한 양국은 대사급 외교관계를 정식으로 수립하였는바 그 의의가 중대하고 영향이 심원하며 양국의 발전에 중대한 사변으로 되었다. 30년의 발전 노정을 돌이켜보면 협력에 초점이 맞춰지고 호혜를 실현하는 것이 중한 관계가 부단히 발전하도록 하는 주요한 원동력이 되었다.

한편으로 중국이 개혁개방이라는 국책을 실시하면서 시장경제가 신속히 발전하였고 제품, 자원, 투자, 서비스 등이 모두 필요로 하는 상황에서 중국과 지리적으로 가까운 한국이 자연스럽게 우리나라에서 수입하는 상품과 서비스를 제공하는 나라로 되었다. 다른 면으로 '한강의 기적'을 창조하고 동아시아에서 일찍 전후 경제성장을 이룩한 한국은 자국의 시장규모의 제한으로 '수출주도형' 경제발전의 출구가 필요한 시점이었다. 중한 수교이후 광활한 중국 시장은 빠르게 한국 제품과 투자가 밀려드는 곳으로 되었다.

오늘에 이르러 한국의 대중국 실제 투자는 누계 861.9억 불이며 중국의 대한국 실제 투자는 누계 98.5억 불에 달한다. 한국은 일약 중국의 제2대 외자내원국으로 되었고 중국 역시 한국의 제2대 투자대상국이 되었다. 중한 무역액은 한국 대외무역 총액에서 근 1/4을 차지하며 한미, 한일 내지 한유럽 무역의 총 집계에 해당한다. 중한 경제무역 협력은 이미 세계적 범위에서 호혜의 모범이 되었고 중한 양국은 상호의존하고 헤어질 수 없는 이익공동체로 되었다.

중한경제발전협회는 중국아주경제발전협회의 전신으로 중한 수교가 이루어진 다음해인 1993년에 설립되었으며 중한 민간 외교의 중요한 주체로 활약하였다. 어언 중한간의 경제, 문화 교류 활동을 깊이 있게 가꾸어온 지도 근 30년이 되었다. 대외경제분야의 협회로서 중한 경제무역 거래 과정에 특히 중국 지방정부의 투자유치와 한국 기업의 중국투자 착지에 '교량' 역할을 담당해왔다. 협회는 발전과정에 많은 지도자들의 지도와 전문가들의 지지를 받아왔으며 민간외교의 중요한 유대가 되었다. 조선족 기업가를 포함한 중한간의 각종 교류와 활동은 협회의 중요한 사업내용이기도 하였다.

중국 조선족은 본래부터 지혜가 충만하고 고생을 이겨낼 줄 아는 민족이다. 언어문화의 유사성에 의거하여 조선족은 중한 경제무역 교류 속에 중요한 역할을 할 수 있었기에 '무지개를 수놓는 사람들'이라고 불린다.

『무지개를 수놓는 사람들』이란 책은 조선족 기업가들이 한국과의 경제무역 교류과정에서 자신들이 성장하고 기업발전을 이룩한 이야기들을 담고 있으며 기업의 시각에서 두 나라 경제무역의 세부내용을 독자들에게 보여줌으로써 30년간 중한 경제무역발전 내지는 중한관계발전의 맥

락을 보여주려고 시도하였다. 이런 면에서 이 책은 중국 조선족 기업가 정신을 충분히 반영한 전문 서적이라고 할 수 있다.

중한 수교 30주년 기념 활동의 일환으로 『무지개를 수놓는 사람들』이 출판되는 것은 의의가 크다고 할 수 있다. 앞으로 우리는 중한 관계의 기초 위에서, RCEP의 틀 속에서 보다 많은 기업가들이 역내경제일체화의 건설에 투신하도록 조직하고 지지하면서 인류의 운명공동체를 실현하는 데 있어 마땅한 역할을 하기를 희망한다.

30은 육십갑자의 반으로 마침 전성기에 처한 시점이다. 세계 정치 경제 구도가 크게 조절되고 있는 현실에서 중한 양국은 기회와 도전이 병존하는 시기에 직면해있다. 도전은 따로 말하지 않더라도 참단과학기술, 저탄소발전 등 영역에서 협력의 기회가 많이 있다. 지혜로 충만 한 중한 양국 인민들은 지속적인 발전만이 모든 도전을 이겨내는 좋은 처방이라고 믿고 있다.

중한 수교 30주년을 기념하면서 이 책이 두 나라 경제무역교류에서 큰 힘을 발휘하고 있는 기업가들에게 고무적인 일이 되기를 바란다. 중한간의 다음 30년을 기대하며 중한 관계가 영원하기를 바란다.

중국아주경제발전협회 회장

권 순 기

朝鲜族是中韩关系发展的
重要桥梁和纽带

中国是由56个民族融合组成的大家庭，在漫长的历史长河中，56个民族像石榴籽那样，紧密地团结在一起续写了光辉灿烂的中华文明。远的不说，近百年来在抗日战争、解放战争、抗美援朝战争时期，无数的中国朝鲜族同胞与祖国各族的优秀儿女一起，投身到为解放祖国、建设祖国和保卫祖国的伟大事业中，勠力同心，并肩战斗、流血牺牲，作出了巨大的贡献。伟大领袖毛泽东主席曾说过，"中华人民共和国的五星红旗上印有朝鲜族的鲜血"。中华民族从站起来、富起来到强起来的伟大征程中，同样有朝鲜族同胞的汗水和心血。

新中国成立后，朝鲜族的同志和朋友们，以其特有的勤劳、勇敢、智慧和坚韧，积极投身到社会主义建设，改革开放和实现民族的伟大振兴事业中，在各条战线涌现出一大批优秀人才和领军人物。他们奋斗在祖国的经济、社会、军事、科技、文化、艺术、教育、医疗等各个领域。尤其值得一提的是，在我国实行改革开放政策之后，特别是1992年中韩建交至今，中国朝鲜族的同志和朋友们，发挥他们与韩国人民语言和文化相通，了解祖国国情，与韩国地理相近的独特优势，在推动和促进中韩两国的相互了解、传统友谊、经贸投资合作、维护地区和平稳定等方面发挥了桥梁、纽带和窗口的作用，为中韩两国的共同发展、两国人民生活的普遍改善，做出了不可磨灭的贡献。

从个人角度而言，1992年，作为中国常驻联合国代表团政务参赞，奉政府指示，为促成韩国顺利加入联合国尽了最大的努力；21世纪初，作为中国常驻联合国日内瓦代表，与时任韩国代表郑义榕大使紧密合作，为我尊敬的已故李忠郁先生顺利当选世卫总干事做了大量工作；2010年之后的两年多时间里，作为联合国可持续发展筹备会和大会秘书长与时任联合国秘书长潘基文先生齐心协力，推动联合国制定了联合国可持续发展目标，这是我个人的荣幸，更是中韩两国和人民相互支持合作共赢的范例。

今年是中韩建交30年。按照东方人的习惯，是应当大力庆贺的一年，庆祝是为了总结过去，开创更加美好的未来。这30年是两国合作共赢、相互成就的30年，也是风风雨雨、不离不弃的30年。在国际格局正在经历百年未有之巨变的当下，更是中韩两国放平心态，从中韩两国人民的长远福祉出发，加以认真总结经验教训的30年。个人认为，百年巨变无论怎么变，中韩两国互为紧邻的地理不会变，中韩两国人民共同向往和平、发展和美好生活的愿望不会变。两国人民反对外来侵略占领、自己当家做主的意志不会变。中韩两国人民世代友好、情同手足的历史情谊不会变。

记得习近平主席常说，"国之交在于民相亲"，中国秉承亲诚惠容的睦邻友好政策。当年，江泽民主席还常说，"世界是丰富多彩的"。中韩两国今天的社会制度不同，发展道路也不尽一致，这是两国人民根据自身情况做出的选择，理当相互尊重，交流合作，在维护自身正当利益的同时，决不伤害对方。这是我们东方人的文化和哲学。亲帮亲好，邻帮邻好，才是正"道"。在这一方面，在华经商、投资兴业的韩国企业家们，你们已经作出了重大贡献，相信中国人民不会忘记，你们未来发挥作用的空间则更加广阔无限。

这次在韩国出版的『编织彩虹的人们』一书，收录了优秀朝鲜族企业家的创业故事，讲述了为中韩经济合作与发展做出的各种贡献，内容丰富且生动感人，是中韩合作30年的缩影。我作为一名退休的资深外交官，曾长期在双边使馆和多边联合国工作。我的夫人刘谨凤女士还曾担任过驻韩国釜山总领事，贵为釜山的"荣誉市民"。我们看到了一批优秀的韩国外交官在国际舞台上的靓丽风采，他们对中国都非常友好，我们经常想念他们。我们相信，中韩两国只要互尊互信，相互帮助，友好相处，必将有利于两国和两国人民，有利于半岛和平与繁荣发展。本人真诚地希望，中韩两国的企业家，能在两国现有合作的坚实基础上，再接再励，更上一层楼，为两国的高质量发展再立新功。

我觉得，在世界经历百年巨变的历史时刻，中韩两国关系正面临今后30年将如何发展的关键节点。既有重大机遇，也有严峻挑战。我们必须作出正确的选择，为两国人民的子孙后代负责。把命运牢牢把握在自己的手里。毕竟中韩两国是搬不走的近邻，我们有一万个理由维护好双边的睦邻友好关系，没有一条理由伤害它。为此，两国各层级的政府要努力，包括中国朝鲜族企业家在内的民间社会也应该努力。

我坚信，朝鲜族的同志和朋友们定将不负众望。

原中国驻联合国日内瓦大使、联合国副秘书长

沙祖康

조선족은 중한관계발전의 중요한 매개이고 유대

중국은 56개 민족이 융합되어 구성된 대가정이다. 오랜 역사 속에 56 개 민족은 석류씨앗마냥 긴밀히 단결하여 휘황찬란한 중화문명을 함께 창조하였다. 멀리 있는 것은 제쳐놓고라도 근 백 년간 항일전쟁, 해방전쟁, 항미원조전쟁 등을 겪으면서 무수히 많은 조선족 동포들이 중국의 기타 민족 아들딸들과 함께 조국해방, 조국건설, 조국보위의 위대한 사업에 뛰어들었고 한마음 한뜻으로 어깨 걸고 싸우면서 크나큰 기여를 하였다. 위대한 수령 모택동 주석은 "중화인민공화국의 오성홍기에 조선족의 선혈이 찍혀있다."고 말한 바 있다. 중화민족이 우뚝서고, 부강해지고, 강대해지는 위대한 노정 속에 조선족 동포들의 피땀이 배어 있다.

신 중국이 세워진 이후 조선족 동지와 벗들은 근면하고 용감하며 지혜롭고 강인한 특유의 기질을 갖고 사회주의건설, 개혁개방과 민족의 위대한 부흥사업에 적극 몸을 바쳤으며 각 분야에서 우수한 인재와 리더로 활약하고 있다. 그들은 조국의 경제, 사회, 군사, 과학기술, 문화, 예술, 교육, 의료 등 분야에서 같이 분투하고 있다. 특기할만한 사실은 우리나라에서 개혁개방 정책을 실시한 이후 특히 1992년 중한 수교 이래 조선족 동지와 벗들은 한국과 언어, 문화의 동질성을 갖고 있는데다 중국 실정에 대해 잘 알고 있으며 한국과 지리적으로 가까운 독특한 우세들을 발휘하여 중한 양국의 상호간 요해와 전통적 우의 증진, 경제무역 투자 합작 추진, 지역 내 평화적 안정을 수호하는 등 다방면에 걸쳐 매개, 유대, 창구의 역할을 담당해왔다. 그들은 중한 양국의 공동발전과 양국 국민들의 생활개선을 위해 지울 수 없는 기여를 하였다.

개인적으로 말하면 나는 1992년에 유엔 주재 중국 대표단 정무참사로 있으면서 중국 정부의 지시를 받고 한국이 순조롭게 유엔에 가입하도록 하는 일을 최대의 노력으로 추진하였다. 21세기 초에 나는 유엔 주재 제네바대표로 있으면서 당시 한국 대표로 있던 정의용 대사와 긴밀히 합작하여 내가 존경하는 이종욱 선생을 세계보건기구 총간사로 당선시키는데 크게 이바지했다. 2010년 이후 2년 남짓한 시간동안 유엔지속발전준비위원회와 대회 사무총장을 지내면서 유엔 사무총장 반기문 선생과 힘을 합쳐 유엔에서 지속가능한 발전 목표를 추진하는 일을 성사시켰다. 나는 개인적으로 영광을 느끼고 있으며 중한 양국과 인민이 상호 지지하고 합작하여 윈윈하는 모범 사례를 만들었다고 할 수 있다.

올해는 중한 수교 30년이 되는 해이다. 동방인들의 습관에 따르면 응당 크게 경축을 해야 한다. 경축은 지난 과거를 총화하고 새로운 미래를 개척하기 위한 것이다. 이 30년은 양국이 협력하여 윈윈의 성과를 이룩한 30년이며 어려움을 함께 이겨내고 항상 같이 협력해 온 30년이다. 백년에 없었던 국제정세의 거대한 변화 속에 있는 오늘 중한 양국은 마음을 가라앉히고 양국 국민의 장원한 복지를 위해 30년간의 경험과 교훈을 잘 총화할 필요가 있다. 개인적으로 정세가 어떻게 변화하든 중한 양국의 이웃관계는 변할 수 없으며 중한 양국 국민들이 평화, 발전하며 아름다운 생활을 지향하는 염원은 변하지 않는다고 본다. 또한 양국 국민은 외래침략에 반대하고 나라의 주인이 되는 의지에 변함이 없으며 양국 국민이 쌓아 온 우호적이고 친구와 같은 우정은 세세대대 변하지 않을 것이다.

시진핑 주석은 늘 "국가 간의 관계는 국민이 친해져야 한다."는 말을 한다. 중국은 대외관계에서 친하게 성심껏 혜택을 주는 선린우호정책을 실시해오고 있다. 또한 시진핑 주석은 "세계는 다채롭다."는 말을 자주 한다. 오늘날 중한 양국은 사회제도가 다르고 발전 방향이 같지 않은 만큼 양국 국민들이 자신들의 상황에 맞게 선택하는 것은 존중되어야 하며 교류와 합작을 통해 자신들의 정당한 이익을 수호하는 동시에 상대방에 피해를 줘서는 안 된다. 이것은 우리 동방인들의 문화이고 철학이다. 친한 나라는 더 가깝게 지내고 이웃 나라는 더 사이좋게 지내는 것이 옳은 '도리'이다. 이 면에서 볼 때 한국 기업인들은 중국에서 비즈니스하고 투자해서 사업하는 과정에 중대한 기여를 하였으며 중국 인민은 이를 잊지 않을 것이다. 따라서 향후 더 큰 역할을 발휘할 공간이 훨씬 커질 것이다.

이번에 한국에서 출판되는 『무지개를 수놓는 사람들』이란 책은 우수한 조선족 기업가들의 창업 이야기를 담고 있으며 중한 경제협력과 발전에 대한 기여를 그려내고 있다. 내용은 풍부하고 생동감 넘치며 중한 합작의 축소판이라고도 할 수 있다. 나는 퇴직한 오랜 외교관으로서 장기간 양측 대사관 내지는 유엔에서 다변외교에 종사해왔다. 나의 부인 류근봉 여사는 한국 부산 총영사를 지낸 바 있으며 부산의 '영예시민'으로 위촉되기도 하였다. 우리는 일부 우수한 한국 외교관들이 국제무대에서의 아름다운 풍모를 보았고 그들은 모두 중국에 아주 우호적이며 그래서 그들을 늘 그리워하고 있다. 우리는 중한 양국이 상호 존중하고 신뢰를 쌓아가면서 서로 돕고 우호적인 관계를 유지하는 것은 두 나라와 양국

국민들에게 유리하고 반도의 평화와 번영발전에 이롭다는 것을 믿고 있다. 나는 중한 양국의 기업가들이 두 나라간 현재의 합작관계를 굳건히 다지는 기초 위에서 한층 더 분발하여 한 단계 더 올라서서 양국의 질 높은 발전을 위해 새로운 기여를 더하기를 진심으로 기원한다.

나는 세계가 백년의 거대한 변화를 거치는 역사적 시기에 중한 양국의 관계는 앞으로 30년을 어떻게 발전시킬 것이냐 하는 관건적인 시점에 와 있다고 생각한다. 중대한 기회와 엄준한 도전이 함께 하고 있다. 우리는 반드시 정확한 선택을 해야 하며 양국 국민들의 자손후대들에게 책임져야 할뿐 아니라 운명을 우리들의 손에 튼튼히 잡고 있어야 한다. 이를 위해서는 양국의 각 계층 정부의 노력이 계속되어야 하고 중국 조선족기업인들을 포함한 민간사회도 응당 함께 노력해야 한다.

나는 조선족 동지들과 벗들이 기대에 어긋나지 않을 것이라 확신한다.

전 유엔 제네바 중국대사, 유엔부사무총장

사 주 캉

朝鲜族企业家在中韩经济合作中的作用

我热烈祝贺『编织彩虹的人们』出版!

这本书写的是朝鲜族企业家在中韩经济合作中的作用，是中国亚洲经济发展协会为纪念中韩建交30周年推出的一本力作。

我自己长期在全国工商联工作。很多优秀的朝鲜族企业家担任全国工商联执行委员，各省市的工商联就有更多的朝鲜族企业家担任一定的职务。本书虽然仅限朝鲜族企业家的作用，但是整个中韩经济交往中的一个重要方面，有其现实意义和历史记载意义。

在东北白山黑水广袤土地上生活的朝鲜族同胞，是勤劳智慧的民族。无论是在艰苦卓绝的抗日战争还是在炮火连天的辽沈战役和全国解放战争以及和平建设中都做出了卓越的贡献。

在改革开放前朝鲜族主要从事农业生产。随着中韩建交，他们依着语言的优势，很快进入商业领域，许多人成了商人。这一转身使朝鲜族企业家成了我国改革开放中的一只生力军，在经济领域较快熟悉了市场经济环境，尤其在中韩经济合作中发挥了重要作用。这是一个重大转折，也是改变朝鲜族命运的一次重要契机，朝鲜族企业家成了中国经济发展中名副其实的参与者和贡献者。他们作为民营企业在我国经济发展和与国际接轨方面走在前列，用实际行动谱写了国际合作的生动故事。

我所了解的朝鲜族企业家是中韩经济发展的纽带、是助推者、是催化剂。他们在韩国企业来华的投资过程中起到了桥梁作用，尤其是建交初期为各地招商引资，引进韩资企业起到了许多穿针引线的作用。朝鲜族以语言和文化的相同性为依托，在韩资企业来华投资过程中做翻译、当员工，为韩资企业生根中国大地起到了有效的推动作用。中韩建交初期，朝鲜族从事旅游行业的人不少，他们在接待韩国游客时提供优质的服务，给韩国人对中国市场的了解提供了可靠线索，起到了韩国人对华投资的催化作用。

我了解不少朝鲜族在韩国学习或在韩国企业工作，切身了解韩国的文化和经商之道。他们文化程度普遍较高，对商业的理解更加敏感，很多人从其他行业转入商业，成为了一只有知识的商人群体。目前朝鲜族除了在商界出现精英阶层之外，在教育界、医疗界、科技界、艺术界都有不少的领军人物，他们为我国的现代化建设添砖加瓦，是我国社会主义建设的主力军。

中国亚洲经济发展协会的前身就是中韩经济发展协会，權順基本人就是一位優秀的企業家。该团体早在中韩建交初期在权顺基会长的带领下，为韩国大企业集团进入中国市场起到了重要的桥梁作用，是中国引进外资的典范。韩国企业通过中韩经济发展协会较快理解了中国的经济政策，并大胆进行投资，可以说为韩资企业来华投资给予了担保作用。

中韩建交时的1992年，中韩贸易只有63亿美元，去年（2021年）已达3600亿美元。今年头5个月已达1522.6亿美元，2022年全年达到4000亿美元，应该是大概率事件。这其中也有朝鲜族企业家做出的贡献。目前权顺基会长通过中韩建交30周年积累的实际经验，正在为亚洲国家之间的民间经济往来做出更加积极的努力，深信亚经协在进一步深化改革开放中发挥更加突出的作用。

RCEP今年一月一日正式生效启动，为东北亚经济与东盟十国经济进一步融合发展提供了有利条件。中韩在其中作用重大。中韩经济合作的成就来之不易，我们要珍惜这一成果，需要两国政府继续发展战略合作伙伴关系，克服目前出现的一些问题。中韩两国应以互利共赢为原则，认清两国人民友好合作的愿望，避免做有害于两国共同利益的事情。

三十而立，大有可为。于人三十岁是一个成熟的年龄，且青春活力四射，于两个国家，我们累积了众多友好交往的实践和互信。中韓經濟的融合發展，以及包括我们中韓企業家和諸多民間團體、民間人士的密切來往，是中韓兩國關係健康發展的壓艙石。我们企业家更应从民间渠道继续保持良好的合作关系，为两国人民及东北亚和整个亚洲及全球的和平与发展做出应有的贡献。

再次祝贺『编织彩虹的人们』一书在韩国出版，并期待朝鲜族企业家们在今后的经济发展中取得更加优异的成就，发挥更加出色的作用。

全国政协委员、全国工商联第九届副主席、

中国西部发展促进会理事长

程 路

중한경제발전에서 조선족기업가들의 역할

『무지개를 수놓는 사람들』 책 출판을 진심으로 축하한다.

이 책은 조선족 기업가들이 중한 경제협력과정에 일으킨 역할에 대한 내용을 담고 있으며 중국아주경제발전협회에서 중한 수교 30주년을 기념하면서 내놓은 훌륭한 작품이다.

나는 장기간 전국공상연합회에서 근무하였다. 적지 않은 우수한 조선족 기업가들이 전국공상연합회의 집행위원을 맡은 바 있으며 각 성시의 공상연합회에는 더욱 많은 조선족 기업가들이 일정한 직책을 맡고 있다. 이 책에는 비록 조선족 기업가들의 역할에 한정되어 있지만 전반 중한 경제교류과정에서 중요한 부분을 차지하고 있기 때문에 매우 큰 현실적 의의와 역사기록의 의미를 가지고 있다.

광활한 동북지역에서 생활하던 조선족동포들은 근면하고 지혜로운 민족이다. 간고한 항일전쟁이나 포화가 끊이지 않던 요심전역, 전국해방전쟁, 평진전역 등 전쟁 속에 모두 뛰어난 기여를 하였다.

개혁개방 전에 조선족은 주로 농업에 종사하였다. 중국과 한국이 수교하게 되면서 조선족들은 언어적 우세를 활용하여 아주 빠르게 상업에 뛰어들었으며 대부분은 상인으로 되었다. 이런 변신으로 조선족기업가들은 우리나라 개혁개방에서의 활력소가 되었고 경제분야에서 비교적 빠르게 시장경제환경에 적응하게 되었으며 특히 중한 경제협력에서 중요한 역할을 발휘하게 되었다. 이런 중대한 변화는 조선족들의 운명을 바꾸는 중요한 계기가 되었으며 조선족기업가들은 중국경제발전에서 명실상부한 참여자와 공헌자가 되었다. 그들은 민영기업으로서 우리나라 경제발전과 국제연계 면에서 모두 앞장서게 되었으며 실제 행동으로 국제합작의 생동한 이야기들을 만들어냈다.

　내가 알고 있는 조선족 기업가들은 중한 경제발전의 유대이고 조력자이며 촉매제이기도 하다. 그들은 한국기업이 중국에 투자하는 과정에 교량역할을 하였고 특히 수교 초창기에 각 지방정부의 투자유치와 한국기업 유치에 많은 중개역할을 하였다. 조선족들은 언어와 문화의 동질성을 바탕으로 한국기업이 중국에서 투자하는 과정에 번역 내지는 직원으로 일하면서 한국 기업들이 중국대지에 뿌리내리도록 하는데 효과적인 추진작용을 하였다. 중한 수교 초기에 조선족들이 여행업에 종사한 사람이 적지 않았는데 그들은 한국관광객들에게 양질의 서비스를 제공하였고 한국 사람들이 중국시장을 이해하는데 믿음직한 단서들을 제공하면서 한국 사람들의 중국투자에 촉매적인 역할을 하였다.

　내가 알고 있기로는 조선족들이 한국에서 학습하거나 한국기업에 취직하여 한국문화와 경영비법을 배우는 경험들을 하였다. 그들은 문화수준이 상대적으로 높고 상업에 대한 이해도 민감하여 많은 사람들이 가타업종에서 상업으로 돌아선 경우가 많아 지식 있는 상인집단으로 거듭났다. 현재의 조선족은 상업분야에서 걸출한 기업가들이 나타났을 뿐 아니라 교육계, 의료계, 과학기술계, 예술계 등 분야에서도 리더형 인재들이 많이 나타났다. 그들은 우리나라 현대화건설에 힘을 보태고 있으며 우리나라 사회주의건설의 주력군으로 성장하였다.

　중국아주경제발전협회의 전신은 중한경제발전협회였다. 권순기 회장은 본래 우수한 기업가이기도 하다. 중한경제발전협회는 중한 수교 초기에 권순기 회장의 인솔 하에 한국대그룹들이 중국 시장에 발을 들여 놓는데 있어 중요한 교량역할을 하였으며 중국에서 외국자본을 유치하는데 모범이 되고 있다. 한국기업들은 중한경제발전협회를 통해 중국경제 정책을 빠르게 이해할 수 있었고 그래서 대담하게 투자를 하게 되였는바 한국기업이 중국에 투자하는데 담보적인 역할을 한 셈이다.

중한 양국이 수교하던 1992년에 중한 간의 무역액은 63억 불에 불과했지만 지난해에는 이미 3,600억 불에 달했다. 올해 첫 5개월간의 무역액은 1522.6억 불이며 2022년 전년에는 4,000억 불에 달할 것으로 보여 진다. 여기에는 조선족기업인들의 기여도 포함되어 있다. 오늘날 권순기 회장은 중한 수교 30년 기간에 축적한 실제 경험을 바탕으로 아시아나라들 간의 민간경제 왕래를 추진하는데 더욱 큰 노력을 하고 있으며 중국아주경제발전협회가 개혁개방의 진일보 심화 과정에 더욱 큰 역할을 발휘하게 될 것이라고 굳게 믿는다.

RCEP은 올해 1월 1일부터 효력을 발생한다. 이는 동북아경제와 동아시아 10개국의 경제가 진일보 융합되는데 유리한 조건을 제공해주고 있다. 중국과 한국은 여기에서 중요한 역할이 있게 될 것이다. 중한 경제 합작은 쉽게 얻어진 것이 아니며 우리는 이 성과물을 소중히 여겨야 한다. 중한 양국 정부는 전략적 협력관계를 계속 발전시켜나가야 하며 당면의 일부 문제들을 극복해야 한다. 중한 양국은 호혜호리의 원칙하에 양국 국민들의 우호적인 합작 염원을 잘 알고 양국의 공동 이익에 해가 되는 일이 발생하지 않도록 해야 한다.

삼십이립(三十而立)이라 앞길이 창창하다. 사람은 30의 나이에 성숙되고 청춘의 활력이 넘치는 나이가 된다. 중한 두 나라는 이 기간에 많은 우호적인 왕래의 실천을 거치면서 상호 신뢰를 쌓아왔다. 중한 경제의 융합적인 발전 내지는 중한 기업가들과 많은 민간단체, 민간인사들의 밀접한 왕래는 중한 양국 관계를 건강하게 발전하게 하는 초석이 될 것이다. 우리 기업가들은 민간도경을 통해 계속 양호한 협력관계를 유지해야 하며 두 나라 국민과 동북아, 내지는 아시아와 세계의 평화 발전을 위해 마땅한 기여를 해야 할 것이다.

다시 한 번 『무지개를 수놓는 사람들』이 한국에서 출판되는 것을 축하하며 조선족기업가들이 향후 경제발전과정에 더욱 좋은 성과를 이룩하고 더욱 중요한 역할을 발휘하기를 기대한다.

전국정치협상회 위원, 전국공상연합회 제9기 부주석,
중국서부발전촉진회 이사장

청 루

재중동포의 숨은 공로

중국아주경제발전협회 권순기 회장으로부터 재중 동포 기업인들의 이야기를 담은 『무지개를 수놓는 사람들』대담집을 한국에서 출판한다는 소식을 듣고 너무나 기뻤다.

한중 수교 30년이 되는 기간 한 번도 재중 동포 기업인들의 숨은 공로를 제대로 조명해 본 적이 없지만, 우리나라의 중소기업이든 대기업이든 어느 기업도 중국 진출 과정에 재중 동포의 도움 없이 이뤄진 것이 없다고 해도 과언이 아니다. 작게는 직원으로, 통역으로 역할을 해주었고 크게는 한국 기업들이 중국에 들어갈 때 정부 관계를 잘 조절할 수 있도록 해주었으며 더구나 문제가 생겼을 때 발 벗고 나서서 원만한 해결책을 내오는데도 큰 도움을 주었다.

권순기 회장은 90년대 초에 중한경제발전협회를 통해 우리나라 대그룹들이 중국에 진출하는데 있어 큰 기여를 한 분이다. 내가 권순기 회장을 알게 된 것도 중국의 정계, 재계와 친분이 두터웠던 권순기 회장이 우리나라 기업들의 안전한 투자를 위해 정성을 기울인 고마운 분이라는 것을 알게 되면서부터 시작되었다. 이후 십수년간 권순기 회장과 연계를 가지고 있으며 그에 대한 신뢰가 날이 갈수록 두터워져 더욱 친근감을 느끼게 된다.

그런 권순기 회장을 대표로 하는 많은 재중 동포들이 중국의 대도시들에서 각자 맡은 바 역할을 다 해주었으며 한국이 그 어느 나라보다도 쉽고 빠르게 중국 시장에 적응할 수 있도록 실제적인 도움을 주었다. 그들은 소리 소문 없이 자신들의 역할에 충실히 임하고 있어 말 그대로 숨어 있는 큰 공로자들이다.

그들 대부분은 우리 선조들이 만주 땅에 들어가서 일제와 싸우던 독립 투사들의 후손들이다. 그때도 나라를 되찾기 위해 무수히 많은 고생을 겪으면서 묵묵히 무명 영웅으로 살았던 분들이다. 재중 동포들이 중국에서 한국 기업을 위해 남다른 근거지를 제공해 주고 있기에 대한민국은 다른 나라가 가지고 있지 못한 중요한 자산을 소유하고 있다는 점을 우리 한국인들이 알고 계셨으면 한다.

이제 재중 동포들은 중국의 경제성장에 힘입어 개개의 기업들도 많은 성장을 해왔다. 이제는 경제협력의 파트너로서도 얼마든지 자격이 갖춰져 있는 기업으로 부상한 것이다. 대한민국이 좀 더 경제적으로 안정되고 성장하려면 거대한 중국시장을 떠날 수 없다. 그런 차원에서 재중 동포 기업인들은 더욱 큰 가교 역할을 하게 될 것으로 믿는다.

다시 한 번 재중 동포 기업인들에게 축하를 보내며 권순기 회장을 비롯한 모든 분들이 향후 더욱 크게 성장하시기를 바라마지 않는다.

대한민국 전 국무총리

이 수 성

朝鲜族同胞的默默奉献

我很高兴从中国亚洲经济发展协会权顺基会长那里得知，即将在韩国出版写有中国朝鲜族企业家们故事的『编织彩虹的人们』一书。

在韩中建交30年时间里，还没有一次对中国朝鲜族同胞企业家们默默付出的贡献进行过公正的评价。其实，我国企业无论是大型企业还是中小企业，在进入中国市场过程中敢说没有一例是没得到过朝鲜族同胞参与的项目。小了讲是职员、翻译的角色，大了讲是韩国企业落地中国之时，协调与中国政府的关系，尤其是出现各种问题时站出来给予了妥善解决的帮助。

权顺基会长从90年代初开始，通过中韩经济发展协会平台为我国大企业进入中国市场提供了极大的帮助。我和权顺基会长的相识，也是因得知权会长以中国政界、经济界的深厚人脉关系为依托，为我国企业在中国的安全投资给予了真情投入而开始的。之后长期与权顺基会长保持联系，我对权会长的信赖程度越来越加深，我们相互之间建立了亲密有好的关系。

以权顺基会长为首的中国朝鲜族同胞企业家们，在中国的大城市里发挥了地主之谊，使得韩国企业比任何国家更快适应中国市场给予了实实在在的帮助。他们默默地发挥自己份内的作用，是名副其实的隐形奉献者。

他们大部分是我们的祖先到中国东北地区进行抗日活动的独立勇士

们的后代。那个年代他们为了找回失去的国家，历经磨难，大部分都成了无名英雄。我希望我们韩国人要认清中国朝鲜族同胞给韩国企业在华经商提供了别人不具有的另类根据地，使韩国拥有了别国不能得到的重要资产。

今天，中国朝鲜族企业家们随着中国经济的增长，各自的企业也有了长足的发展，已经具备国际经贸合作的伙伴资格。韩国要在经济上更加稳定发展，就离不开中国市场，于是中国朝鲜族企业家的作用就显得更加突出。

再次向中国朝鲜族企业家们表示祝贺，并期待以权顺基会长为首的各位朝鲜族企业家们更加蓬勃发展。

原大韩民国总理

李寿成

한중협력의 '가교', 미래를 위한 '희망', 그리고 문화적 '다양성'

　한중수교 30주년을 맞는 뜻 깊은 시기에 『무지개를 수놓는 사람들』이란 책이 출판된 것을 진심으로 축하드립니다.

　세상에는 덜 알려졌지만, 우리 기업들이 중국과 경제협력을 추진하는 과정에서 조선족 경제인들의 역할이 컸습니다. 한국이 일본보다 20년 늦게 중국과 수교가 이뤄졌음에도 불구하고 더 폭넓게 그리고 빠르게 중국에서 사업영역을 확장한 이면에는 조선족 경제인들의 노고가 고스란히 배어있습니다.

　조선족 경제인들께서도 고국을 떠나 살아오면서 정체성 혼란을 겪었으리라 짐작합니다. 우리와 같은 문화를 공유하면서 중국에 삶의 터전을 잡고 살아온 분들에게는 그분들만 할 수 있는 소명이 있지 않을까 생각합니다. 바로 두 나라에 대한 이해와 애정을 가지고 다양한 분야에서 '가교' 역할을 해주는 것입니다.

　한중관계와 그를 둘러싼 환경은 시시각각 변화하고 있습니다. 처음 수교를 맺은 30년 전과 비교하면 중국경제의 규모와 위상이 크게 성장했지만, 최근 대내외 경제여건 악화로 성장률이 출렁이고 있습니다. 한반도를 둘러싼 동북아 정세는 한 치 앞을 내다보기 힘들 정도로 긴박합니다. 이런 변화 속에서도 양국관계의 미래에 '희망'을 만들어 가야 합니다.

　세계는 획일성의 시대에서 다양성의 시대로 나아가고 있습니다. 서로 다른 문화적 배경과 관점의 차이에도 불구하고 미래를 위해 협력하고 공존하는 것이 점점 중요해지고 있습니다. 이제 다양성과 그에 대한 포용력이 중요한 경쟁력이 되는 시대입니다. 경계인으로 살아온 조선족 경제인들이 문화적 '다양성'의 장점을 살려 양국관계 증진에도 크게 기여할 수 있다고 생각합니다.

『무지개를 수놓는 사람들』은 다양한 분야에서 활동하고 있는 조선족 경제인들과의 대담을 통해 한중경제협력의 역사와 의미를 담았습니다. 한중협력의 '가교', 더 나은 미래를 위한 '희망', 문화적 '다양성'이라는 의미가 '무지개'라는 한 단어에 녹아있다고 생각합니다.

권순기 회장님이 이끌고 계신 '중국아주경제발전협회'와는 아주대학교 총장 시절부터 많은 교류가 있었고, 경제부총리 시절 중국과의 다양한 협력에서도 도움을 받은 바 있습니다.

한중관계는 더더욱 중요해질 것이 분명합니다. 앞으로도 권순기 회장님을 비롯한 조선족 경제인들이 무지개를 수놓는 역할로 크게 기여해 주시리라 굳게 믿습니다.

대한민국 경기도지사

김 동 연

韩中合作的'桥梁'、开创未来的'希望'、以及文化的'多样性'

在庆祝韩中建交30周年之际，出版『编织彩虹的人们』一书意义非凡，我表示衷心的祝贺。

我们的企业在与中国进行经济合作的过程中，朝鲜族企业家们发挥了重要作用，对此世人知晓甚微。与中国建交，韩国比日本晚了20年，但从与中国的合作领域扩大层面相比，比日本更快，而且范围更广，这与朝鲜族企业家们的付出是分不开的。

朝鲜族企业家生活在双重文化的环境中，会遇到一些文化的冲突。他们与我们有相同的文化背景，而在中国扎根生活，应该有他们自己的生存智慧。他们依靠对韩中两国独有的理解与情感，能够在诸多领域起到'桥梁'的作用。

韩中关系随着时代的变迁，其环境也在发生变化。与刚建交时的30年前相比，中国经济的规模和威望均有了长足的发展，但因国内外的经济环境恶化导致增长率的波动。韩半岛周边的东北亚局势难以预测，紧张局势依然紧迫。在这样的变化中，我们要开创两国关系的未来'希望'。

世界正在从一致性向多样性时代转变，不同文化背景和观点出现差异，于是未来合作与共存将显得更加重要，多样性和包容性成为重要的竞争力。有双重文化背景的朝鲜族企业家们可以发挥文化'多样性'的优势，为增进两国关系做出更大的贡献。

『编织彩虹的人们』一书，写有朝鲜族企业家们在各个领域活动的故事，反映了韩中经济合作的发展史及其意义。韩中合作的'桥梁'、开创未来的'希望'、以及文化的'多样性'等三重含义融合在'彩虹'二字上。

权顺基会长引领的'中国亚洲经济发展协会'与我个人的交往是从我担任亚洲大学总长开始的，期间有过不少的合作。之后在我担任经济副总理期间与中国的合作中也得到过权会长的帮助。

今后韩中关系的重要性是毋容置疑的。深信以权顺基会长为首的朝鲜族企业家们继续编织彩虹，为韩中两国的合作与发展发挥更大的作用。

大韩民国 京畿道知事

金东兖

머리말

중한 수교 30주년을 맞으며 기획된 『무지개를 수놓는 사람들』도서 출판은 코로나 사태로 인해 여러 가지 제한들이 뒤따르면서 우선 인터뷰에 큰 어려움을 겪게 되었다. 전국 각지에 19명의 기자들이 출동하여 취재를 맡아주었는데 대부분은 방역격리와 겹치게 되면서 대면 인터뷰를 할 수 없는 상황이 벌어졌고 일부는 부득이 전화 인터뷰를 할 수밖에 없었다. 갖은 난관을 이겨내며 기자들이 노력해준 결과 3개월여 만에 드디어 원고작업을 마무리할 수 있었다.

중국아주경제발전협회는 중한 수교 30년을 계기로 중한간의 경제협력에 관한 역사를 기록할 필요성에 대해 인지하고 책으로 묶어내자는 결정을 하게 되었다. 권순기 회장은 이 30년 기간에 중한 양국의 경제, 문화 등 다양한 분야에서 괄목할 만한 성과들이 이룩되었으며 특히 조선족 기업인들이 중한간의 경제협력에 기여한 유대역할에 대해 조명해보는 계기를 마련하는 것이 뜻 깊은 일이 될 것이라고 강조하였다.

과거 조선족 기업인들은 묵묵히 자기 할 일에만 열중했고 자신들이 어떤 과정을 통해 성장해 왔는지를 돌이켜볼 겨를이 없었다. 전국적 범위에서 조선족 기업인들의 활동상을 반영할 수 있도록 하기 위해 지난해 새로 출범한 조선족기업발전위원회가 앞장서서 전국의 우수한 조선족 기업인들을 선발했다. 선정된 인물들의 대표성 문제가 제기될 수 있지만 시간이 촉박하고 코로나 방역도 강화되다 보니 소통에 갖은 어려움이 뒤따랐다. 한 권의 책에 모든 내용을 다 담아낼 수 없는 만큼 우선 한발 나가고 보자는 의견에 합의를 보았다. 조선족 기업인 중 전국적 범위에서 대표적인 30명을 선정하여 인터뷰를 실시하였는 바 30년에 30명이라는 상징적 의미가 덧붙여 있었기에 보다 많은 훌륭한 기업인들을 취재할 수 없었던 점이 아쉬움으로 남는다.

조선족 기업인들은 절대 대부분이 중국의 개혁개방 물결에 힘입어 시장경제에 눈을 뜨게 되었으며 중한 수교라는 중대 사건을 계기로 비즈니스사업에 발을 들여놓게 되었다고 해도 과언이 아니다. 한국 기업들의 중국 진출에 따라 비즈니스 기회가 급작스레 늘어났고 조선족들은 너나 할 것 없이 경제사업에 뛰어들게 되었다. 그 덕에 조선족들은 삶의 터전도 바뀌게 되었고 삶의 질도 향상되었으며 시장경제의 단맛을 남보다 먼저, 많이 보게 된 집단으로 거듭나게 되었다.

동북삼성에서 농사일을 주로 하던 농민의 후대들이 상인으로 변신하게 되었고 농촌에서 대도시로의 이주를 하게 되면서 생활양식에도 크나큰 변화를 가져왔다. 중한 수교 초창기에는 한국 기업의 중국진출에 통역이나 직원 신분으로 일하면서 일을 배웠고 나중에는 한국기업의 중국진출에 가교 역할을 하는 영역으로 확대되었다. 적지 않은 조선족들이 한국기업들의 중국진출에 중요한 디딤돌이 돼 주었고 한국 상품의 중국 시장 확장에 앞장서게 되었다. 뿐만 아니라 대도시에 정착하면서 조선족 생활권을 형성하고 우리 민족 문화와 전통을 이어가는 데서도 기업인들의 기여가 가장 컸다.

한마디로 한국 기업이 있는 곳에 조선족들이 있었고 한국 제품이 있는 곳에 조선족들의 활약이 있었으며 한국인들이 생활하는 곳에 조선족 음식점이 있었다. 경제, 문화, 생활 등 다방면에서 한국 기업인과 조선족 기업인들은 거의 동체가 되었으며 서로 도움을 주고받는 상생의 관계로 굳어져갔다. 조선족 기업인들은 한국의 덕을 많이 본 사람들이며 한국 덕분에 생활이 윤택해졌다. 따라서 한국기업의 중국시장 확장에 조선족 들의 역할이 남달랐기에 받기만 하던 데서 줄 수 있는 사람이 되었으며 서로 의지하고 도우면서 각자의 역할을 다 하는 동반 성장의 길에 함께 하고 있다.

『무지개를 수놓는 사람들』이란 책은 이런 조선족 기업인들의 이야기 를 담게 되며 그들의 성장사를 통해 중한 수교의 의미에 가치를 부여하 게 될 것이다. 한 두 사람의 이야기가 아닌 대표성 있는 30인의 스토리 를 하나로 묶어냄으로써 조선족 기업인들의 존재감을 입증하고 그들의 역할을 공정하게 평가하는 기회가 될 것으로 기대한다.

중요한 것은 미래 30년에 대한 조선족 기업인들의 역할이다. 그들은 조건이 열악할 때 기여한 것 이상으로 성숙된 오늘에 더욱 큰 역할이 있 을 것이며 또 반드시 있어야 한다는 당위성을 찾아내는 것이 이 책의 사 명이라고 할 수 있다.

이 책이 세상에 나올수 있도록 기꺼이 인터뷰를 맡아주고 원고를 만들 어주신 19명의 조선족기자들에게 사의를 표하며 중국동포타운신문 김 정룡 편집장님과 한국의 신세림출판사에 감사를 전한다.

주필 **이 춘 일**

중국 조선족기업가
30명에 대한 취재 실록

피는 물보다 진하다

중국아주경제발전협회 회장 **권 순 기**

    중한경제발전협회 집행 회장을 시작으로 중한간의 민간 외교에 앞장 섰던 권순기 회장은 수많은 업적을 쌓았으며 특히 한국 대기업들의 중국 진출에 큰 가교역할을 해오면서 굵직굵직한 합작 스토리들을 만들어냈 다. 그 기초 위에서 중일한경제발전협회로 영역을 넓혀왔고 오늘은 아시 아주를 무대로 중국아주경제발전협회로 확대하여 회장 신분으로 불철 주야 빼곡한 스케줄을 소화하느라 여념이 없다. 중한 수교 30주년을 맞 으며 협회에서 기념집을 출간하자는 결정이 내려진 데는 권 회장의 판단 에서 비롯되었다.

    중한 수교 30년간 한국 기업의 중국 시장 진출은 해마다 늘어났으며 교역액 역시 줄곧 상승곡선을 그리고 있다. 그러나 1990년대 초 한국인 들이 중국에 자본투자를 시작할 때는 중소기업이 위주였고 투자규모도 많지 않았다. 권 회장은 한국 기업인들이 짧은 시간에 중국의 투자환경 과 투자정책을 이해할 수 있었고 중국에서 빠르게 정착할 수 있은 데는 조선족이라는 '교량'이 있었기 때문이라고 특별히 강조했다.

"그 당시 한국인들은 관광 겸 시장고찰 등 다양한 목적으로 중국을 다녀갔지요. 관광단이나 한국 산업고찰단에는 늘 중국 조선족 통역이 동행했으며 조선족들은 언어적 우세와 혈연적 관계로 자기 일처럼 간주하고 최선을 다했지요."

30년 전으로 돌아간 듯 권 회장은 기억을 더듬으며 중한간의 많은 이야기들을 들려주었다.

대한민국 동백장 수상

1993년 중한경제발전협회를 발족하여 30년간 중한 경제협력과 민간 교류를 위해 기여한 공로를 인정받은 권 회장은 2021년 2월 대한민국 훈장인 동백장을 수상하게 되었다. 그는 조선족으로서 대한민국의 정부상을 받은 첫 사람이기도 하다. 권 회장은 중한경제발전협회를 통해 한국 기업들이 중국에서 사업을 순조롭게 펼쳐나갈 수 있도록 현지 인문과 법률 자문을 제공하면서 현장에서 부딪친 문제들을 원만히 해결해주고 지방 정부와의 소통을 원활히 하도록 적극 도움을 주었으며 중국 투자 전반 과정에 관여하면서 협력에 성공할 수 있도록 가교역할을 해준 공이 인정되어 동백장을 수상하였다.

"협회와 더불어 본인은 중한 수교 30년간의 양국 관계 발전에 직접 동참하고 노력한 산 증인으로서 각 분야의 협력 특히 경제무역 영역에서 이룩한 성과를 자랑스럽게 생각합니다. 그 가운데서 많은 조선족들의 가교역할이 있었기에 한중간의 경제 문화교류가 활성화 되었음을 부정할 수 없지요, 내가 받은 동백장 훈장은 사실 조선족들의 노고를 인정해주는 상으로 생각하고 있습니다."

권 회장은 지난 30년의 성과를 바탕으로 다음 30년에 더욱 큰 협력의 성공사례가 나와야 한다고 강조했다. 더욱이 조선족 기업인들은 지금까지 해왔던 노력과 기여 못지않게 더욱 넓고 규모가 큰 협력을 이뤄 낼 수 있는 자원을 가지고 있으며 나름대로 중국 현지에서 주류사회와의 인맥을 탄탄하게 맺고 있기에 중한간의 경제협력은 커질 수밖에 없을 것이라고 자신 있게 말한다.

1990년대를 전후하여 한국인들의 중국 나들이가 시작되면서 미지의 중국 땅에서 쉽게 정착할 수 있는 조선족이라는 자원과 만나게 되었다. 같은 언어를 구사하고 동일한 전통문화를 간직하고 있는 조선족이 있었기에 어디를 가도 두렵지 않았고 어디에서도 발을 붙일 수 있었다.

일본은 중국과 수교한 시간이 20년이나 앞섰지만 중국 현지에 동질성을 확보한 인맥이 적었기에 한국보다 어렵게 중국 시장을 개척해왔다.

▲ 2021년 2월 주중 한국대사관 장하성 대사로부터 한국국민훈장 동백장을 전달받는 권순기 회장(좌)

물론 모든 게 순탄했던 것도 아니다. 한국어가 서툴러 오해를 산 적도 있고 한국의 직원으로 일하다보니 무시당하는 일도 적지 않았다. 그러나 대체적으로는 조선족에 대한 신뢰가 바탕이 되었기에 의지하게 되었고 투자를 결심하게 되었다고 해도 과언이 아니다. 한국인들의 인정을 받게 되면서 호의가 생겼고 조선족들은 한국인들을 친척처럼 가깝게 느끼게 되면서 정을 쌓아갔다. 조선족들도 날이 갈수록 성숙해지고 나름대로 성장해 가는 과정을 겪었다. 통역, 여행사 가이드 역할에만 그치지 않고 비즈니스를 배우면서 점차 더 큰 역할을 맡게 되었다. 중국의 경제정책과 문화풍습에 이르기까지 한국인들의 '중국알기'에 손발이 되고 입이 되어준 조선족들은 한국 기업의 중국 진출에 믿음직한 조력자가 되었다.

'피는 물보다 진하다'는 말이 맞다는 것을 증명해주는 듯 중한경제협력 30년의 역사에 조선족들의 기여가 중요한 한 페이지를 장식하고 있다.

한국 기업의 '해결사'

고향이 한국 경기도 양평인 권 회장의 아버지는 1939년 일본의 강제징집을 피해 중국으로 피신해왔다. 1945년 광복을 맞아 귀국을 준비하던 중 1950년 '6.25전쟁'이 터졌고 고향으로 돌아가는 길이 막혀버렸다. 그 뒤로 약 40년간 가족의 소식을 모르고 살다가 1980년대 말에 들어와서야 중한 양국 관계가 조금씩 풀리게 되었다.

이산가족을 찾는 한국의 라디오 방송에 수차례나 사연을 보냈지만 종무소식이었다. 서로 간 서신왕래가 가능하게 되자 그의 아버지는 기억을 더듬어 고향의 주소로 편지를 보냈고 그 편지를 삼촌이 받게 되면서 드디어 가족을 찾게 되었다. 말 그대로 영화 같은 가족사이다.

한국방문의 길이 열리자 권 회장은 아버지의 고향을 해마다 방문할 수 있었고 한국의 친척들과 자유롭게 오갈 수 있었으며 가끔 한국 매체들의 인터뷰를 받을 때마다 "나는 중국인이지만 내 몸에는 한국인의 피가 흐르고 있습니다."라고 답하곤 했다.

권 회장은 고등학교 졸업 후 1976년 군부대에 입대하여 헤이룽장성 하얼빈(黑龙江省 哈尔滨)에서 군복무를 끝마치고 무단쟝(牧丹江)공안국에 배치 받았다. 1985년 지린시(吉林市)로 전근하여 기계공장의 당위서기, 국영호텔의 당위서기 및 총경리(总经理, 사장) 등 직책을 맡았으며 그의 능력을 인정하여 1990년에 국가민족사무위원회에서 민족경제발전총공사 부총경리로 그를 스카우트하면서 그는 베이징에 정착하게 되었다.

때는 중한 수교와 더불어 중국 경제가 급속도로 발전하고 민간교류가 활발하게 진행되고 있을 시기였다. 중한 양국은 경제협력의 새시대가 곧 열리게 될 것이라는 판단 하에 권 회장은 1993년 외교부 지도하에 새로 설립된 중한경제발전협회에서 1996년 상무부회장을 맡았으며 같은 해에 중화무역촉진회 회장 등 유지인사들의 자문을 받아 민간차원에서 역할 할 수 있는 베이징상립대투자고문유한공사를 설립하면서 창업의 길에 들어섰다.

"이 협회는 중한 수교에 의해 맺어진 결실입니다. 중국의 발전과 더불어 한국 기업의 동반성장을 이끌어내려는 취지에서 컨설팅 사업을 시작했습니다. 민간단체이지만 중국 정부가 해야 할 일을 대신하는 사업이라고 이해하면 됩니다."

초창기 한국인들의 투자는 맹목성이 적지 않았는데 중국의 저렴한 노동력과 광활한 시장만 보고 원가계산도 주먹구구로 시작한 사람들이 적지 않았다. 중국의 법률 법규, 문화적 차이, 관습에 대해 제대로 파악하지 못한 채 성급하게 일을 추진하다보니 얼마 안 가서 실패를 보게 되는 일이 종종 있었다.

"쌍방이 갈라설 때면 많은 문제들이 속속 드러나면서 경제적인 피해가 막대했지요. 이러한 사례들을 보면서 가슴이 아팠고 강 건너 불 보듯 할 수 없었습니다."

그는 중국에 진출한 한국 기업들이 부딪치는 문제를 해결하고자 '해결사'로 나서게 된 셈이다. 지금까지 컨설팅을 해준 한국 기업은 100개가 넘으며 현재 컨설팅을 해주고 있는 한국 기업은 30여 개나 된다고 한다. 현대자동차의 중국 진출 성사, LG디스플레이가 중국 광저우(广州)에 투자한 110억 달러짜리 중대 프로젝트 중개, LS그룹의 쟝수성 우시(江苏省 无锡)에 공장 설립 추진, 한국무역보험회사와 관련된 한국기업의 중국 수출 과정에 빚어진 갈등 해결, SK그룹의 산시성(山西省) 지방기업과 협력 결렬 문제 처리, 현대 조선소의 칭다오(青岛) 유치 주선, 대우 시멘트의 산둥성(山东省) 철거 문제 마무리, 한국 병원의 중국 현지 법인과 합작 관계 주선, 양국 대학 간 교류 정상화 실현 등 굵직굵직한 일들을 해냄으로써 진정한 '해결사' 역할을 하게 되었다.

그는 지난 30년간 한국 기업의 중국 진출 컨설팅사업을 해오면서 매번 한국 기업의 난제가 해결되었을 때나 투자 후 좋은 결과가 나왔을 때 자신도 모르게 가슴이 뜨거워지는 것을 느끼곤 한다는 것이었다.

100여 명의 장관급 고문

중국아주경제발전협회는 중국 외교부의 지도아래 설립되었으며 중국 민정부에 등록된 국가1급 사단법인기구로서 현재 100여 명의 현직 및 전임 장관급 간부들과 전임 중국 주외대사 등 저명인사들이 자문위원으로 있다. 산하에 100명의 기업인 회장단을 두고 있고 45개 분회로 나뉘어 다각적인 활동을 벌이고 있으며 2만여 개 기업이 단체회원으로 등록되어 있다. 협회는 아시아 48개 나라들과 민간차원의 경제교류 활동을 통해 상호 투자협력을 촉진하고 우의를 증진하는 취지하에 국가에서 추진하는 '일대일로' 건설에도 적극 참여하고 있다.

협회 설립 30년 동안 권 회장은 중한 양국의 경제협력과 발전을 주제로 한 중한 민간원로포럼, 중한기업가협력포럼을 여러 차례 개최하였으며 중한 관계의 발전과 기업협력에 실질적인 기여를 하였다. 또한 중국 민간 기업가와 해당 성, 시 정부 대표단을 인솔하여 여러 차례 한국을 방문하고 투자유치를 성공적으로 추진하였다.

한국 기업의 중국 진출은 순탄하지만 않았다. 일부 민간기업들의 비도덕적인 처사로 인해 협력이 깨지고 나중에 갈라서는 사례들이 적지 않았다. 이런 경우 분쟁을 잘 해결하지 못하면 정부의 공신력이 추락되고 더 많은 투자와 협력을 이끌어내는데 부정적 요소로 작용하게 된다.

2000년 초, 한국연합철강회사가 우시시(无锡市)에 수억 위안을 투자하게 되었는데 투자금과 설비들이 도착한 시점에서 당지 민간기업의 부도덕적인 행위로 인해 합작에 적신호가 들어오고 법정소송 직전까지 이르렀다.

권 회장은 직접 나서서 계약서부터 재검토하고 당지 정부와 협상을 통하여 문제를 적절히 해결함으로써 한국연합철강의 피해를 막아주었다. 이 일이 있은 후 한국 기업들은 중국 진출에 더욱 신심을 갖게 되었고 중국 정부의 공신력도 향상되었으며 합작과 투자액은 더 많이 늘어났다. 우시시는 한국에 '신뢰감이 있는 도시'라는 이미지로 부상하였으며 한국 기업과의 신뢰관계가 구축되고 협력관계도 돈독해졌다.

　권 회장은 우시시 경제개발구 고문자격으로 시정부 유관 인사들을 인솔하여 수차례 한국을 방문하면서 외자유치 활동을 벌였고 성과도 크게 나타났다. 현재 우시시에는 300여 개의 한국 기업이 자리 잡고 있으며 투자액은 200여억 달러에 달해 한국 기업의 대표적인 글로벌 생산기지로 자리매김하게 되었다.

　세계 메모리 반도체시장에서 삼성전자와 함께 '쌍두마차'로 불리는 SK하이닉스의 전체 생산량 가운데 절반 이상이 쟝수성 우시(江苏省 无锡)공장에서 생산된다. 다시 말하면 우시공장 생산에서 차질이 생기면

2021년 10월,
쟝쑤성 앤청에서 개최된
일대일로상인협회 원탁회의
정상회담에서 축사를 하는
권순기 회장

세계 반도체 가격도 출렁이게 된다는 의미이다. 2004년에 이런 중요한 합작이 이루어진 배경에는 권 회장의 노력과 갈라놓을 수 없다. 초기투자를 20억 달러로 시작한 SK하이닉스는 현재180억 달러에 달하는 추가 투자를 함으로써 단일기업의 투자액이 가장 크고 기술수준이 가장 높으며 발전 속도가 가장 빠른 기업으로 성장하였다.

권 회장은 SK하이닉스 외 LG화학, LS전선, 현대모비스 등 대기업이 우시에 투자할 때도 중매자, 참여자, 협조자로 역할을 다양화해 가면서 협력의 성공사례를 키워나갔다.

전 세계 LCD(액정표시장치)시장을 석권해 온 한국이 처음 중국 시장을 개척할 때 일본과 대만 기업들과의 경쟁이 치열하였다. 이런 경쟁사들은 서로 결탁하여 한국 기업을 견제하려고 시도하였기에 차세대 LCD 시장의 주도권을 일본과 대만에 뺏길 우려가 있었다. 권 회장은 협회 명의로 국가발전위원회, 주한 중국대사관과 소통하는 한편 한국 정부의 주목을 받았다.

2006년 LG디스플레이는 광저우(广州)에 40억 달러를 투자하여 LCD 공장을 건설하였으며 2019년 OLED프로젝트에 70억 달러를 추가로 투자하여 현재 누적 총 투자액은 110억 달러로 늘어났으며 광저우에서 가장 큰 외자기업이 되었다. 따라서 한국의 IT기술과 중국의 노동력 및 자본을 결합한 새로운 IT기업 협력의 모델로 부상하였다.

조선족기업 성장의 플랫폼

중국의 개혁개방과 더불어 조선족들은 더 나은 미래를 지향하면서 점차 동북삼성을 떠나 산해관(山海关) 이남으로 이주하기 시작했다. 교육

수준이 보편적으로 높고 문화 수준이 상대적으로 앞자리를 차지하는 조선족들은 새로운 삶의 터전에 쉽게 뿌리내릴 수 있었고 나름대로 윤택한 생활을 만들어갈 수 있었다.

조선족들은 중국 전역의 대도시로 진출해 정착하고 기업을 꾸리면서 상권을 형성하고 그 지역의 동포단체를 만들어 조선족 집단의 화합과 성장을 견인해가고 있다. 권 회장에 따르면 현재 전국적으로 창업한 조선족 기업은 2만 개로 추산된다고 한다. 베이징에서만 조선족 기업은 연매출액 10억 위안(한화 약 1,700억 원)이 넘는 큰 기업들과 식당, 가게를 운영하는 적은 규모의 중소기업까지 포함해 도합 3,000개는 넘을 것이라고 했다. 전국 각지에서 주류사회와 견줄 수 있는 중견 기업들이 하나둘씩 출현하기 시작했고 점차 영역을 넓혀가고 있다. 이른바 초기 자본축적 단계를 넘어 서서 더 높은 수준, 더 큰 규모의 회사를 만들어가고 있다.

조선족 기업인들은 한국 기업을 통해 선진 기술과 경영관리를 배웠고 경제적으로 자립할 수 있었으며 적지 않은 사람들은 창업의 종자돈을 마련할 수 있었다.

성장한 조선족 기업인들은 한국 기업의 중국 진출에 더 큰 도움을 줄 수 있게 되었고 일부는 한국 기업에 납품하는 협력회사로 자리를 잡아가고 있다.

현재까지는 조선족 기업인들이 한국 기업들의 중국 진출에 여러모로 가교역할을 하면서 한국 기업들과 좋은 유대관계를 유지해오고 있지만 단순히 제품 생산이나 가공에만 머무를 것이 아니라 더 높은 차원의 기업으로 거듭나기 위한 노력을 기울여야 한다고 하였다.

권 회장은 목전 조선족 기업 중 상장한 기업은 몇 개뿐이라며 전반적으로 볼 때 규모나 실력은 아직 미약하다면서 아쉬움을 내비쳤다. 조선족 기업가들이 세계경제발전 조류 속에서 금후 기업의 전략적 도약을 실현하려면 서로간의 단합을 강화하고 정보와 경험을 교류하면서 동반성장하는 플랫폼이 있어야 한다는 생각을 갖게 된 권 회장은 조선족 기업인들이 풀어야 할 숙제를 고민하고 있었다.

최근 한국 기업들의 대중국 투자를 보면 노동밀집형 위주로부터 고부가가치 산업으로 전환하면서 일반 가공기업들은 중국에서 철수하는 반면 첨단과학기술 관련기업은 중국 시장 점유율을 높이기 위해 투자를 늘리고 있다. 권 회장은 현재 적지 않은 조선족 기업들이 시장의 변화에 따라 한국 기업에 지나치게 의존하던 상태를 개변하고 독립적으로 기업을 운영해나가는 비례가 늘고 있다고 한다.

"이제 조선족 기업들은 한국, 일본 등 세계 최첨단기술회사와 손잡아야 합니다. 협회는 조선족 기업가들을 더 큰 무대로 이끌어 갈 것입니다."

권 회장은 조선족 기업인들에게 더 큰 무대를 제공해주기 위하여 중국 아주경제발전협회 산하에 조선족기업발전위원회와 국제무역발전 위원회를 두고 현재의 플랫폼에 조선족 기업들이 탑승하여 자원을 공유할 수 있도록 최선을 다해 지원하고 있다.

현재 일본과 한국은 최첨단기술영역에서 보편적으로 중국을 앞서가고 있기 때문에 기술 분야의 기업들과 손잡으려면 보다 신뢰성 있는 집단으로 거듭나야 비로소 사업의 성공률을 높일 수 있다고 한다. 이를테면 최첨단기술 기업들의 지분을 확보한다든가 기술을 인입해 들여오는 등 다양한 방식으로 협력관계를 설정할 필요성이 있다는 것이다.

현재 조선족 기업가들은 중국아주경제발전협회라는 이 플랫폼을 잘 활용하고 있는 바 회장단에 7, 8명의 조선족 기업가들이 포진해있고 적지 않은 조선족 기업들이 회원기업으로 가입되어 있다.

"조선족 기업인들이 협회 산하의 국제 유명 기업들과 광범위하게 교류하고 배우면서 시야도 넓히고 목표도 높이 설정하여 실속 있는 발전을 할 수 있도록 도모할 것입니다. 글로벌 한상네트워크라는 좋은 경제자원을 국내 조선족 기업과 접목시키고 주류사회에로의 진입을 가속화하면서 새로운 도약을 이끌어내는 것입니다."

권 회장의 구상은 이제 단순한 기업들의 생존이 아닌 글로벌화, 현대화의 기업으로 성장하는 전략적 높이에서 큰 그림이 그려지고 있고 그 꿈을 실현시키기 위해 거대한 플랫폼을 제공해주고 있다.

권 회장은 중한 양국의 향후 30년의 경제 합작과 발전에 대해 이렇게 전망하였다.

"우리 속담에 가까운 이웃이 먼 사촌보다 낫다는 말이 있지요. 중한 두 나라는 이사해서 떠날 수 있는 것도 아닌 이웃인 만큼 서로 친목을 다져야 합니다. 아세아는 경제협력에서 상호 보완성이 아주 강하기 때문에 서로간의 긴밀한 협력은 쌍방에 모두 이득이 되는 일이며 또한 많은 잠재력을 갖고 있습니다."

중한 양국은 이웃관계를 잘 처리하고 상호간 양해와 존중, 포용과 지지를 할 수 있는 전략적 파트너로 발전시켜 나가야 한다고 강조하였다.

중한 양국은 모두 중요한 지리적 위치에 있는 나라이며 양국 경제는 상호 보완성을 충분히 갖고 있기 때문에 공동 번영과 발전의 새시대를 열어나가기 위해 국제무대를 향한 쌍방의 자원을 잘 활용해야 한다. 보다 실리적인 합작과 협력을 통해 양국 관계의 전면적인 발전을 촉진함으로써 양국 인민들이 그 혜택을 공유할 수 있도록 해야 한다. 한반도의 안전과 평화를 위해 중한, 중조 관계를 잘 발전시켜나가는 것은 공동발전을 실현하는 지름길이 될 것인 바 조선족 기업인들의 역할이 어느 시기보다 중요해졌다고 권 회장은 강조했다.

글 / 서정옥

【권순기 프로필】

출　생　1959년

출생지　지린성 지린시 수란현(吉林省 舒兰县)

민　족　조선족

학　력　중앙당학교 경제관리학과 졸업

기　업　베이징상립대투자고문유한공사 동사장

　　　　　지린시 기계공장의 당위서기, 국영호텔의 당위서기 및 총경리

　　　　　국가민족사무위원회 민족경제발전총공사 부총경리 등 역임

사회직　중국아주경제발전협회 회장 겸 당지부서기

　　　　　전국조선족정부기관고위층경제포럼 주석

　　　　　중한기업연의회 회장, 중일기업연의회 회장

　　　　　장삼각일체화 터아후융합창신연맹 고문

　　　　　중국민영기업유권위원회 상무부주석

　　　　　중국국제중재위원회 조정위원

　　　　　옌벤대학교, 산둥재경대학교 명예교수

　　　　　수도경무대학교, 한국동양대학교, 한국아주대학교 겸직교수

　　　　　지린성 옌벤조선족자치주 경제고문

　　　　　산둥성 허저시인민정부, 산둥성 워이하이공업단지

　　　　　허베이성친황도경제기술개발구, 지린경제기술개발구

　　　　　톈진경제기술개발구 등 정부 고급고문

　　　　　한국LG주식회사, (주)한국LS전선, (주)한국LG화학, (주)한국LG Display

　　　　　(주)한국동국제강, (주)한국LG에너지솔류션 등 대기업 고급고문

　　　　　쟝수성 우시시고신기술개발구, 허베이성 탕산시정부, 한국인천광역시

　　　　　한국울산광역시, 한국제주특별자치도 등 도시 자문위원

영　예　2020년 대한민국 국민훈장-동백장 수상

그는 가슴 뛰는 일에 도전하였다

베이징조선족기업가협회 초대 회장 **김 의 진**

중한 양국은 경제, 문화, 외교 등 분야에서 획기적인 변화를 가져왔으며 제로였던 양국의 교역액은 연간 3,600억 달러의 기적을 창조하고 인적교류는 연간 1,100만 명에 달하는 수치를 기록하였다. 한국은 2000년대에 들어서면서 일본을 제치고 줄곧 대중국 송출인구 1위에 올라서게 되었다. 이 과정에서 중국 조선족들은 민족 동질성을 바탕으로 자체의 쌍방향적 우세를 살려 양국 간의 소통을 추진하였으며 상호 윈윈의 기회를 마련해주는 역할을 담당해왔다.

일찍 1980년대 중반부터 한국 관련 여행업에 뛰어들어 선후로 여행사, 골프장, 호텔, 리조트 등 대규모 프로젝트에 투자하여 줄곧 성공가도를 달려온 김의진 회장은 중한 양국 교류의 현장에서 초창기부터 직접 발로 뛰고 체험하면서 양국의 민간교류와 협업에 많은 일들을 해낸 조선족 경제인 1세대이다.

그의 이름 앞에는 여러 가지 타이틀이 따라다니는데 대표적으로 베이징조선족기업가협회 초대 회장, 중국아주경제발전 협회 상무 부회장, 중앙민족대학 특별 초빙교수, 민족교육 발전기금회 이사장 등 무게 있는 사회적 직함이 그의 활동범위를 말해주고 있다. 이런 타이틀은 지난 세월 멈추지 않고 달려온 그의 행보를 엿볼 수 있도록 해주는 대목이다.

얼마 전 중한 수교 30주년 기념문집 출판과 관련하여 김 회장에게 인터뷰를 요청하였다.

"중국에 살고 있는 조선족들은 중한 양국의 민간교류에서 가교의 주역이었습니다. 특히 여행업계와 가이드들이 중요한 역할과 기여를 해왔지만 아직까지 잘 알려지지 못했고 제대로 된 평가를 받지 못한 점이 아쉬웠습니다."

중한 양국 교류의 전반 과정에 직접 참여해 온 김의진 회장은 30년의 격정의 나날을 회고하면서 감개무량하였다.

중국 여행업계의 대 한국업무 1인자가 되다

중국 정부가 한국인들에게 관광비자를 발급하기 시작한 것은 1994년부터라고 한다면 한국인들의 중국으로의 비즈니스 출장은 사실 더 오래 전인 1980년대 말부터 이미 민간차원에서 시작되었다. 당시 중국 외교부는 날로 늘어나는 민간교류의 수요에 부응하기 위하여 베이징의 관련 기관으로부터 통번역 인재들을 긴급 선발하여 양성하기 시작하였다.

1987년 베이징 중앙번역국에서 근무하던 김의진은 외교부 아시아국(亞洲司)의 호출을 받고 한국인 관광통역 교육을 받게 되었다.

"외교부가 직접 여행안내 통역원에 대한 교육을 진행하게 된 것은 당시 양국이 미 수교국가인 여러 특수성에 비롯된 것이라고 봅니다. 이런 사례는 중국은 물론 국제적으로도 드물 것입니다."라고 말하는 김 회장은 그 교육과정에서 한국과의 민간교류의 중요성을 터득하였으며 '관광통역원은 민간외교관'이라는 대목을 가슴깊이 새겼다고 한다.

"30여 년 동안 여행업에 종사하면서 '민간외교관'이라는 자부심을 갖고 일해 왔고 그 잣대로 직원교육을 실시해왔지요."

김 회장은 그때 받은 교육은 평생 자신을 편달했다고 한다. 몸에 배인 성실함과 동포에 대한 정 때문에 그는 정해진 통역가이드 임무 외에도 손님들의 여러 가지 심부름을 가타부타 말없이 해주고 열심히 봉사하였다. 한국인들은 이국땅에서 만난 이 조선족 젊은이에게 강한 호감을 갖게 되었고 입소문을 타고 한국에까지 그의 이름이 전해졌다. 차츰 한국에 있는 다양한 업체들로부터 업무요청 전화를 받게 되었다. 그는 역동적인 여행업무를 접하면서 편안하지만 따분한 기관 생활보다는 여러 부

▲ 기업인대회에서 축사를 하고 있는 김의진 회장.

류의 사람들을 만나고 국제적 시각을 키우는 경제활동에 무한한 매력과 보람을 느끼게 되었다. 그래서 사회적으로 선망하는 국가기관을 미련 없이 떠나 신화여행사로 전근하게 된다.

베이징시 소속 신화여행그룹의 왕회장은 한국여행시장의 향후 잠재력을 바탕으로 인재영입에 신경을 썼다. 김의진이 갖춘 조건을 파악한 왕회장은 신설 한국처 처장직을 그에게 맡겼는데 그때만 해도 정부기관의 국장급 대우인 방 3개 달린 아파트까지 제공하는 등 파격적인 대우로 김의진을 스카웃하였다. 그는 기대이상으로 중국 최초로 한국에서 업무 설명회를 개최하고 한국여행사 중국 시장 답사단을 조직하는 등 발 빠른 행보로 관광시장을 선점하였다.

1990년 베이징아시안게임기간에 한국관광단체의 성공적인 유치 및 안내로 그 공로를 인정받아 아시안게임조직위로부터 표창까지 받았다.

하지만 시장과 업무가 확장됨에 따라 업체로부터 여러 가지 규제가 심해지고 업무지원이 따라가지 못하는 등 장애요소들이 존재하면서 더 큰 발전에 한계가 뒤따랐다. 보다 자유로운 사업무대를 갈망한 김 회장은 신화여행사라는 국유기업 '철밥통'을 과감히 버리고 보다 자유로운 자기 회사를 설립하여 새로운 도전에 뛰어들었다.

장쟈제(张家界)를 효도관광의 1번지로 개발하다

김 회장은 중국을 여행하는 관광객이 날이 갈수록 늘어나면서 부동한 문화를 가진 나라의 관광객들이 각기 다른 취향을 가지고 있다는 점을 발견하게 되었다. 서양인들과 일본인들은 대체적으로 중국의 역사 문화 고적이나 인문경관을 선호하지만 한국인들은 아름다운 자연산수를 더욱 선호한다는 점을 짚어냈다. 그래서 베이징, 시안(西安), 꿰이린(桂林) 등 기존의 주요 관광 코스로는 이미 한국관광객들을 끌기에 부족하다는 것을 간파하였다.

한국관광객들의 이런 특성과 욕구를 읽어낸 그는 자연관광자원 개발의 선구자로 나서게 되었다. 그가 직접 개발한 황산(黃山), 쥬짜이꺼우(九寨沟), 하이난도(海南島) 등 다양한 코스들 중에서도 가장 열풍을 일으켰던 장쟈제(张家界)는 지금도 한국인들이 선망하는 '무릉도원'으로 인정받아 수십 년간 한국인 여행목적지 1위로 부동의 위상을 고수하고 있다.

그때만 해도 장쟈제는 중국 내에서도 각광받지 못하는 미개척 지역이었다. 장쟈제의 무한한 시장 잠재력을 파악한 김의진은 항공사와 주도면밀한 코스를 편성하고 수십 차에 달하는 시장답사를 조직하면서 시장수요에 맞는 유효적절한 조치들을 강구하였다.

그는 보다 많은 고객을 유치하기 위해 중국동방항공, 중국국제항공, 대한항공 등 항공사들과 업무제휴를 체결하여 항공과 여행상품을 묶은 패키지상품을 대량 개발함으로써 독보적인 시장지위를 확보할 수 있었다. 그의 노력은 헛되지 않았으며 장쟈제가 인기코스로 알려지면서 첫해에만 1만 명이 넘는 한국인 관광객이 다녀가는 기적이 일어났다.

계획을 가진 자가 이기는 법이다. 남다른 안목과 통 큰 투자로 한국관광객 유치에 성공하였으며 결과 연간 20만 명 이상을 유치하는 기록을 내고 시종 시장점유율 1위를 차지할 수 있었다.

지금도 장쟈제 관광지에 가면 한글 안내문, 한국어로 장사하는 노점상, 한국관광객을 실은 관광버스들을 어렵잖게 볼 수 있으며 장쟈제의 한국시장개발모델을 벤치마킹하고자 중국 각 도시 관리들이 줄을 잇고 있는 상황이다. 전설처럼 형성된 장쟈제의 관광지는 김의진의 숨은 노력이 있었기에 가능했던 것이다.

그러한 성공에 순탄한 길만 있었던 것은 아니다. 2000년대까지만 해도 중국은 풍부한 관광자원을 갖고 있었지만 교통과 숙식 등 인프라가 상대적으로 빈약하였기에 손님들의 만족도를 높이는 데는 한계가 있었다. 더구나 한국관광객 유치는 금방 기지개를 켜는 신흥시장인 만큼 규모나 파워로는 관련 인프라협력업체의 도움과 혜택이 따라 주지 못해 시장개척이 무척 어려웠다. 그러나 김의진을 대표로 하는 조선족 여행업 종사자들은 불철주야로 뛰어다니면서 손님들의 불편을 최소화하였고 눈앞에 봉착한 어려움을 풀어가면서 끝내 고지를 점령하였다.

"깊은 밤중에도 항공편, 호텔, 버스 등이 차질이 생겼다는 구원요청 전화벨소리가 울리곤 했습니다. 지금도 전화벨소리가 나면 어지간히 놀라곤 합니다. 그때 여행업을 하던 사람들은 다 이런 후유증이 남아있습니다."

김 회장은 베이징 본사 외에 선후로 상하이, 시안, 장쟈제, 쿤밍(昆明), 칭다오, 하이난도 등 10여 개 지사를 운영하면서 전국적인 시스템을 구축하여 관광시장을 석권하였다. 그는 한국여행업계로부터 '팸투어(여행시장 답사 행사)의 황제'로 불릴 정도로 연구와 투자를 아끼지 않았다. 뿐만 아니라 중국에서 최초로 가이드유니폼을 도입한다든지 매년 전직원 해내외 보너스관광을 실시한다든지 하면서 여행업계의 새로운 문화를 선도하였다. 한국관광안내 매뉴얼이 전무한 상황에서 그가 직접 만든 가이드북은 중국은 물론 한국의 경쟁업체들이 베끼고 모방하기도 했다.

지난 30여 년간 그는 100만 명이 넘는 한국관광객을 유치하는 기록을 냈다. 이런 업적은 100번도 넘는 한국출장을, 100회가 넘는 중국시장 현지답사를 열정 넘치게 뛰어다닌 결과에서 비롯된 것이다. 그의 말을 빌자면 한국관광객들은 세계 어느 나라보다 중국에서 가장 저렴한 비용으로 관광을 할 수 있었으며 호텔, 차량, 식사, 관광지 등 모든 면에서 최상의 서비스를 제공받은 유일한 외국관광객이었다고 한다.

"가이드를 포함한 조선족 여행업 종사자들은 한국 손님들을 자기 가족이나 친지처럼 살뜰히 챙겨주었고 진심으로 잘 모시려고 애썼지요."

김 회장은 조선족 여행업 종사자들은 초창기 중국의 외화 획득에도 큰 기여를 하였고 두 나라 기업들의 상호 투자, 지방단체들 간의 교류와 협력에도 크게 기여하였다고 하면서 마땅히 재평가되어야 한다고 밝혔다.

그때만 해도 중한 양국은 부동한 사회제도 하에서 수십 년 동안 서로 간의 왕래가 없다 보니 문화적 측면과 관습 면에서 적지 않은 충돌들이 일어났었다.

이러한 원인으로 초창기 양국의 비즈니스 교류현장에서 많은 오해와 난항을 겪기도 했다. 언어적 우세를 보인 조선족들은 서로 서툰 영어로 교류하는 것보다 훨씬 빠르게 소통이 될 수 있었다. 조선족들은 양국의 문화와 관습의 장벽을 해소하는데도 앞장섰고 산업고찰을 하는 현장에서도 쌍방이 빠르게 이해하도록 애써왔다. 오해와 불쾌감을 되도록 줄여주고 긍정적인 부분을 살려가면서 나름대로의 가교 역할을 해나갔다.

총체적으로 한국 기업들이 중국 시장에서 성공적인 투자와 교역을 보장해주는데 있어 조선족들은 일익을 담당하였다.

베이징 민족사회 통합의 첫발을 내디디다

"민간단체를 결성할 필요성에 대한 이해와 운영실천도 한국과의 민간 교류 과정에서 터득하게 된 것이다."라고 말하는 김의진은 정부를 대신하여 지역사회에 흩어진 조선족 사회를 위해 첫발을 내디던 이야기를 들려주었다.

2011년 6월 8일, 베이징조선족기업가협회는 기업인들의 박수갈채를 받으며 고고성을 울렸다. 사실 80년대 후반기부터 개혁개방에 힘입어 베이징에서 사업을 시작한 조선족 기업인들이 늘어나게 되었고 10여 년에 걸쳐 상당한 수의 기업인 집단이 형성되었다. 그러나 베이징의 기업인 단체가 없는 상황에서 전국적인 조선족 정경분야 포럼이나 행사에 참가할 때면 난처한 경우가 한두 번이 아니었다.

협회의 설립에 앞서 베이징의 중·청년 조선족 기업인들은 12년간 활약해온 베이징조선족골프협회를 중심으로 서로 생각을 나누고 정보를 교류하고 협력의 기회도 만들어 내는 정도였다. 기업인들은 골프협회보다 좀 더 포괄적이고 영향력이 있는 조직이 있어야 한다는 목소리를 내기 시작하였고 베이징조선족기업가연의회를 발족하는 데 대해 공감대를 형성하였다.

김 회장은 베이징에서 사업하는 기업인들과 다각적인 교류를 통해 민족사회에 큰일을 해내자면 모래와 같이 산산이 흩어진 조선족 기업체와 민간단체들이 단합되고 통합되어야 한다는 공감을 얻어냈다. 기업인들이 선두에 서고 민간단체가 적극 동참하여 광범한 민족구성원들이 합심된 바람직한 민족사회를 만들어가자는 목표가 설정되었다. 그는 수도의 이미지에 걸 맞는, 사회 전체를 통합할 수 있고 높은 차원의 품위를 지향

할 수 있는 협회를 만들기 위해 여러 가지로 심혈을 기울였다. 그의 노력은 빛을 보게 되었다. 베이징조선족기업가협회는 해당 기관으로부터 허가를 받았으며 초대회장으로 김의진이 당선되었다. 협회가 설립된 그날부터 그는 기업가의 사회적인 책임감을 안고 민족사회에 대한 의무수행을 자진하여 짊어지게 된 것이다.

베이징조선족기업가협회가 기타 지역에 비해 훨씬 늦게 설립되었지만 수도의 단체이니만큼 어딘가 달라야 한다는 것과 전국의 조선족 기업인들에게 여러 면에서 본보기를 보여주어야 한다는 사명감을 안고 태어난 단체라고 김 회장은 소개하였다.

그는 선후하여 중국조선족기업인골프협회 제2대 회장, 베이징조선족기업가협회 초대회장, 중국조선족기업인협회 회장단 집행회장 등을 역임하였으며 총 5회에 걸쳐 중국조선족경제포럼도 주관하면서 민간단체의 결성 및 행사를 주도하는데 앞장섰다. 현재 이런 단체들은 조선족지역사회의 구심점이 되고 있으며 지역사회 리더의 역할을 톡톡히 하고 있다.

베이징의 조선족 기업가들을 보면 1980년대에 시작된 김치장사, 요식업 등 전통 서비스업에 종사하는 것을 위주로 하던 데로부터 근 40년의 발전을 거쳐 일정하게 자본축적이 이루어졌고 어느 정도 실력을 갖춘 경제집단과 산업주력군으로 부상하였다. 현재 조선족 기업인들은 제조업, 부동산, 금융, 국제무역, IT, 문화 등 제반 분야로 확장되어 나름대로 성장하고 있다.

한국과 교류가 있기 전에 조선족들은 주로 교육과 문화면에서 우위를 차지하였다면 중한 수교 이후에는 경제지위, 생활수준, 문명수준이 획기

▲ 민족화보기자와 인터뷰중

적인 비약을 이루었다고 해도 과언이 아니다. 조선족들은 한국 기업인들과의 접촉을 통해 비즈니스를 배우게 되었고 국제적 시각을 갖게 되었다. 관광업계만 보아도 여행업무를 대행하면서 점차 거래처를 확보하고 사업을 확장할 수 있었으며 부를 축적하는 즐거움도 있었다.

자기의 기업을 만들고 기업가로 성장하게 되는 과정에 한국으로부터 받은 혜택은 잊지 말아야 한다고 김 회장은 말한다.

'장미꽃을 건넨 손에는 장미향이 남는다'

가난한 가정에서 고생하며 자랐던 김 회장은 어려운 사람들의 사정을 헤아리는 심성을 갖게 되었다.

김 회장의 인생에서 중요한 영향을 끼친 사람은 외국인으로서 최초로 중국 민정부의 최고 영예인 '유자의 소' 수상자인 고 이관숙 선생을 꼽을 수 있다. 이관숙 선생은 의수족기술로 불행한 사람들을 치료하면서 평생 장애인 봉사에 헌신한 분이다. 김의진은 80년대 중반 재미 교포인 이관숙 선생이 진행하는 중국 장애인 자선행사를 도우면서 처음으로 공익자선에 눈을 뜨기 시작했다. 후에 중한 민간교류의 현장에서 이런 공익 문화를 다양하게 접하고 체험하는 기회가 많아졌다.

일찍 1990년을 전후로 하여 경영이 어렵게 된 베이징조선족학교를 위해 적극적인 모금활동을 펼쳤으며 사례금으로 받은 돈까지 선뜻 내놓은 것을 시작으로 선행 실천은 해마다 이어지고 있다. 또한 베이징조선족 애심장학회 결성에 직접 참여하여 20년간 가정형편이 어려운 조선족 대학생들을 지원해오고 있다.

중앙민족대학 민족교육기금회를 창설하고 운영하는 일, 옌벤대학(延边大学) 예술학원에 장학금을 지원하는 일, 창바이조선족자치현(长白朝鮮族自治县) 압록강교육기금회 조성 및 후원에 동참하는 일, 베이징조선족노인협회 후원회를 창설하고 운영하는 일, 베이징 및 각 지역의 조선족 공익자선행사에 지원하는 일, 동북지역 특대 수해지역 자선모금 행사를 주도하는 일, 베이징 한국어학교를 지원하는 일, 중국 각 지역 재난지역에 지원하는 일 등 그는 항상 기부에 앞장서는 일을 마다하지 않았다. 그리고 불치의 병에 걸린 회사원을 위한 모금, 베이징시 조선족 운동대회와 조선족 설맞이 모임 등 동포사회의 크고 작은 연중행사에 헌금, 베이징 한국국제학교 설립에 기부 등에 그는 습관적으로 앞장서곤 하였다. 코로나 발생초기 그는 사재를 털어 한국에 3만 장의 마스크를 지원하였으며 한국에 수백 권에 달하는 도서를 기증하였다.

그의 행보는 현재도 진행형이다. 그는 갖가지 기부를 통해 보람을 느끈다고 한다. 남을 돕고 선행을 베풀면 자신도 성취감과 행복감을 느끼게 되면서 점차 거기에 '중독'이 된다는 것이다.

김 회장은 일반 자선가와는 달리 자선기부에도 앞장서지만 중요한 것은 동포사회 공익자선문화의 선도자, 조직자로 활약하는 것이 돋보인다.

2018년 김의진은 한중 교류와 민족문화의 계승, 한민족의 화합에 기여한 공로를 인정받아 대한민국 대통령의 표창을 받았다. 대통령상 수상식에서 그는 이렇게 소감을 발표하였다.

"중국의 조선족들은 더 일찍부터 더 많은 사람들이 인정을 받고 훈장을 받아야 했습니다. 저는 그들을 대신해서 받았을 뿐입니다."

글/서정옥

【김의진 프로필】

출　생 1956년

출생지 옌벤 허룽(延边 和龙)

민　족 조선족

학　력 중앙민족대학 조문학부 졸업

기　업 베이징금협윤과기발전유한회사. 대륙투자회사 동사장

　　　　중앙민족번역국 번역. 북진여행사 사장

사회직 중국아주경제발전협회 상무부회장

　　　　베이징조선족기업가협회 명예 회장

　　　　중국조선족사학회 후원이사

　　　　옌벤대학기금회 이사

　　　　중앙민족대학 조문학부 민족교육발전기금회

　　　　베이징조선족애심장학회 고문

　　　　베이징조선족로인협회후원회 이사장 등

영　예 2018년 대한민국 대통령상 수상

민족패션 브랜드로 중국을 수놓다

랑시그룹 회장 **신 동 일**

지난 세기 말에만 해도 중국내 고급 패션시장은 유럽이나 일본, 한국 등 선진국의 천하였다. 그때 대부분 사람들의 인식에는 수입제만 고급이고 국산품은 품질이 떨어진다는 인식이 보편적이었다. 하지만 패션업계에서의 이런 편견은 랑시브랜드의 출시와 더불어 바뀌기 시작하였다. 중국인 자체의 백년 패션 브랜드를 구축하고 중국풍으로 민족 패션을 리드하는 것을 목표로 한 랑시그룹은 지난 2000년에 설립되어서부터 단 3년 만에 국내 패션업계에서의 브랜드 인지도를 굳혀갔고 얼마 안 되어 국내 고급 숙녀복 명브랜드로 자리 잡았다.

신동일 회장이 이끄는 랑시그룹은 지난 20여 년간의 꾸준한 발전 끝에 현재 국내 패션 여성복, 친환경 유아복, 의료미용 분야의 선두기업으로 거듭났다.

국내 패션업계 명브랜드 창출

1997년도에 중앙텔레비전방송국에서 방송된 한국드라마 '사랑이 뭐길래'가 폭발적인 인기를 얻으면서 지난 세기 말부터 한국의 대중음악문화가 중국에서 성행하기 시작했다. 이런 한류 열풍에 힘입어 중국 국민들은 한국상품을 선호하기 시작했다.

"패션도 문화상품이기에 그때 한국 복장이 중국 시장에서 인기가 있었습니다. 한류의 덕을 톡톡히 본 셈이지요."

신 회장은 2000년 4월 중국 최고급 백화점인 베이징옌사백화점에 랑시브랜드 1호점을 오픈했다. 처음에는 주로 한국으로부터 여성복을 수입해다 팔았는데 랑시복장은 세련된 스타일과 우수한 품질로 대도시 고소득층 여성소비자들 중에서 인기도가 급상승했다. 랑시는 출시 3년 만에 이미 국내 동종업계의 명브랜드로 자리매김했으며 그 여세를 몰아 매장을 전국 각지로 넓혀나갔다.

2004년부터 신 회장은 수입복장에만 의거하던 상황을 개변하고 디자인실을 만들어 자체로 복장을 설계하기 시작하였다. 업무가 확장됨에 따라 베이징 순의구(順义区)에 물류기지도 구축했다. 랑시는 불과 출시 6년 만에 업계 선두업체로 거듭났으며 판매액도 인민폐 1억 위안을 초과하였다.

사실상 신 회장은 우연한 기회로 복장업과 인연을 맺게 된다. 헤룽장성 우창현(五常县)의 한 시골마을에서 태어난 신동일은 대학시절에 경제학을 전공했다. 대학 졸업 후 한국 회사에 취직하기도 하고 자체로 여행사, 식당도 경영하는 등 패션업과는 거리가 한참 멀리 있었다.

그러다가 후에 자그마한 복장가게를 운영하게 되었는데 한국 의류가

예상외로 잘 팔리는 것을 발견하고 복장업에 본격적으로 진출하기 시작했던 것이다.

"그때는 손에 쥔 게 맨주먹밖에 없었지만 꿈은 컸습니다. 중국인들이 모두 아는 패션 브랜드를 창출하는 것을 목표로 했지요."

이렇게 되어 신동일은 고급브랜드 여성의류사업을 통이 크게 해볼 생각으로 베이징랑시복장유한회사를 설립했으며 오로지 복장판매에만 올인했다.

업무량이 늘어나면서 회

▲ 버오우포럼에 참석하여 신화사기자의 인터뷰를 받고 있는 신동일회장

사도 늘리고 회사의 구조도 새롭게 짰다. 그는 2004년과 2006년에 선후로 베이징주크복장유한회사와 베이징라임복장유한회사를 세웠으며 2007년 랑시주식유한회사를 설립하였다.

이와 더불어 랑시주식유한회사는 디자인, 개발, 생산, 판매를 일체화한 복장기업으로 자리 잡았으며 일약 국내 명브랜드로 발돋음했다. 회사 산하의 랑시, 주크, 라임, 모조 등 여성복 전문브랜드는 선후로 '베이징억 위안 매장 인기브랜드', '베이징 10대 인기 브랜드', '베이징 10대 패션 브랜드' 등 영예를 받아 안았으며 회사는 2010년과 2011년에 전국

대형소매업체 동류형제품 시장점유율 3위권에 진입했다.

2019년 말까지 신 회장이 이끄는 랑시그룹은 전국 30개 성, 100여 개 도시의 고급백화점, 쇼핑몰, 공항 등에 590여 개 매장을 운영 중이며 오프라인 VIP고객수가 30만 명, 온라인 VIP고객수가 25만 명에 달하고 있다.

국내 주식시장의 상장과 '범패션산업 상생 생태권'의 구축

"랑시의 발전에서 가장 중요한 시기를 꼽으라면 2011년의 선전증권시장 상장을 들 수 있습니다. 그 번 상장에서 인민폐로 17억5천만 위안의 자본금을 모았습니다."

이로써 랑시는 중국 고급 숙녀복 첫 상장회사, 국내 조선족 첫 상장기업이라는 2개 기록을 창조하였으며 기업의 상장은 랑시의 도약에 날개를 달아주었다. 랑시그룹은 상장 11년간 공개시장으로부터 30억 위안을 초월하는 자본금을 유치하였으며 이는 회사의 다원화경영 및 규모 확장에 크게 기여했다. 그리고 기업이 발전하는 가장 관건적인 요소의 하나가 인재인데 증권거래소 상장은 랑시가 업계의 유능한 인재를 대량으로 유치하는데 좋은 조건을 마련해주었다.

신 회장은 국내 패션시장의 변화에 발 빠르게 대응하여 지난 2014년부터 '범패션산업 상생 생태권 구축' 전략목표를 내세우고 중국의 여성소비자들을 주고객으로 하는 더욱 넓은 영역의 패션문화제품을 제공하는데 주력해오고 있다.

이 전략에 맞추어 랑시그룹은 지난 2014년 말 한국의 아가방앤캠퍼니를 인수하였고 2016년부터 청두(成都), 시안 등 지역의 대표적인 의료미용 체인 서비스 병원 및 기구의 인수합병을 통해 국내 의료미용분야에 진출하였다. 2016년 랑시그룹은 2억 위안의 자금을 출자하여 BRAVOU 의료미용체인병원 및 FRESKIN의료미용체인점을 인수했으며 2018년 에는 산시성 시안시(陝西省 西安市) 최대 성형미용병원인 Gonice를 인수하고 중국 서북지구 의료미용업에도 발을 들여놓았다. 그리고 2020년부터 2021년 사이에 베이징리두, 쿤밍한진, 난징한진, 우한한진, 우한오주 등 기구를 인수하였으며 2021년에는 항저우그래미, 난징화미 등 의료미용기구를 인수했다.

따라서 현재 랑시의료미용기구는 베이징(北京), 청두(成都), 시안(西安), 정저우(郑州), 난징(南京), 충칭(重庆) 등 국내 10여 개 대도시들에 널리 분포되어 있으며 의료미용팀의 직원 총수는 4,800명을 웃돈다. 한편 랑시는 향후 급성장할 국내 의료미용시장에 대비해 2026년까지 160개 병원과 기구를 인수하여 의료미용업에 150억 위안을 출자함으로써 국내 의료미용업계의 선두위치를 지속적으로 확보한다는 계획도 세워놓고 있다.

신 회장은 사업에서 성공한 후 자선사업과 애심행사에도 발 벗고 나섰다. 2021년 베이징시 순의구 코로나19 사태 재해지역에 가치가 50여 만 위안에 달하는 방역물자를 지원하였고 2020년 후베이성(湖北省) 쇼간시(孝感市) 적십자회에 가치가 200여 만 위안에 달하는 라임복장을 기증하였으며 산난시(山南市) 적십자회에 도합 110만 위안 기부금을 전달했다. 이외에 랑시는 2011년 중국청년창업기금회에 협찬금 300만 위안을 지원하고 2010년 칭하이성(青海省) 위수(玉树) 지진재해구역에 40만 위안을, 2008년 쓰촨성 원촨(四川省 汶川) 지진재해구역에 200여만 위안의 자금과 물자를 기증했다.

한편 신 회장은 지난 2010년부터 모교인 중앙민족대학과 우창시조선
족중학교에 랑시장학기금을 설립하고 다년간 민족교육사업에 거액의 기
부를 지속해오고 있다.

중한경제협력의 공간은 아직도 거대하다

랑시주식유한회사는 지난 2014년 11월과 12월에 인민폐 3억1천만
위안을 투자하여 한국 유아복 기업 아가방의 주식 26.53%를 보유함으
로써 아가방의 최대 주주로 등극했다. 아가방은 한국에서 가장 오랜 역
사를 갖고 있는 유아 의류 및 용품 전문 기업으로 한국에서는 모르는 이
가 없을 정도로 유명한 국민브랜드이다. 랑시는 아가방을 인수한 후 경
영관리, 디자인, 마케팅, 물류 등 여러 방면으로부터 혁신 조치들을 취함
으로써 아가방의 적자경영상태를 차츰 돌려세웠으며 작년에는 흑자전환
에 성공했다.

"랑시그룹은 초창기부터 현재에 이르기까지 거의 모든 영역에서 한국
측과 끈끈한 협력관계를 맺어오고 있습니다. 복장분야만 보더라도 랑시
는 한국제품을 수입하는 것으로 시작했고 이어 한국 디자이너들을 초빙
하여 복장을 설계하게 했으며 한국인 설계사들은 지금도 중요한 역할을
발휘하고 있습니다. 한편 랑시복장의 경우 옷감과 보조재료 등을 한국에
서 주로 수입하고 있습니다."

신 회장의 말처럼 랑시 브랜드는 발전과정에서 한국의 영향을 여러모
로 받았으며 '한국특혜'를 톡톡히 누려왔다. 랑시그룹은 현재 사업분야
가 크게 네 가지로 나뉘는데 앞에서 언급한 여성복과 영유아 영역 이외

에 메디칼뷰티, 자산관리 등 방면에서도 한국 기업과 손잡고 사업을 추진해오고 있으며 한국 관련 업무가 승승장구하고 있다.

지난 2015년 7월 랑시주식은 한국의 드림성형병원 박량수 대표 원장과 투자의향서를 체결했으며 이듬해 4월 양측은 한화 총 45억 원을 들여 한국 드림그룹의 DMG지분 20%와 DKH 지분 20%를 인수해 상호 전략적 파트너 관계를 맺었다.

이외에 랑시그룹은 2016년 한국의 최대 상업은행의 하나인 하나은행, 하나금융투자주식회사 등과 공동으로 출자하여 베이징랑시하나자산관리유한회사를 설립하였는데 이 회사의 등록자금은 18억 위안, 자산관리 규모는 200억 위안에 달하고 있다.

랑시그룹은 이런 협력을 통해 한국 의료미용업의 우수한 경험과 기술을 참조하여 중국 의료미용업 시장에 진출하는데 좋은 기반을 마련하였으며 기업의 다원화경영에 큰 힘을 실어주었다.

"한국은 복장, 의료미용, 화장품, 반도체 등을 비롯하여 많은 경쟁력 있는 우세 산업과 기업이 있습니다. 이를 전 세계 제2대 시장인 중국시장과 잘 결합하면 윈윈의 효과를 거둘 수 있습니다."

신 회장은 중한경제협력의 공간이 아직도 거대하다고 확신한다. 하지만 중한협력에서 가장 큰 걸림돌은 문화적 차이라고 언급하면서 중국인은 자신의 입장에서 출발하여 한국인을 잘 이해하지 못하며 한국인 또한 중국인의 사고방식과 일처리방식에 대해 오해할 때가 많다는 것이다. 이런 상황에서 중국의 조선족은 중한 교류에서 이전에도 그랬지만 향후에도 지속적으로 쌍방의 상생 협력에서 중요한 역할을 발휘해야 한다는 것이다.

랑시그룹은 한국의 좋은 기술과 인재, 비즈니스모델을 중국에 유치해와 중국의 시장과 잘 접목시킨 성공 사례로 외계에 널리 알려져 있다. 지난 20여 년간 랑시그룹은 '대담하게 생각하고 대담하게 실천하며 배운 것을 바로 실행하자'는 핵심가치관을 내세우고 하나 또 하나의 기적을 창조하면서 중국 패션업계의 명실공한 선두업체로 자리매김했다. 세계적인 영향력을 갖춘 백년 민족패션 브랜드를 구축한다는 전체 랑시인들의 아름다운 꿈은 어제도, 오늘도, 내일도 변함이 없다.

글/ 이호남

▲ 제1회 랑시그룹 의료미용학술교류회에 참석

【신동일 프로필】

출　생　1972년

출생지　헤룽쟝성 우창시(黑龙江省 五常市)

민　족　조선족

학　력　중앙민족대학 졸업, 장강상학원 EMBA 석사

기　업　랑시주식유한회사 창시자 및 랑시주식유한회사 회장, 법인대표

　　　　랑시국제무역유한회사 및 랑시(한국)유한회사 집행이사, 법인대표

　　　　티벳화기(Tibet Fancy dress)복장유한회사 집행이사

　　　　베이징랑시복장유한회사 회장

　　　　베이징주크복장유한회사 회장

　　　　베이징라임복장유한회사 이사

　　　　랑시의료관리유한회사 회장

　　　　베이징랑시하나자산관리유한회사 이사

　　　　아가방주식회사 이사, L&PCosmeticCo.Ltd 이사

사회직　베이징시 순의구 인민대표 상무위원

　　　　베이징복장방직협회 부회장

　　　　중국복장방직협회 부회장

세계적인 브랜드를 만드는 것이 꿈

커시안그룹 회장 **박 걸**

    베이징시 3대 과학기술혁신센터의 하나인 미래과학성은 중앙공기업과 해외인재 유치를 특색으로 하는 전국과학기술혁신센터의 하나로 현재 국가전력공사, 국가에너지그룹을 비롯한 10여개 중앙공기업 산하의 100여 개 과학연구 단체 및 기업이 입성해있다. 박걸 회장이 이끄는 커시안그룹은 올해 3월 미래과학성에 위치한, 지상 11층 높이의 커시안청사에 새로 입주하였으며 미래과학성에서 유일하게 독자적인 빌딩을 보유한 민간기업으로 되었다. 한편 커시안은 불과 10여 년이란 짧은 시간 내에 이름 없는 중소기업으로부터 의료기기, 건강상품, 가정용전기제품, 전자제품, 인테리어공정, 녹색양식업, 생태원 등 많은 분야를 아우르는 다원화경영 그룹으로 거듭났다.

마음만 먹으면 못 해낼 일이 없다

    21세기 초반만 해도 건강산업은 국내에서 다소 생소한 업종이었다. 의

식주를 해결하기에 급급했던 대다수 중국인들은 자신의 건강을 챙길 여유가 별로 없었으며 건강에 대해 투자한다는 개념도 상대적으로 약했다. 이렇듯 건강산업의 불모지나 다름없는 중국에서 박걸 회장은 다른 일에 곁눈 한번 팔지 않고 건강산업이라는 한 우물만을 꾸준히 파왔으며 커시안을 자타가 공인하는 국내 건강업계 선두기업으로 키워왔다.

지난 2007년 박걸 회장은 옌지커시안의료기기유한회사의 지휘봉을 맡게 된다. 그가 부임할 시기 커시안은 경영부진으로 진통을 겪고 있었으며 파산 직전까지 다다르고 있었다.

"그때 당시 회사는 껍데기뿐이었고 고정자산이라야 옌지경제개발구에 임대 맡은 공장건물 하나뿐이었으며 외부에도 빚이 엄청 많았습니다."

일반 사람이라면 엄두도 내기 어려울 일이었지만 박 회장은 선뜻 이 회사의 중임을 떠멨다. 조직구성을 개편하고 영업방식, 관리방식도 대담히 개혁했으며 새로운 직원들을 많이 받아들이고 회사 산하 건강생활관들도 적극 늘려나갔다. 그의 노력은 헛되지 않았고 회사는 상승일로를 달렸다. 한편 박 회장은 제품 품질 개선 및 신제품 개발에도 큰 힘을 기울였다. 커시안은 지난 2004년 커시안온열전위치료기 개발 성공에 이어 2006년에는 커시안온열펄스치료기, 2008년에는 커시안경추베개, 2013년에는 장삼원홍삼농축액 등 신제품들을 잇달아 개발하였다.

커시안의 2대 주력제품은 커시안전위온열치료기와 장삼원표 홍삼농축액이다. 전자는 국가약품감독관리부문으로부터 '중화인민공화국 의료기기 등록증'을 발급받은 국가2급 의료기기이고 후자는 장백산에서 나는 양질의 5년생 인삼을 원자재로 하고 선진적인 인삼가공기술을 이용하여 제작한, 사포닌 함유량이 높은 고급 홍삼제품이다.

한편 2022년 5월말까지 커시안은 도합 세 가지 발명전매특허, 36가지 실용신형 전매특허, 스물다섯 가지 외관설계전매특허를 취득하였으며 서른다섯 가지 유형의 200개 관련 상표를 등록하였다.

이와 더불어 커시안은 의료기기 전문회사로부터 건강산업을 중심으로 하는 그룹으로 성장하였고 연구개발, 생산, 판매, 애프터서비스가 일체화되었다. 그룹 산하에 의료기기, 생물과학기술, 동양전자, 인테리어, 신재료, 맥반석기지, 양식, 생태원 등 10여개 자회사를 두고 있다. 지난 2007년 커시안은 전국품질신용봉사3A 등급 기업으로 평의되고 2010년 중국온열치료기시장사용자 선호도 평가에서 최

▲ 커시안그룹 창립 17주년 기념 행사에 서 연설

고 브랜드로 인정받게 되었으며 2012년에는 〈길림성 유명상표〉 칭호를 받게 되었다. 2015년과 2016년에 연속 2년간 〈품질신용3.15우수기업〉으로 선정되었고 2018년에 커시안생물과학기술회사는 〈길림성 농업산업화 성급 중점 선두기업〉으로 평의되었다. 2019년 커시안의료기기회사는 〈전국과학기술 혁신시범기업〉의 영예를 받아 안았다.

남을 많이 도와주고 남한테 베풀어라

3년간 코로나19로 전국이 어수선한 가운데 그나마 옌볜(延边)은 청정

지역으로 인정받았었다. 그런데 2022년 초에 들어서면서 옌벤조선족자 치주는 사상 최대 규모의 오미크론감염자 전파사태가 발생했다. 사회 전체에 초비상이 걸려있을 때 커시안인들은 발 빠르게 코로나 방역행동에 떨쳐나섰다. 박걸 회장이 솔선적으로 100만 위안을 기부하면서 그룹차원의 '커시안 애심1+1' 기부활동이 전개되었는데 산하 건강생활체험관 운영자들과 전체 직원들이 적극 동참하여 최종 260여만 위안의 사랑의 성금이 모아졌으며 이 기부금은 즉각 옌지시적십자회에 전달되었다.

"사실상 이번 기부활동을 조직할 때 회사 운영진에서는 실행 여부를 두고 여러 번 고민했었습니다. 코로나19 사태로 모두가 어려운 때에 기어코 기부활동을 조직해야 하는가 하는 우려 때문이었습니다."

하지만 이런 때일수록 기업의 사회적 책임감을 각인시키고 커시안인의 사랑의 마음을 사회에 전달할 필요성이 있다고 판단하여 박 회장은 '커시안 애심1+1' 기부활동을 제안하였으며 이번 활동은 참가자 모두의 열정적인 참여로 예상 기대치를 훨씬 초월하는 효과를 거두었다.

국내 코로나19사태가 갓 터졌을 때인 지난 2020년 2월에도 커시안 그룹에서는 전국 커시안그룹 산하 전체 직원들이 모금한 애심성금 228만 위안(박 회장의 기부금 100만 위안 포함)을 코로나 방역 기부금으로 옌지시정부에 전달한 한편 옌벤대학 부속병원 방역의료진에도 가치가 270만 위안에 달하는 방역물자를 기증했었다. 이외에도 같은 달 커시안 그룹에서는 가치가 500만 위안어치에 달하는 홍삼제품과 방호복을 코로나19와 사투를 벌이고 있는 전국 의료일선과 적십자회에 전달한 바 있다. 지난 2020년 연초에 국내에 코로나19사태가 발생하여서부터 2년 남짓한 기간 박 회장을 비롯한 커시안그룹이 기부한 성금과 물자 총액을 합치면 인민폐로 무려 1000만 위안어치에 달한다. 사실상 박 회장은 오래전부터 사회공익사업에 앞장서온 '기부천사'로 널리 알려져 있으며 그의 이런 영향 하에 커시안 또한 '사랑과 나눔'의 기업문화를 탄탄히 구축해오고 있다. 박 회장은 다년간에 걸쳐 베이징조선족민속축제, 옌벤텔레비전방송국의 '사랑으로 가는 길' 프로그램, 중국조선족작곡가작품음악회, 현대조선족무용발전포럼, 동북항일의용군 항전유적지 탐방, '주덕해컵' 중국조선족씨름대회, 전국조선족기업가골프대회를 비롯한 여러 가지 행사, 프로그램들을 후원하였으며 베이징조선족노인협회, 베이징조선족애심장학회 등 민간단체들에도 지속적으로 협찬금과 물품을 지원해주고 있다.

특히 지난 2012년부터 박 회장은 선후로 옌벤대학과 중앙민족대학에 '커시안예술장학금', '박걸스튜디오예술센터', '옌벤대학 박걸교육발전기금', '중앙민족대학 박걸장학금' 등 장학금을 설립하여 학업이 우수하고 가정형편이 어려운 대학생들을 대상으로 다년간 지속적으로 후원금을 보내주고 있다.

"나는 젊었을 때 여러 가지 원인으로 대학교에 다닐 기회가 없었는데 그게 지금도 유감으로 남아있습니다. 희망컨대 젊은 세대들이 자신의 시간을 금싸락 같이 아끼고 학업에 열중하며 장래에 가정, 사회, 국가에 공헌하는 인재로 발전했으면 하는 바램입니다."

이는 박 회장이 관련 대학교에 장학금을 설치하게 된 이유이기도 하다. 현재까지 그는 옌벤대학에 360만 위안, 중앙민족대학에 260만 위안을 기부해왔으며 가슴 따뜻한 선행으로 사회에 훈훈함을 선사해주고 있다.

중한 양국은 가까운 이웃이고 중요한 협력 동반자

커시안은 발전과정에서 한국과 깊은 인연을 맺어왔었다. 박 회장은 일찍 창업 초기에 여러 차례 한국에 고찰을 다녀왔으며 현재 커시안건강생활관의 독특한 판매방식도 한국의 체험식 판매방식의 영향을 받은 뒤 중국 실정에 맞게 조정한 것이다. 먼저 체험하고 후에 구입하는 한국의 판매방식은 커시안이 더 많은 고객을 유치하고 고객의 신뢰도를 높이는 효과를 가져 오기도 했다.

이외에 장삼원표 홍삼농축액의 생산공예도 중국의 전통홍삼가공방법과 한국의 선진기술을 결부한 산물로 시장에 출시된 후 많은 중국소비자들의 환영을 받고 있다.

한국의 판매방식과 기술, 인원은 커시안에 큰 영향을 주었으며 한국의 모 유명홍삼브랜드의 경우도 홍삼에 대한 중국인들의 인지도를 높여주어 커시안의 홍삼브랜드인 장삼원의 시장개척에 큰 힘을 실어주고 있다.

◀
커시안그룹 창립 18주년 기념
행사에서 연설

"중한 양국은 가까운 이웃이고 중요한 협력 동반자입니다. 한국과 밀접한 관계를 갖고 있는 중국기업으로서 커시안은 향후 우세보완, 호혜공영의 원칙에서 중한경제무역합작에 자신의 힘을 지속적으로 보탤 것입니다."

박 회장은 중한 양국은 지리적으로 가깝고 인적자원 및 문화적 차원에서 유사성을 갖고 있기 때문에 향후 상호 협력에서 한 단계 업그레이드된 발전이 있을 것으로 전망했다.

현재 커시안은 중국의 최고 브랜드 및 세계적인 브랜드 창출을 목표로 노력에 박차를 가하고 있다. 첫 단계 목표는 3년 내지 5년 사이에 현재의 500개 커시안건강생활체험관을 1,500개 정도로 늘리고 의료기기와 홍삼계열제품은 각기 20억 위안 연간매출액을 달성하는 것이다. 두번째 단계 목표는 커시안건강생활체험관을 향후 10년 이내에 3천 개~5천 개로 늘리고 의료기기와 홍삼계열제품은 각기 매출액을 한해에 100억 위안으로 끌어올리는 것이다. 이를 위해 커시안은 최근년간 의료기기공장과 홍삼가공공장 규모를 지속적으로 확장해가고 있으며 해마다 억대 규모의 자금을 확대재생산에 투입하고 있다. 인구고령화시대에 급증하는 건강제품 수요에 발 빠르게 대응하는 커시안그룹, 대중들의 건강한 생활을 리드해가는 커시안그룹의 향후 발전이 한껏 기대된다.

글/ 이호남

【박걸 프로필】

출 생 1964년

출생지 헤이룽장성 닝안시(黑龙江省 宁安市)

민 족 조선족

기 업 커시안그룹 동사장

엔지커시안의료기기유한회사 동사장

옌벤커시안생물과학기술유한회사 동사장

옌벤커시안동양전자유한회사 동사장

허베이회안영흥양식유한회사 동사장

옌지시진흥무역유한회사 총경리

옌지시진흥실업유한회사 동사장

베이징진흥무역유한회사 동사장

칭다오세라젬의료기기유한회사 동사장

칭다오세라젬정보자문유한회사 동사장

사회직 옌지시정치협상회의 상무위원

중앙민족대학교 조문학과 '민족교육발전기금회' 고문

옌벤대학 교육기금회 이사

전국조선족기업가골프협회 명예회장

베이징시조선족기업가협회 고문

베이징조선족애심장학회 이사장

영 예 2010 '중국 품질성신(品质诚信) 걸출인물' 수상

2011 중국 품질성신 걸출인물상

2012 중국 품질성신 걸출인물상

2017 중국의료기기 업계 10대 성실 기업가상

2020년 한국 대통령상

한국 대통령 표창장 받은 해외 기업인

예지아과학기술그룹 동사장 **남 기 학**

코로나로 인해 멀리 선전까지 출장을 갈 수 없는 상황이라 기자는 부득이 인터넷 비대면 방식으로 예지아과학기술(烨嘉科技)그룹 (홍콩)유한회사 남기학 동사장(董事长, 회장)과 인터뷰를 진행했다. 국내보다 국외에 더 많이 알려진 남기학 회장을 뒤늦게 알게 되었지만 조선족 기업인으로써 국제무대에서 활약하고 있는 모습이 퍽 대견스러웠다.

중국의 최북단 헤이룽장성 지시시(鸡西市)에서 출생하여 최남단인 선전시(深圳市)에서 사업을 개척한 남 회장은 자신의 기업을 탄탄하게 키워왔고 월드옥타에서 요직을 맡는 등 굵직한 이력서를 내놓았다. 월드옥타 제20대 수석부회장을 역임했던 남 회장은 2019년 해외한민족기업으로서는 최초로 한국 대통령이 발급하는 '국가생산성대상'을 수상해 화제가 됐었다. '국가생산성대상'은 경영의 과학화, 시스템화를 통한 체계적인 기업 경영과 혁신활동을 통하여 모범적인 생산성혁신을 이룩한 기업 및 단체에 수여하는 한국정부 포상이다.

일문일답으로 진행된 인터뷰 내용을 아래와 같이 정리한다.

문: 창업하게 된 계기와 오늘의 예지아그룹에 대해 알고 싶다.

답: 동북중형기계학원(현 연산대학)에서 공업전기자동화를 전공하고 졸업 후 1984년 계서대학에 들어가 교편을 잡았다. 1994년 2월에 대학교 강사직을 그만두게 되었고 옷가방 하나 달랑 들고 무조건 선전으로 향하였다. 그때 선전은 개혁개방의 상징과도 같은 도시였으며 통행증을 발급 받아야 들어갈 수 있는 시절이었다. 일본기업 kyowa플라스틱제품 (선전)유한회사에 취직한 후 열심히 일한 덕에 직원으로 시작해서 경리(한국 기업 전무에 해당함)로, 나중에는 공장장으로 승진하게 되었다.

2001년 3월 친척형제들과 함께 예지아플라스틱(홍콩)회사와 선전예지아정밀플라스틱공장을 설립하고 첫 창업을 하였다. 2003년 아시아전자(홍콩)유한회사를 공동투자 운영하였다. 현재는 이미 산하에 광둥예지아광전, 예지아전자과학(둥관)유한회사, 한국 예지아전자과학 등 8개 자회사를 둔 그룹으로 성장하였다.

문: 한국과의 경제협력은 어떤 면에서 이뤄지고 있는가?

답: 현재 예지아과학기술그룹과 예지아광전주식회사를 운영하고 있다. 중국인, 일본인, 한국인, 대만인으로 구성된 1,500여 명 직원이 세계 대기업 브랜드제품 생산에 기술과 부품을 공급하고 있다. 주요 품목은 광학렌즈, 실리콘정밀부품 게임기와 가전전자제품, 플라스틱부품, 금형 등이다.

주요 고객사와 엔더유저는 SAMSUNG, LG, APPLE, SONY, HUAWEI, 쇼미, OPPO , NINTENTO 등 가전소비제품업체와 GM, TOYOTA, VW, HONDA, BENZ, BMW, 상해자동차 등 자동차 업체이다.

한국과의 비즈니스는 2003년 한국 태평양화장품회사에 화장품케이스를 공급하면서 시작되었다. 2008년 한국 신기그룹에 은행용 통장 프린터기를 위탁주문형식으로 생산하여 공급하였고 점차 KT향전화기와 기타 가전제품 등 품목도 늘려왔다. 근년에 와서는 삼성전자, LG전자, 서울반도체, 현대모비스, SL 등 대기업에 광학렌즈를 공급하면서 거래를 넓혀왔으며 삼성전자 등 기업의 주요 공급업체로 성장해왔다. 그리고 한국기술 축냉운송자동차 중국시장 개척에도 일조하고 있으며 신기술 연구개발과 제조협력 면에서도 한국기업들과 활발한 교류를 진행하고 있다.

2019년 10월 16일에 해외한민족기업으로서 최초로 한국 '국가생산성대상'을 수여받는 영광도 얻게 되었다.

향후 광학렌즈 관련사업과 가전제품생산을 더욱 확장할 계획이며 기술연구협력과 한국기술제품 중국시장 개척에도 힘을 보탤 생각이다.

문: 이력서를 보면 공부를 많이 한 것으로 보인다. 어떤 공부들을 했으며 왜 공부를 하게 되었는지 궁금하다.

답: 사회에 나가보니 대학에서 배운 것만 가지고는 어림도 없다는 것을 느끼게 되었다. 특히나 과학기술이 비약적으로 발전하고 있는 지식경제시대에 알아야 생존할 수 있고 배워야 경쟁할 수 있다. 공부를

하다보면 재미도 있고 아는 것도 많아지게 되어 중독되는 듯싶기도 하다. 기술전공으로는 선후로 하얼빈과기대학(현 하얼빈이공대)에서 컴퓨터 전공을 수료하였고 중국 료오닝성(辽宁省) 부신광업대학(현 료오닝공정기술대학) 대학원에서 전력자동제어전공을 수료하였다. 기업하려면 경영관리도 배워야 한다. 그래서 창업이후 중산대학 EMBA, 한국 연세대학 AMP, 중국 장강상학원 EMBA 등 과정을 두루 수료하면서 수많은 기업가들과 사귀게 되었고 그들과 노하우도 서로 나누면서 부단히 자신을 제고하려고 노력해왔다.

문: 중한 수교 30년을 어떻게 평가하는가? 향후 전망은 어떻게 보는가?

답: 1992년 중한 수교 이후 양국은 정치, 경제와 문화 교류 면에서 급성장을 이룩하였으며 한반도 비핵화와 동남아 평화에 적극적인 역할을 해왔다. 특히 경제면에서 중국은 한국의 최대 수출국으로 부상했고 한국은 중국의 반도체와 자동차 부품 등의 중요 기술부품의 수출국으로 자리매김하여 양국의 경제발전에 큰 기여를 해왔다. 그리고 수많은 한국 기업들이 중국에 진출하여 세계 시장을 향한 제조공장을 설립하여 경쟁력을 키워왔고 많은 성장을 이룩하였다.

중한 수교로 인해 중국에 있는 조선족 경제인들은 한국을 알게 되었고 따라서 중한간 비즈니스맨으로 성장했으며 더불어 양국의 경제 문화 교류 발전에도 크게 이바지해오고 있다.

물론 중한 수교 30년 간 어려운 고비도 더러 있었다. 특히 코로나 팬데믹시대에 접어들면서 경제교류가 하루가 다르게 저조해지는 새로운 어려움을 겪고 있다. 그러나 한국의 반도체 관련 사업은 최고치를 유지하고 있으며 화장품 등 일용제품은 여전히 중국시장에서 크게 호평 받고 있다.

한국에 새정부가 출범하면서 중한관계에 새로운 변화를 가져다줄 것으로 예상된다. 한마디로 불확

▲ 제21차 세계대표자대회에 참석한 남기학동사장(오른쪽)

실성이 높아지고 있다는 느낌이 든다. 그러나 중한 두 나라는 협력과 발전이라는 총체적인 방향성은 변하지 않으리라 생각한다. 서로 존중하면서 교류를 도모하는 지혜를 발휘할 것으로 사료된다.

문: 조선족 기업인들이 중한 수교 이후 양국 경제협력에 어떤 역할을 해 왔으며 어떤 성장을 이룩했다고 보는가?

답: 수교 초기 조선족들이 한국 기업의 중국 진출에 큰 역할을 해온 것은 세인이 공인하는 사실이다. 조선족들은 어려서부터 익힌 모국어 덕분에 한국 기업 유치에 지울 수 없는 공헌을 해왔으며, 한국 제품 및 한국 음식, 한국 자본의 중국 전파에 힘을 보태면서 중한 교류와 발전에 나름대로 힘을 이바지해왔다.

덕분에 많은 조선족들은 농경문화에서 빨리 해탈되어 경제분야에 뛰어들게 되었고 기업인으로 성장할 기회도 보다 빨리 얻게 되었다. 양

국 문화를 잘 아는 조선족들은 비교적 일찍 세계적인 선진기술을 터득했고 나아가 국제화된 기업들을 일궈내게 되었다. 한마디로 상부상조의 관계를 통해 윈윈의 효과를 달성했다고 본다.

문: 중한 경제협력 과정에 성장한 조선족 기업 사례를 한두 개 소개해줄 수 있는지?

답: 성공한 조선족 기업인을 많이 알고 있다. 그 중 현재 월드옥타 선전지회 제6대 회장이며 월드옥타 18대~21대 상임이사를 맡고 있는 신현국 회장의 사례가 대표적이다.

신현국 회장은 글로벌 브랜드 종합상사의 구축을 위해 2007년부터 DR(SZ) ElectronicsCo.,Ltd를 설립하여 중-한 신시대 산업혁신자원통합의 선행자로 성장한 사람이다. 지난 15년간 첫 번째 과제였던 상권확보경험을 토대로, 신재생에너지, 반도체, 스마트카, 디스플레이, IT, 친환경 등 영역에서 약 500여 개 중, 한, 일 하이테크기업들과 함께 기술혁신교류와 비즈니스협력을 이루어내고 있다.

신현국 회장은 사업 초기 최초로 한국의 ILJIN semicon, DongBu LED 등 회사의 LED제품을 수입했다. 2010년부터 한국 SK그룹 산하의 SK Chemical과 협력하여 중국 태양광시장에 한국의 PVDF 소재를 성공적으로 판매하였으며, 2011년에는 Touch용 Screen 제조업체인 필옵틱스 등 장비업체를 통한 중국 진출을 추진하였고 TotalSolution으로 중국내 BYD 등 상장 대기업에 납품하게 되었다.

2012년부터는 중국내 전기차 생산판매의 흐름을 타서 한국의 상장

업체인 PNT 등 2차 밧데리공급업체들의 중국내 진출을 추진하였으며 EVE, GOTION, BYD 등 중국 내 랭킹 10위에 들어가는 2차 밧데리기업들과 지속적인 거래관계를 유지하게 하였다. 그 후 세계에서도 손꼽히는 3D 곡면가공장비업체 중 JNTE와 MOU계약을 맺고 중국 전역 대리점을 독점 운영하였으며 BYD, 퉁다(Tongda), BOE 등 고객사와 협력관계를 맺고 있다.

2017년에는 자동차 자율주행의 대세가 형성됨에 따라 자율주행용 카메라 생산장비업체의 중견기업인 ISOLUTION과 불과 1년간의 협력을 통하여 최초로 중국자동차업계에 진입한 카메라장비업체로 부상했다. 최근에 들어 중국반도체시장이 성장하면서 한국의 우수한 장비업체인 WonikIPS 등 장비제조사와 전략협력관계를 맺고 2020년부터 중국반도체(DRAM)Main 제조사인 CXMT등기업과 거래관계를 맺었다.

또한 DRGroup은 지난 16년간 한국의 다양한 업체와 협력하여 한국 기업의 중국 진출에 기여해왔으며, 한국 정부의 인재 해외진출 추진정책에도 호응하여 현재까지 30여 명의 한국직원을 채용하였고, 엔지니어, 구매, 기획, 경영 등 회사내부에서 중요한 역할을 발휘하고 있다. 현재는 사업전략의 제2과제인 제중 외자기업들의 공업자산 구조 최적화사업 전개를 통해 중국내에서 이미 정착한 유수한 한국 Hitech기술업체의 상업협력 최적화에 공을 들이고 있다.

앞으로 제3사업인 국제적 산업 이전 및 기술 이전 사업을 통하여 한국 유수한 기업의 중국 진출에 힘을 기울일 것이며 한국의 기술과 중국의 시장 규모를 접목시키는 사업을 통해 한국기업이 필요한 시장

규모와 중국 내의 산업기술 향상에 끊임없는 노력을 통하여 상생하는 사업생태계를 구축하는데 전력할 것이다.

문: 월드옥타에서 중책을 맡고 있는데 옥타라는 경제단체를 통해 조선족 기업인들이 어떤 성장을 해 왔다고 보는가?

답: 월드옥타는 세계한인무역협회의 약칭으로 1981년에 창립되어 전세계 67개국에 143개 지회를 두고 있으며, 7,000여 명 정회원과 2만5천여 명 차세대회원을 가지고 있는 해외 한민족의 최대 단체이다. 중국에는 도시별로 27개 지회가 있고 회원들은 각자 회사 대표로서 2,000여 명 회원이 활약하고 있다.

중국 조선족 경제인들은 월드옥타라는 조직을 통해 우선 부를 창출할 수 있었다. 다음은 선진국인 모국과의 교류를 통해 중국이 선진국

▲ 전 대한민국총리 이수성, 중국아주경제발전협회 회장 권순기 등 예지아그룹방문(남기학: 오른쪽 첫번째)

으로 다가가는 과정에서 부닥칠 수 있는 점을 미리 파악할 수 있게 되었다. 그리고 국내를 포함해 세계를 무대로 시야를 넓히고 인적네트워크도 많이 넓힐 수 있었으며 더불어 세계화된 경제인으로 부상하면서 국제무대에서 갖춰야 할 자세와 마인드도 많이 제고할 수 있었다. 그리하여 많은 성공한 조선족 경제인들은 중한 두 나라 경제 문화 영역에서 큰 기여를 해왔다고 평가할 수 있다.

문: 월드옥타에서 차세대 양성에 큰 힘을 쏟고 있는데 이들이 향후 중한 경제협력에서 어떤 역할들을 할 수 있다고 보는가?

답: 월드옥타는 해외 한민족 차세대 육성에 최선을 다하고 있다. 현재 중국내에서 해마다 300명 이상의 차세대 미래경제인들을 육성하고 있다. 주로 중국 현지 차세대 무역스쿨과 모국 방문 차세대 무역스쿨을 추진하고 있으며 무역스쿨을 통하여 한민족의 정체성 교육, 한국 역사, 문화 및 경제에 대한 교육, 무역실무지식 전수와 창업실무 교육 등을 체계적으로 진행하고 있으며 마케터사업 추진, 지사화 사업 추진 등 실무 전문지식도 가르치고 있다. 특히 한국과의 접촉을 통해 한국 제품과 기술을 중국 시장에 접목할 수 있는 기회를 발굴하고 방법을 찾도록 함으로써 향후 중한 경제 교류 면에서 큰 역할을 하도록 하려는 것이다. 10년 후 이런 교육을 받은 차세대들은 중한 경제 교류의 주역으로 활약할 것으로 믿어마지 않는다.

글/ 박영철

【남기학 프로필】

출　생　1962년

출생지　헤룽장성 지시시(黑龙江省 鸡西市)

민　족　조선족

학　력　동북중형기계학원, 전기자동화 전공

　　　　하얼빈과학기술대학 컴퓨터응용기술 전공

　　　　부신광업대학 대학원 전력자동제어 전공

　　　　중산대학 EMBA, 연세대학교 AMP

　　　　장강상학원 EMBA

기　업　예지아과기그룹(홍콩)유한공사 동사장

　　　　지시대학 강사, kyowa플라스틱제품(선전)유한공사 경리, 공장장

　　　　아시아전자(선전)유한공사 총경리, 광둥예지아광전과기술주식유한공사

　　　　예지아전자과기(둥관)유한공사, 선전삼전오락기재가공공장 동사장

　　　　한국YEJIA TECHNOLOGY KOREA

　　　　저쟝예지아광전과기유한공사

　　　　둥관예지아위광학기술유한공사 동사장

　　　　선전예지아잉정밀플스틱유한공사 동사장

사회직　세계한인무역협회 본부 20대 수석부회장, 월드옥타 선전지회 초대회장

　　　　세계한상대회 리딩 CEO 운영위원

　　　　중국아주경제발전협회 해외무역위원회 회장

　　　　중국조선족과학기술자협회 상임이사

　　　　광둥조선민족연합회 명예회장, 광둥 하나골프협회 고문

　　　　중국관리과학원연구원 상학원 객좌교수, 겸직 부원장

　　　　옌산대학 광둥-선전-중관 동문회 명예회장

영　예　개인 수상 경력

　　　　'2021 중국브랜드우수기업가'상,

　　　　'2020 중국(업종)브랜드10대창신인물'상

　　　　2019 한국 '국가생산성대상'-대통령상

2016 한국코트라 사장상

기업 수상 경력

2015 아시아최대발전기업잠재력기업상

2016 중한경제발전촉진상

2019 '중국과학기술창싱우수발명성과'상

2020 중국과학기술창신선진단위상

2020 '중국시장영향력브랜드500강'상

2020 '중국시장10대 고품질브랜드'상

2020 '중국과학기술창신리더기업'상

2021 '아시아(업종)10대공신력브랜드'상

'백년의 기업'을 향하여

지린천우건설그룹 총재 **전 규 상**

옌벤건축계는 물론 전국 자치주급 건축회사 중 최초로 중국건축계의 최고상인 '루반상'(鲁班奖)을 획득(1998년)한 지린천우건설그룹은 중국 조선족의 대표적인 건축기업이다. 전규상 회장은 천우건설그룹주식 유한회사가 옌벤건축본공사(국유기업)로부터 민영기업으로 전환하고 옌벤 건축시장을 리드하는 기둥기업으로 부상하기까지 다원화발전의 길을 모색하며 천우그룹을 '중국고객만족시공기업'으로 만들어낸 일등 공신이다.

특히 옌벤에서의 전 회장은 개혁개방의 살아있는 기업가 표본이나 다름없다. 개혁개방 40여 년래 이름도 기억하기 힘든 수많은 조선족 기업가들이 혜성같이 나타났다 사라졌지만 그는 40여 년간 조선족의 삶의 상징이나 다름없는 건축 현장에서 흔들림 없이 자기의 위상을 꿋꿋이 지켜왔다. 그 속에 중한 수교 30년이란 세월도 들어있다.

기자는 전 회장을 만나 기업에 대한 이야기와 중한 간에 대한 견해를 듣는 시간을 가졌다.

문: '중국우수기업가' 칭호를 받은 것으로 알고 있다. 중국 조선족의 대표적인 기업인의 한사람으로서 중한 수교 30년을 어떻게 평가하는가?

답: 2018년, 중국의 150명 우수기업인의 한 사람으로 중국정부로부터 '우수기업가'란 영예를 받아 안았다. 옌볜의 조선족 기업인으로서는 처음 있는 일이었다. 아마도 그동안 열심히 일해 온 노력과 성과를 인정해준 것 같다.

나의 첫 한국방문은 중한 수교 전인 1992년 5월에 성사됐다. 정부대표단의 일원으로 칭다오(青島)에서 김포로 가는 직항을 이용해 한국에 도착했는데 오래잖아 중한 간에 수교가 이뤄진다는 말을 듣고 얼마나 기뻤는지 모른다. 아버지의 고향은 경상북도인데 120여 년 전에 중국에 이주했다. 어머니의 고향은 충청남도 공주로서 지난 1940년대에 중국에 이주했다. 부모님은 생전에 고향을 잊지 않으려고 책에 주소를 적어놓고 늘 외우셨다. 그 번 걸음에 특히 어머니의 소원을 이뤄드리려고 외가를 찾았다. 생전이었던 외숙모가 반갑게 맞아주던 모습이 잊혀지지 않는다.

옌볜은 중국 최대의 조선족 집거지로서 중국 조선족들의 마음의 고향이자 두 번째 고향으로 알려져 있다. 중한 수교 30년 동안 많은 한국인들이 옌볜을 찾았고 또 옌볜의 많은 조선족들도 한국을 찾았다. 이처럼 왕래하는 과정에 진일보 요해하면서 서로가 상부상조하는 협력의 장을 써내려갔다.

문: 개인기업을 성장시키는 과정에 곡절이 많았다고 들었다.

답: 20세 되던 해인 1973년 나는 지린건축공정학원을 졸업한 후 옌볜건축본공사 설치회사에 배치 받아 말단직원으로부터 기술원, 대장, 경리로 승진하며 최종 회사의 지도자로 성장했다.

1993년 상급부문으로부터 옌볜건축본공사의 중임을 떠멜 지도자로 지목되었고 옌볜자치주 당위의 임명으로 본 공사 총경리가 되었다. 하지만 5,000여 명 직원을 거느린 대기업의 키를 잡고 보니 골칫거리가 많았다. 낡은 설비, 혼란한 관리, 2천여 만 위안의 빚, 1천여 명이나 되는 이직, 퇴직 일꾼들의 의료보험, 노임 등 허다한 문제가 산적해 있었다. 그중에서도 가장 큰 골칫거리는 문란한 기업풍기였다.

우선 문란한 기업풍기를 바로 잡는 일부터 착수했다. 종업원들의 의견을 널리 청취하고 지도부 성원부터 조절했다. 원래의 17명에서 문화자질이 높고 경영실적이 높은 8명으로 줄였고 125명 기관 간부들도 같은 잣대로 56명으로 간소화하였으며 간부사업 책임제를 도입하였다. 한편 중요한 부서의 직원은 공개초빙하고 경영제도, 분배제도, 인사제도 개혁을 단숨에 마무리했다.

개혁을 거쳐 옌볜건축본공사의 각항 운행 시스템은 점차 틀이 잡히기 시작했고 경제효과성도 제고되면서 기업은 고공성장을 하기 시작했다.

1999년 옌볜의 기업들 중 최초로 주식제 도입을 실시하였는 바 옌볜건축본공사를 지린천우그룹으로 탄생시켰다. 2005년에는 제2차 조절을 거쳐 완전히 현대민영기업의 발전궤도에 진입하면서 쾌속성장을 실현하게 되었고 투자주체가 다원화된 지린천우건설그룹주식유한공사로 거듭났다.

천우그룹은 국유기업조절과 주식제 도입, 단일한 시공업체로부터 건축업, 부동산, 국제무역, 상업을 망라해 산하에 14개 회사를 둔 그룹으로 발돋움 했다. 지난해 연간 생산총액은 20억 위안으로까지 끌어올렸으며 현재까지 약 8억 위안의 세금을 납부한 우량기업으로 성장하였다.

문: 기업이 성장하는 동안 한국기업과 협력한 적은 있나?

답: 1992년 한국을 처음 방문했을 때 공대식이라는 기업인을 알게 되었다. 공자님의 후손이라고 소개해 깜짝 놀란 적이 있다. 그러고 보니 사실 양국의 민간교류는 오래 전부터 있은 것이 아닌가?! 귀국 후 그분이 나한테 가정용보일러를 선물로 보내왔었다. 연탄 보일러였지만

▲ 제8차세계한상대회에서 한국지방단체들과 중국조선족기업가협회간 협력서 체결(전규상: 오른쪽 세번째)

당시 옌볜에서는 구경할 수가 없는 '선진'적인 것이었다. 나는 그 보일러를 모델로 다량 생산해 옌볜의 가정집들에 보급했는데 크게 환영받았다. 지금 중국의 동서남북 거주문화에 일대 혁명을 가져온 온돌 구들인 바닥난방도 그랬다. 내가 첫 사람으로 한국의 재료(PVC 파이프)와 기술을 인입, 생산해 전국에 보급했다. 현재 중국의 바닥난방 기술표준은 죄다 옌볜에서 나온 것이다. 지난 1998년, 전국 자치주급 건축회사 중 최초로 중국건축계의 최고상인 '루반상(魯班狀)'을 획득한 대우대종호텔 역시 한국의 대우건설과 합작해 탄생시킨 걸작이다. 2004년, 한국유일설계사무소와 협력해 건설한 천우생태가원은 15만 제곱미터의 건축면적에 1,600세대가 입주하면서 도시인들의 새 거주문화에 신선한 돌풍을 일으켰다. 이외에도 개인기업을 운영해오는 동안 많은 한국기업인, 한국기업체와 합작하고 협력해 좋은 성과들을 거두었다.

오늘날 중국의 비약적인 발전은 한국의 많은 선진적인 기술과 갈라놓고 생각할 수 없다. 비록 현재 중국이 비약적인 발전을 가져와 이전처럼 한국에 대한 의존성이 많이 희석됐다 하지만 아직도 한국에서 따라 배울 점이 많다고 생각한다.

문: 옌볜이라는 특수한 지역에서 옌볜조선족기업인들은 한국 기업의 중국 진출에 어떤 역할을 했다고 보는지?

답: 옌볜은 한반도 동북부와 중국의 접경지역에 위치함으로서 흔히 두만강유역이라고 부른다. 중국내 조선족 최대 집거지인 옌볜은 한민족의 항일, 독립운동의 역사가 서린 공간이자 백두산을 품고 있는 곳으

로서 한반도와 혈연적으로, 정서적으로 깊은 유대감을 갖고 있는 곳이다.

중한 수교 30년 이래 조선족은 중국 국민으로서 한국어와 유사한 조선어를 구사하는 등 사회문화적 유사성을 기반으로 '한국기업이 진출한 곳에 조선족도 같이 진출했다'는 말이 나올 정도로 한국기업의 대중국 진출에 있어서 대체할 수 없는 역할과 기여를 해왔다.

특히 옌벤의 조선족 기업인들은 친연조건을 이용해 한국자금의 중국 시장 진출을 추진하고 중국을 널리 홍보했으며, 공동언어의 우세를 이용해 중국에 있는 한국기업들에 서비스를 제공했다. 한민족의 혈연적 우세로 중한 경제에 앞장서고 문화 차이를 해소했으며, 중한 두 나라의 민족역사와 문화를 잘 알고 있는 우세를 이용해 중한교류에서 매개와 플랫폼의 역할을 충분히 해왔다.

문: 옌벤에 투자한 대표적인 한국 기업들로는 어떤 기업들이 있는지?

답: 옌벤에 투자한 대표적인 한국 기업들로는 안도현의 농심 '백산수' 생수회사를 비롯해 옌지시(延吉市)의 기아자동차회사와 한정인삼회사, 대경방직회사 등이 있으며 훈춘시의 쌍방울회사 등 다수의 한국 유명기업들이 진출해 온정적인 경영을 유지하고 있다.

문: 옌벤조선족기업가협회 초대 회장을 역임했는데 옌벤의 조선족 기업들이 성장한 배경과 성공에는 어떤 특징이 있다고 보는지?

답: 옌벤조선족기업가협회는 2011년에 설립됐는데 당시 초대 회장을 맡았다. 앞서 약 7년 동안 옌벤기업가협회 회장을 역임한 바 있다.

그 무렵 전국 각지에서 조선족 기업들이 성장하고 있었다. 집단의식이 강한 조선족들은 자발적으로 다양한 모임을 갖기 시작했다. 그런데 외지에 있는 조선족 기업인들이 옌벤을 찾게 되면 합당한 기구가 없어 이런저런 애로를 겪었다. 그때마다 옌벤기업가협회가 대신 나서 그 역할을 맡아했다. 이런 상황을 돌려세우고 또 조선족 기업인들의 권익을 수호하기 위해 나는 지방정부에 소견을 올려 최종 옌벤조선족기업가협회를 설립하게 되었다.

옌벤의 경제발전에는 한국과의 경제협력을 빼놓을 수 없다. 한국과의 교류가 자유로워지면서 옌벤의 경제발전으로 이어졌다. 특히 한국과의 무역, 한국의 대옌벤 투자, 한국 거주 조선족 가족의 고향송금, 한국으로부터 습득한 선진 비즈니스문화 등이 다양한 분야에서 경제발전의 밑거름이 되었다.

초창기 옌벤 조선족 기업인들은 보따리장사꾼이라 해도 무방하다.

◀

한국건국60주년기념행사에
초청받고 환영 만찬에 참석

따라서 옌벤 조선족 기업가들 중 요식업 등 서비스업종에 종사하는 여성들의 비례가 높은 편이었다. 옌벤의 조선족 기업들이 성장한 배경에는 한국 기업의 투자와 기술 지도를 떠나서 운운할 수 없다. 옌벤커시안동양전자유한회사만 봐도 그렇다. 한국의 선진적인 고신기술을 이용해 건강보건 가정용전자제품들을 생산하고 있다.

'한국 기업이 진출한 곳에 조선족도 같이 진출했다'는 말이 나올 정도로 한국 기업의 중국 진출에 있어서 조선족은 대체할 수 없는 역할과 기여를 해왔다. 하나의 대형기업이 중국에 정착하게 되면 수많은 조선족 일꾼이 수요된다. 그중 우수한 조선족 청년들은 한국 기업에서 선진적인 기술과 경영방식을 배운 뒤 창업에 나선 경우가 많다.

문: '두만강포럼'을 책임지고 있다고 들었는데 어떤 구상이 있는지?

답: 지정학적으로 보면 옌벤은 동북아, 중국대륙, 유라시아를 연계하는 교두보라 할 수 있다. 하지만 이 지역의 개발은 속도가 더디며 제반 분야가 활성화되지 못하고 있다. 여기에는 여러 가지 원인이 있다.

민간적인 차원에서 이를 활성화하면 안 될까? 하는 생각에 지난해 옌벤조선족기업가협회 10주년 행사에서 지역개발을 주도하는 주도권을 쥐기 위한 목적으로 '두만강포럼'에 대한 구상을 제의했다.

중국아주경제발전협회가 주축이 되어 추진하는 '두만강포럼'은 옌벤 지역을 활성화하고 두만강지역의 경제 문화 부활에 착안점을 두고 있다. 이미 주정부에 포럼개최와 관련된 구체 사항들을 보고한 상태이며 향후 정기적으로 국내외의 관련 전문가들을 모시고 두만강 유역의 교통물류네트워크, 라선국제복합산업단지, 두만강국제관광지대, 국제환경 사업 등 여러 면에서 발전과 협력을 위해 지혜를 모으려고 한다.

문: 조선족 기업인들이 옌벤이라는 지역적 특성을 어떻게 활용하는 것이 성장에 도움이 된다고 보는지?

답: 개혁개방 이후 특히 1992년 중한 수교 이후부터는 한국의 백두산 관광붐이 일면서 옌벤은 서비스업 중심으로 경제발전이 이루어졌다. 1997년 아시아 금융위기, 2008년 글로벌 금융위기 등 외부 요인에 의해 관광업, 요식업 등 서비스업 주도의 발전방식이 영향을 받기도 했으나 코로나 팬데믹 이전까지는 대체적으로 잘 유지되어 왔다. 향후에도 이 분야에서 더 적극적으로 발전시켜 나가야 한다고 본다.

그리고 지역적, 언어적 우세를 이용해 한국인 또는 타민족 경제인들과 합작해 본 지역 나아가 조선과의 경제협력에 나서야 한다고 본다. 이는 옌벤의 조선족 기업인들만이 할 수 있는 일이다. 일례로 우리 회사는 1997년에 5,600개 매장을 가진 조선라진자유무역시장을 투자, 건설해 장기간 운영해온 경험이 있다. 앞으로 고속도로, 고속열차 등 대형건설항목에도 투자협력이 가능하다고 본다.

문: 향후 조선족 기업들이 어떤 장점을 살려야 보다 큰 성장을 할 수 있다고 보는지?

답: 지난날 조선족 기업인들은 지역 내에서 단기적인 안목을 갖고 소규모 사업에 착수했다면 지금은 전국적인 범위 내에서 장기적인 안목을 갖고 큰 사업 계획을 세워야 한다. 특히 조선족 기업인들은 타민

족에 비해 문화자질이 높다. 따라서 생물과학기술, 의약산업, 나노기술 등 영향력이 있는 영역으로 진출해야 한다. 한 방향으로 뛰면 선두주자는 한 명이지만 여러 방향으로 뛰면 수많은 선두주자가 나올 수 있다. 국내외 기업인들과 다방면의 교류를 넓혀 기업이 장원하게 발전할 수 있는 안목을 키워야 한다. 내 나이가 올해 70인데 공교롭게도 우리 회사도 올해 70주년을 맞는다. 자치주와 동갑이다. 나는 오래전부터 '백년의 기업'을 꿈꾸어 왔다. 연간생산총액이 백억에 달하는 그런 강대한 기업을 말이다. 그 꿈을 '천우인(天宇人)'들이 꼭 실현할 수 있으리라 믿는다.

글/신철국

【전규상 프로필】

출　생　1953년

출생지　옌벤 투먼시(延边 图们市)

민　족　조선족

학　력　지린성건축공정학원 졸업

　　　　상하이동제대학 경제관리 전공

　　　　독일베를린대학 연수(3개월), 싱가포르국제관리학원 기업관리(1개월)

　　　　칭화대학 & 미국버클리대학 심리학 박사반 졸업

　　　　베이징대학 기업가 미학반 과정, 베이징사범대학 철학 박사과정

기　업　지린천우건설그룹 주식유한회사 동사장

　　　　옌벤건축총공사 총경리

사회직　전국공상련합회 집행위원, 지린성인민대표

　　　　옌벤조선족자치주 인민대표(원 상무위원), 지린성총상회 부회장

　　　　옌벤상회 부회장, 옌벤기업가협회 상무부회장

　　　　옌벤조선족기업가협회 명예회장, 중국조선족기업가협회 회장단 집행회장

영　예　개인부문 :

　　　　　옌벤자치주 사회주의건설모범개인

　　　　　옌벤자치주청년표병, 지린성새장정돌격수, 전국새장정돌격수

　　　　　1985옌벤자치주모범공산당원, 1998지린성우수기업가

　　　　　2012지린성노동모범, 2018전국우수기업가

　　　　기업부문·

　　　　　국가급 신용기업(매년), 2013-2014전국우수시공기업

　　　　　2015지린성 5.1노동상, 2016지린성건축업 30개 중점기업

　　　　　2019옌벤자치주30강 기업(8위)

협력은 번영의 보증수표

옌벤화양실업그룹유한회사 동사장 **이 성**

  한민족의 성산인 백두산과 독립투사들의 자취가 남아있는 지린성 옌벤조선족자치주(吉林省 延边朝鲜族自治州)는 중국내 최대 조선족의 집거지이다. 한민족의 독특한 전통문화와 민간풍속들이 잘 보존돼 있어 중국 속의 작은 한국으로도 불리고 있는 이곳은 올해로 중한 수교 30주년과 더불어 자치주 성립 70돌을 맞이한다. '삼십이립(三十而立)'에 '칠십고래희(七十古來稀)', 어쩌면 서로 어울릴 수 없는 두 세대를 뜻하는 표현으로 들릴지도 모르겠지만 결코 갈라놓고 생각할 수 없다. 더욱이 지역사회 발전에 큰 버팀목 역할을 하고 있는 기업인으로서 지역발전에 함께한 여정을 빼놓고 이야기할 수 없기 때문이다.

  최근 옌벤의 대표적인 조선족 기업인인 옌벤화양실업그룹유한회사 이성 동사장을 만나 30년 세월을 동반해온 중한 협력 과정속의 옌벤을 돌아보고 중한 기업인들의 교류에 관한 소감과 협력, 전망 등에 대해 알아보는 시간을 가졌다.

아래 이성 회장과의 대화 내용을 그대로 적어본다.

문: 다년간 옌볜조선족기업가협회 회장을 역임했다고 들었다. 옌볜 조선
족 기업의 현황에 대해 소개를 부탁한다.

답: 옌볜조선족기업가협회는 조선족 기업인과 회원 기업을 위한다는 취
지로 지난 2011년에 고고성을 울렸다. 현재 약 200여 명의 회원을
보유하고 있으며 산하에 7개 분회를 두고 있다.

옌볜의 조선족 기업들을 보면 질적이나 규모 면에서 실력과 규모를
겸비한 기업이 상대적으로 적은 편이다. 시장성을 보아도 대부분 지
역사회를 중심으로 활동하고 있다. 국내 발달지역의 기업들은 새롭
고 활력이 넘치는 과학적인 운영방식과 인터넷 경제를 폭넓게 결합
하고 활용하고 있는 반면 옌볜의 기업들은 전통적인 사유와 지난 방
식대로 운영하는 기업들이 적지 않은 비중을 차지하고 있다. 옌볜의
기업들은 수량, 규모, 실력, 시장 점유율, 경영이념, 사고방식 등 여
러 방면에서 국내 발달지역에 비해 비교적 큰 차이를 보이고 있다.

역사적으로 보면 조선족들은 상업을 경시했다. 개혁개방이후 옌볜
의 개인 경제의 요람으로 알려지고 있는 옌지서시장(延吉西市場)만
봐도 그러했다. 초창기 이곳의 경영활동은 주로 여성들, 즉 아줌마들
을 주축으로 진행됐다. 이른바 보따리장사에서 겨우 벗어난 구멍가
게 수준이었다. 어쩌다 남성들이 경제활동에 나서기도 했지만 흔히
보디가드가 아니면 짐꾼 역할에 불과했다. 낯이 가려웠던 것이다. 그
러다 결국은 장삿길에 오르게 되었는데 이는 전적으로 '먹고 살기 위
해', 즉 핍박에 못 이겨 양산에 오른 격이 되었다.

가족이나 친구들로 폭넓게 뭉쳐 경제활동을 중시하고 선도해온 연해지역의 타민족에 비해 옌벤의 조선족은 독불장군으로 고군분투하는 경우가 많았다. 하여 경제활동 각 방면에서 제대로 된 지원과 책략이 따라가지 못하다 보니 규모화된 기업경영체로의 전변(転变)을 근본적으로 꾀할 수가 없었다. 그만큼 기업인의 문화수준, 자금실력, 인맥관계, 혁신전략 등 면에서도 국내 타지 기업들에 비해 경쟁력이 많이 뒤떨어져 있는 상황이다.

또한 지리적으로 보아도 큰 우세가 없다. 지정학적으로는 동북아의 '노른자위'인 '금삼각' 변경지역에 위치해 있다고 하지만 주변국들과의 경제활동이 원활하게 진행되지 못하고 있다. 옌벤과 인접한 러시아지역은 자국 내에서도 경제가 뒤떨어진 변방으로 알려져 있으며 지역 내 다수의 통상구를 갖고 있는 조선은 대외개방에 아직은 미온적이고 한국과 일본은 거리상 옌벤과 많이 떨어져 있다. 한때 옌벤이 국가의 개혁개방전략에 힘입어 주머니밑굽에서부터 일약 주머니입구로 도약해 물류를 비롯한 제반 경제활동영역에서 최상의 플랫폼을 구축할 것이라 예상했었는데 현재까지 크게 개변되지 않은 상황이다. 이러한 상황에서 옌벤의 조선족 기업들은 제조업보다 서비스업에 많이 집중되어 있으며 그중에서도 특히 요식업 등 서비스업종에 종사하는 비중이 높다.

문: 옌벤기업 중에 한국과의 경제협력을 통해 성장한 기업들은 얼마나 되는가?

답: 한국과의 경제협력을 통해 성장한 기업들은 사실 얼마 되지 않는다.

그중 현지에서 가장 성공한 대표적인 기업은 커시안의료기기유한회사라고 할 수 있다. 반면 대우대종호텔은 한국대우그룹의 해체와 더불어 수차 주인이 바뀌면서 여러모로 경영난을 겪고 있는 상황이다. 특히 한국에 '비타500' 등 반제품을 수출하고 있는 두만강제약회사는 코로나 팬데믹의 영향으로 인해 수출루트가 거의 막히다시피 하면서 경영에 어려움을 겪고 있다.

최근에 온라인경제가 커졌다고 하지만 물류를 비롯한 우리 경제의 많은 부분이 아직도 오프라인공간에 의존하고 있는 기업들이 대부분이다.

문: 중한 수교 초창기 한국 기업의 중국 진출에 조선족은 어떤 역할을 했으며 또한 그것이 조선족 기업의 성장에 어떤 도움이 있었다고 보는가?

답: 수교 초창기에 옌벤의 조선족 기업인들은 한국 기업의 중국 진출에 많은 역할을 했다. 옌벤이 중국내 최대 한민족의 집거지이고 또 한민족의 성산인 백두산이 있는 터에 상당수 한국 기업인들이 관광과 더불어 중국 진출에 대한 고찰 목적으로 옌벤을 찾았다. 비록 옌벤이 투자여건의 미비로 인해 한국 기업인들의 최종 투자지로 선택되는 사례는 적었지만 현지 조선족 기업인들은 자신들이 알고 있는 정보와 인맥을 통해 중국내 기타 투자유치 지역들을 소개해주고 관련 정책, 시장조사, 대상선정 등에 대해 조언해주며 다양하게 교량역할을 했다.

나아가 이러한 도움은 결코 일방적으로 끝난 것이 아니라 상호 보완

적, 의존적 관계로 발전했다. 일례로 옌벤의 건축기업들은 대우대종
호텔, 한신아파트 등 우수건축물들을 시공한 한국의 우수건설업체들
과의 합작에서 선진적인 건축기술, 설계공정, 문화이념들을 배우게
되었고 이는 향후 자사의 발전에 큰 동력으로 되었다. 커시안의료기
기유한회사, 두만강제약회사 등 현지의 대표적인 기업들 역시 한국
기업들과의 합작으로 빠른 성장을 이룩하였다. 옌벤경제에 큰 활력
소인 요식업 역시 한국의 우수한 요식업체들과 갈라놓을 수 없다. 요
해한데 의하면 옌벤요식업체의 대부분 경영주들은 한국에서 요식업
종에 종사한 경력을 갖고 있으며 지금도 해마다 두, 세 번씩은 정기
적으로 한국을 찾아 상호 합작을 추진하거나 또는 경영관리, 메뉴개
발, 음식문화 등을 배워온다고 한다.

현재 전국 각지에 진출한 조선족 기업인들 가운데 허다한 기업인들
이 옌벤출신이다. 이들은 대학을 졸업하고 국내 발달지역의 한국기

▲ 2016년 지린성황미술관개막식에서 축사

업에 취업하였다가 1997년 IMF외환위기, 2008년 글로벌금융위기 등 힘든 고비 때 한국인 경영주로부터 기업을 인수 또는 인계받아 운영해온 경력을 갖고 있다. '피는 물보다 진하다'는 그런 혈연적인 유대를 기반으로 한 지지와 도움이 없었다면 중국 조선족 기업인들의 오늘과 같은 발전이 없었을 것이다.

문: 옌벤은 조선족의 민족풍속과 전통을 살리고 이어가는데 있어서 어떤 역할을 하고 있다고 보는지?

답: 만약 옌벤대학, 옌벤가문단이 없고 옌벤의 우리 민족 각 분야 민간단체들이 없다면 과연 중국 조선족의 문화 언어 전통이 얼마만큼 보존돼 있을지 의문이다.

한마디로 이 방면에서는 옌벤이 가히 중추적인 역할을 했다고 자부한다. 중국 조선족들은 옌벤을 마음속의 고향으로 인정하고 있다. 연해지역에 진출한 옌벤 이외 조선족들을 보면 대부분 시골에서 살았던 분들이다. 몇 십 년이 지나고 보니 고향마을은 해체돼 버렸고 조선족들은 모두 산지사방으로 흩어져 버렸다. 고향에 남아있다는 건 오직 임대를 준 땅 뿐이어서 마음을 잡아 둘 끈이 없다. 마을은 있지만 원래의 조선족동네가 아닌 타민족 동네로 된 것이다. 그러다 보니 자연히 자기의 정서와 통하는 민족문화를 찾아 조선족자치지역인 옌벤을 찾을 수밖에 없다. 따라서 옌벤은 그들에게 있어 두 번째 고향이자, 마음의 고향으로 자리 잡고 있다. 이런 면에서 옌벤의 역할은 그 누구도 대체할 수 없다고 본다.

문: 지역사회에서 한국기업과의 소통 내지는 협력은 어떤 형태로 이뤄지고 있는지?

답: 옌볜한인상회가 있는데 연중행사 때면 상호 초청한다. 사업상 애로가 있게 되면 서로 소통하고 협력한다. 주로 기업체와 기업인들 간 개인적인 인맥으로 이뤄지는 경우가 많다.

문: 조선족 기업인들이 향후 한국과의 교류에서 어떤 역할을 더 할 수 있다고 보는지?

답: 우선 경제교류에서 더 큰 역할을 할 것이라고 본다. 왜냐하면 첫째, 중국경제가 비약적으로 발전하면서 한국경제와의 상호 의존도가 크게 높아졌다. 한국의 제일 큰 무역파트너가 중국이다. 한국경제는 점차 중국에 대한 의존도가 높아지고 있다. 둘째, 한국경제가 불경기를 맞이할 때 한국의 중소기업 특히는 선진기술을 갖고 있는 벤처기업들이 특허를 냈지만 한국 내 시장이 작기 때문에 중국 진출을 해야 출로가 있다고 생각하는 기업들이 적지 않으며 그래서 힘들지만 중국과의 교역에 안간힘을 쓰고 있다. 전망 있는 핵심기술을 가진 상품일수록 한국 시장보다 훨씬 큰 중국에 진출해야 살길이 열리는 것이다. 셋째, 오늘날 중국 조선족 기업은 예전의 '구멍가게식 경영'을 하던 조선족 기업이 아니다. 못난 새끼오리가 고니로 변하듯 완전 탈바꿈을 했다. 덩치도 커졌고 실력도 늘었으며 경영 노하우도 일정하게 갖추고 있다.

상기 분석으로 볼 때 중국 조선족 기업인들은 앞으로 큰 역할을 계속 해나갈 수 있다고 생각한다. 첫째는 홍보 역할이다. 한국과 한국

기업인에게 있어서 중국을 가장 정확하게 소개해줄 수 있는 적임자
는 조선족밖에 없다. 또한 같은 언어를 사용하고 있기에 한국인들이
쉽게 이해할 수 있다. 둘째, 투자유치 역할을 잘할 수 있다. 한국기업
들은 국외 시장을 개척하지 않으면 장기 발전에 불리하므로 지리적
으로 가까운 중국 진출을 생각하지 않을 수 없다.

따라서 투자를 하려면 유대가 중요하다. 조선족 기업인은 투자
유치 과정에 촉매 역할을 잘할 수 있다. 중국 조선족 기업인들이 나
서서 투자유치를 성공시킨 사례는 부지기수다. 발달지역의 한국 기
업 투자유치 성공사례는 대부분 중국 조선족과 관련돼 있다고 해도
과언이 아니다. 넷째, 투자와 경영의 실질적인 파트너로 중한 양국에
서 상호 협력할 수 있다. 얼마 전까지만 해도 한국에서 열린 세계경
제인대회에서는 조선족 기업인들이 홀시당하는 일도 허다했는데 지
금은 완전히 뒤바뀐 상황이다. 한상대회, 한인회장대회, 월드옥타대

2019년 한국에서 열린
한인회장대회에 참석

회 등에 참가해 보면 금방 그 분위기를 알게된다. 그것은 중국 조선족 기업인들의 실력이 간과할 수 없을 정도로 크게 제고됐기 때문이다. 따라서 좋은 파트너로 협력한다면 상호 원-원하면서 시너지효과를 낼 수 있다. 오직 협력이야말로 번영의 보증 수표가 되는 것이다.

문: 첫 한국방문은 언제 했으며 한국과의 인연은 어느 정도인지?

답: 1998년 옌벤자치주 정부 대표단 일원으로 처음 한국을 방문했다. 말로만 듣던 '한강기적'을 피부로 체험하면서 고국의 눈부신 발전에 자부심을 느꼈다. 한국 기업인들과는 자치주 정부에서 공무원으로 사업할 때 투자유치 차원에서 만난 적이 있다. 2005년에 공직을 그만두고 개인사업을 시작해서는 아직 한국 기업인들을 만나 구체적인 사업얘기를 해보지 못했다.

문: 개인적으로 기업을 운영해오는 과정에 한국과 연관되는 사업은 있었는지?

답: 옌벤화양실업그룹유한회사는 2006년에 설립됐다. 부동산개발, 건축재료 판매, 오피스텔서비스, 청결작업서비스를 위주로 하고 있다. 현재까지 기업 측면에서 한국과 연관된 사업은 별로 없다. 본 회사 산하에 미술관이 있는데 (사)남북코리아미술교류협의회, (사)한국미술협회와 파트너관계를 맺고 있다. 지난 2015년 8월 연길에서 항일전쟁승리 70주년을 맞이하면서 '제1회 동북아의 밤 및 제5기 남북코리아국제 미술전시회'를 남북코리아국제미술전 운영위원회, 조선녹색위업협회와 공동 주최해 세인들의 이목을 끈 적이 있다. 이와 같은

미술전을 중국에서 두 차례, 한국에서 한 차례 진행하였는데 모두 성공적으로 끝났다. 향후 무역 방면에서 한국 기업들과 합작하려는 계획은 가지고 있다.

글/신철국

【이성 프로필】

출   생   1952년

출생지   지린성 죠우허(吉林省 蛟河)

민   족   조선족

학   력   옌볜대학 정치학부 졸업

　　　　 옌볜 화양실업그룹유한회사 동사장

기   업   옌볜대학 후근그룹 유한회사 동사장

사회직   옌볜조선족기업가협회 명예 회장

　　　　 옌지시위 선전부 간사, 옌지시위 당학교 당위서기

　　　　 옌지시위 선전부 부장 등 역임

　　　　 지린성정부조사연구실 거시경제처 부처장

　　　　 옌볜자치주 정부 연구실 주임, 옌볜주정부 부비서장 등 역임

배려하는 삶이 아름답다

월드옥타 중국회장단 의장 **이 광 석**

5월의 어느 토요일 오후 이광석 회장과 서울 대림동에서 만나 중국 옥타의 발전과정과 그가 걸어온 삶에 대해 이야기를 나누었다. 수수한 옷차림의 그는 소탈하고 시원시원하다는 인상을 주었다. 이야기 주머니를 풀어놓기 시작한 이 회장은 막힘이 없어 우리의 대화는 아주 순탄하게 이어져나갔다.

"이 회장님이 중국 조선족 사회는 물론 세계 동포사회에서 많은 인맥을 쌓았다고 들었는데요. 그 비결은 어디에 있을까요?"

기자의 물음에 그는 멋쩍게 웃으며 이렇게 대답했다.

"제가 다른 사람보다 그 일을 먼저 시작했고 뒤따라오는 사람들에게 내가 겪었던 어려운 상황을 피해갈 수 있도록 도와주다 보니 자연스럽게 인맥이 늘어나지 않았나 싶습니다."

베이징에서 한식업의 선두주자로

1980년대 초, 중반까지 동북지역을 제외한 중국에서는 한식에 대한 인식이 거의 없었다. 중국과 한국의 경제거래는 정부차원에서만 일부 이루어졌고 민간에서는 한국방문을 통한 보따리 장사가 고작이었다. 그 당시 베이징에 있는 조선족들은 지금처럼 많지도 않았고 한국관광객도 별로 없었으며 변변한 우리 민족 음식점이 몇 곳 되지 않았다. 시원한 냉면한 그릇 먹으려 해도 택시나 버스로 먼 곳까지 가야만 했었다.

중한 수교 전인 1988년에 그는 "부산" 한식점을 베이징에 개점하였는데 현지 동포들에게는 물론 한족들에게 한식을 선보이기 시작하였다. 중한 수교 상담 차 중국을 방문한 한국 정부대표단 일행들이 찾아 왔을 정도로 당시 그 식당은 베이징에서 꽤나 유명했다. 차츰 베이징에 정착하는 조선족 대학 졸업생들이 늘어나고 한국 관광객들이 많아지면서 한식당이 흥하기 시작하였다. 그 뒤를 이어 적지 않은 조선족 음식점들이 개업하였는데 이는 우리 민족 전통음식에 대한 현지인들의 인식에 변화를 가져오는 계기가 되었다.

당시 베이징에는 한국 관광객이나 비즈니스맨을 위한 호텔이 없었다. 그는 1993년에 사우나, 커피숍, 연회실 등 종합 시설을 갖춘 한국식 관광호텔을 개업하였는데 그때만 해도 대부분 국영이나 집체(지방정부가 꾸린 기업)에서만 가능하던 업종이었기에 민간인이 개인호텔을 운영하는 것은 신생산업이나 마찬가지였다. 민간기업은 국영기업에 비해 단속도 많았는데 손님들이 가끔 불편해 할 때도 있었다. 이럴 때 손해는 고스란히 기업이 떠안아야만 했다.

1991년에 있었던 일이다. 음식에 대한 트집을 잡던 경찰이 보안요원

50여 명을 끌고 와서 난동을 부렸는데 몇몇 지인들과 대학 졸업생들의 도움으로 경찰의 사과도 받아내고 보상도 받아냈으며 다행히 큰 피해는 면할 수가 있었다.

그 뒤로 백마강식당을 새로 개장하였는데 마침 5성급 호텔을 마주하고 있어 관광객들이 이용하기 편리했고 주재원들도 자주 찾는 꽤나 유명한 음식점이었다. 식당영업을 통해 중국에 진출한 한국 대기업 주재원들과 접촉할 수 있었고 이어서 해마다 늘어나는 한국 관광객들을 접할 수가 있었다.

'백마강식당'은 베이징에서 가장 전통적인 한식점으로 자리매김하였으며 그 덕에 음식점 주변이 90년대 초중반의 한민족 집거지역으로 형성되기도 하였다. 이로 인해 오늘날 왕징과 같은 코리아타운이 형성하게 되었다. 한식 식자재나 한식점이 베이징에서 널리 알려지고 또 그것이 판매되도록 하는데 이광석 회장이 한몫 했다고 봐도 과언이 아니다.

▶ 2022년3월,
코로나위기관리대상 수상,
(코로나위기 극복을 위한
국제협력 및
수출증대노력분야)
(이광석: 중간)

월드옥타와의 인연

옥타와의 인연은 어떻게 시작되었는지 궁금하다는 기자의 질문에 이 회장은 자부심이 넘치는 듯 말문을 열었다. 월드옥타는 세계 최대 규모의 한민족 경제인 네트워크이다. 당시 중국에서는 베이징에 최초의 월드옥타 지회가 설립되었는데 중국의 미래 경제발전을 예측한 옥타 본부지도부에서 외국 출장이 용이한 김철 시인에게 초대 회장을 맡겨 중국 조선족 기업인들의 참여를 독려하였다.

김철 시인은 베이징의 일부 기업인들을 조직하여 세계 각지에서 진행되는 월드옥타 행사에 참석하기 시작하였으며 이광석 회장은 그 초기 조직 멤버 중 한 사람이었다. 1990년대 중반부터 월드옥타 행사를 다니면서 세계 많은 나라의 한민족 경제인들을 만나게 되었고 자연스럽게 눈도 트이고 차원이 다른 생각도 듣게 되었으며 미래에 대한 그림을 점차 그려가게 되었다.

김철 초대 회장 시절에는 김치장사, 여행사, 식당 등 요식업 위주의 영세 기업인들이 참가하였는데 해외 기업인들과의 소통이 잘 이루어지지 않았고 협력에는 더욱 어려움을 겪게 되었다. 동시에 국제 시장 진출에 상대적으로 미약한 중국내 우수한 동포 기업인들에게 국제적인 교류와 협력의 길이 열려야 한다는 것을 절실히 느끼게 되었다. 1990년대 말부터 옥타 제2기 회장을 맡은 그는 중국의 조선족 기업이 해외로 진출할 수 있는 기반을 만들려는 목표를 굳히게 되었다.

그는 제2대 베이징 회장과 본부 부이사장, 부회장을 맡으면서 더욱 많은 중국의 조선족 기업인이 한국은 물론 국제적으로 비즈니스를 같이 할 수 있는 기회를 만들어 옥타 행사에 참석하는데 주력하였다. 월드옥타에 중국 회원들이 참여한 지 20여 년이 지난 지금 중국 조선족 기업인들은 중국의 고속 경제발전에 힘입어 세계 한민족 기업체들과의 교류를 넓혀 가고 있으며 중한 경제교류에 일익을 담당하고 있다.

이광석 회장은 2017년 월드옥타 중국회장단 회의를 소집하였고 현재까지 의장 신분으로 중국지역 25개 지회 2,000여 회원사들의 상호협력을 이끌어 가고 있다. 2019년 모국 상품의 원활한 판매를 위하여 월드옥타 중국회장단 경제발전위원회를 창설하고 경제법인을 설립하여 '월드옥타 전자상거래 플랫폼'을 구축하였다.

중국에서의 발전 비전을 갖고 있는 이 한국 제품 판매 플랫폼이 나중에 본부로 이관되면서 한국 정부로부터 예산지원을 받아 한국의 경제기관 단체와 협력이 강화된 전자상거래 플랫폼으로 성장하는 기반을 마련하였다.

옥타를 통해 성장하는 조선족 기업인들

2000년대 초반까지 월드옥타에서 조선족 기업인들의 모습은 한마디로 초라하였다. 당시 한국 입국비자를 받자면 옥타 본부의 복잡한 초청 절차를 거쳐야 했다. 하지만 현재는 중국 경제의 발전과 월드옥타에 소속된 조선족 기업의 성장을 인정받아 일반인들에게 요구되는 학위 등 까다로운 조건 없이 장기 체류자격이 부여되고 있다.

여러 나라 대회에 참석하다 보면 같은 언어를 사용하는 한민족임에도 불구하고 문화의 이질감과 소통의 어려움을 느끼곤 하였다. 우리가 알아듣기 힘든 한국식 외래어들, 대화의 언어 표현 습성 등도 무형의 장벽으로 작용했다. 우리들의 중국식 한국어 구사도 기타 나라 기업인들이 잘 이해하지 못하는 것 또한 마찬가지였다. 그래서 대회에서 배려한 연회석 외에는 서로 합석도 용이하지 않았다.

오늘의 월드옥타는 세계 70개국에 140여 개 지회와 7,000여 개 회원사를 보유하고 2만여 명 차세대를 양성하는 글로벌 네트워크로 되었다. 초창기에 일반 회원도 몇 명 참석하지 못했던 중국이 이제는 월드옥타라는 글로벌 단체에 수석 부회장, 부회장, 이사장, 부이사장, 감사, 각 위원회 위원장 등 본부 임원이 가장 많고 상임이사와 회원사가 가장 많은 지역으로 성장하였다.

옥타는 40여 년의 발전을 통해 체계적인 조직을 구성하고 회원사간 협력의 편리성을 도모하고 있으며 각 지회 소재국 정부와의 원활한 유대관계 등을 형성하여 기업들에게 최대한 활용의 가치를 부여하고 있다. 중국 회원 기업들은 크게 성장하였으며 월드옥타의 자랑으로 되기에 손색이 없다. 그중에는 상장을 준비하고 있는 기업도 적지 않다. 물론 중국의 좋은 경제발전 환경이 주되는 원인이겠지만 선진국 기업과의 교류를 통해 더 많은 발전기회를 얻고 선진적인 경영마인드를 습득할 수 있었던 것도 중요한 원인이 된다고 본다.

옥타가 기업의 성장에 어떤 도움을 줄 수 있는가에 중점을 두기 전에 옥타를 통해 세계를 볼 수 있었다는 것에 의미를 두고 싶다. 옥타를 통해 많은 중국 조선족 기업인들이 세계 경제 발전의 미래를 보는 안목이 생겼고 창업 및 운영에 대한 개념 전환도 이루어졌으며 기업 문화와 운영 노하우의 축적을 중요시할 수 있게 되었다는 것만으로도 기업의 발전에 큰 도움이 되었다.

사회적 기여와 보람

이 회장은 자신의 개인사업은 거의 뒷전이고 다른 사람들을 도와주는 데 더 많은 시간을 할애하고 있다. 그 이유에 대해서 물었더니 그는 호탕하게 웃으면서 대답했다.

"내가 베이징에서 한식업을 시작할 때 다른 사람들의 도움을 받았었고 특히 옥타가 있었기에 오늘의 내가 있습니다. 그걸 잊어서는 안 된다고 생각합니다. 누군가로부터 받은 이상으로 다른 이들에게 도움을 주는 것이 더욱 즐거운 일이라고 생각합니다."

1990년대 초까지만 하여도 베이징에 거주하는 동포는 불과 수천 명에 불과하였으며 한국 교민은 대그룹 주재원과 언론사 특파기자를 합한 수십 명에 불과했다. 이광석 회장은 중국 동포들의 베이징에서의 창업을 도와주고 한국 기업들의 중국진출 애로사항들을 해결하며 재중 동포와 한국 교민들 사이의 알력을 해소하고 화합을 선도하면서 중국 동포 및 한국 교민들의 베이징 정착과 화합에 꾸준한 기여를 해왔다.

월드옥타 중국 회장단을 동원하여 아주대학에 지원금을 전달하기도 하였다. 또한 경상북도와 중국회장단 사이에 경제발전 협력 MOU를 체결함으로써 한국 지자체의 중국 진출을 돕기 위해 오늘도 쉼 없이 뛰어다닌다. 그 외에도 중국 회장단은 중국 도소매 체인업자인 만뎬부(慢点富)와 MOU를 체결하여 한국 제품이 기타 제품보다 우월한 조건으로 중국시장에 입점할 수 있도록 하였다.

최근에는 한국의 코로나 감염 피해 구제를 위해 경상북도에 마스크 10만 개를 지원하는데 앞장서기도 했다.

중국 동포예술단체에 대한 지속적인 지원을 해오던 그는 베이징 '경노

후원회' 초대 이사장을 맡으면서 노인들의 사회생활과 가정생활에 큰 도움을 주고 있으며 여성단체, 학교 등에 대한 후원도 아끼지 않고 있다. 올해 5월에 진행된 2022년 한중수교 30주년 기념 '경로대축제'에도 후원금을 쾌척하였다.

중한 경제협력에서 조선족 기업인들의 역할

중한 경제협력에서 조선족은 아주 중요한 역할을 담당해왔으며 앞으로도 중요한 역할을 맡게 될 것이라는 점은 민간에서는 물론 양국 정부에서도 인정하고 있다. 조선족이 중한 양국 소통의 중요한 윤활제임에는 이의가 없다. 중국의 개혁개방 초기 중국 시장을 바라봤던 일본 등 선진국들은 중국에 200만 명이라는 같은 혈통의 민족과 소통할 수 있는 한국을 부러워했다. 물론 초기에 서로의 무모한 기대에서 비롯한 큰 실망, 같은 언어를 구사함에도 극복하기 힘든 문화의 차이가 있었음에도 한국

▲ 대구에서 코로나발생이후 월드옥타 중국회원들의 마음담아 마스크지원

기업의 중국 진출에 있어 원활한 소통의 기초 인력으로 활약한 것만은 틀림없다.

그는 조선족 기업인들의 한국 투자사업인 제주도 중국개발성회사에 공동투자로 참여하였으며 현재까지 5,000만 불 이상의 투자가 이루어졌다. 이 프로젝트는 제주도청에서 투자유치로 성사된 것이며 조선족기업인들이 제주도에 골프 치러 많이 다니다가 의기투합되어 공동출자로 진행된 것이다. 아마도 조선족기업인들이 자금을 모아서 한국에 투자해 성공한 사례로서는 유일하다고 볼 수 있다. 과정에 여러 가지 어려움을 겪기도 하였지만 고국에 투자하는 조선족기업인들의 생각은 남다른 면이 있었다고 보아야 한다.

상호 불신임으로 기업 내 승진 기회의 불공평, 잦은 근무 회사 이탈 등 상호의 불편이 있었지만 공정한 대우, 회사 업무에 대한 충실 등 조직성원으로서의 역할이 자리 잡히면서 조선족은 한국 기업에게는 중요한 자산이 되었고 한국 기업은 조선족에게 우수한 일자리를 제공하는 삶의 터전이 되었다. 중국에 진출한 한국기업과 조선족 사이에는 상호 신뢰와 보완적 역할이 보다 중요해지고 있다.

한중간의 경제협력에서 조선족 일반은 물론 기업인들의 역할은 아주 중요했으며 여러 면에서 한국 기업에 많은 편리를 제공해준 것만은 부정할 수 없다. 언어 소통과 통역, 기초 인력 제공, 상호 기술 협력 등 분야에서 조선족 기업인들이 없었다면 한국 기업이 중국에서의 오늘과 같은 성과가 이루어지지 못했을 것이다.

중한간의 경제교류에서 향후 조선족 기업인들은 당연히 자신들의 민족, 언어 등 소통의 편리를 적극 활용하고 상호 존중을 바탕으로 교통,

통신, 상업정보 등 다양한 편리에 따른 조건을 충분히 활용해야 한다. 특히 중요한 것은 소재국에서의 자신의 입지를 강화해야 하며 조선족 기업인들은 중한 양국 기업을 매칭시키고 투자유치, 대리점, 판매처를 주선하는 등 다양한 형식으로 중한 양국 경제발전에 기여해야 한다.

월드옥타는 지역사회 무역에 종사하는 미래 무역생도를 양성하기 위해 지난 10여 년간 매년마다 차세대무역스쿨을 운영함으로써 지역 청년들의 성장과 글로벌 창업을 지원하고 차세대 무역경제인 육성을 통해 글로벌 네트워크 정신과 비전이 차세대들에게로 이어질 수 있도록 심혈을 기울이고 있다. 앞으로 차세대들의 역할이 훨씬 크리라 믿는다.

현재 월드옥타에는 370여 명 이사가 있는데 그중의 4분의 1은 중국이 차지하고 있다. 현재 미국 국적의 한국인이 회장을 맡고 있지만 언젠가는 중국 조선족이 회장될 수 있는 날이 올 거라고 생각한다. 이를 위해 옥타는 이사를 많이 발전시켜야 하고 지회가 많이 늘어나야 한다. 우리는 지금보다 더 많은 노력을 경주해야 하며 미국 등 나라를 따라 배워 차세대 양성에 더 많이 힘써야 한다. 자신도 여생을 월드옥타의 차세대양성에 힘쓰겠다고 다짐하였다.

올해 3월 서울에서 열린 〈2022 코로나위기관리 대상 및 공모대회〉에서 〈코로나 위기극복을 위한 국제협력 및 수출중대노력분야〉 코로나 위기관리 대상을 받은 이 회장은 "향후 중국조선족 경제인들은 월드옥타라는 무대를 더욱 잘 활용하여 세계 각국 경제인들과의 교류와 협력, 네트워크를 통해 더욱 눈부신 성과를 이룩할 것이며 특히 중한 양국 경제발전에 든든한 자원으로 될 것이다."고 밝혔다.

그동안에 쌓은 인맥도 있고 더 큰 역할을 해야 한다는 각오로 얼마 전에 서울에서 화장품 제조업과 호프집을 각각 오픈한 이 회장은 하루빨리 코로나위기를 극복해내고 중한 수교 30주년을 계기로 양국의 교류가 보다 활성화 되기를 기대한다고 전했다.

글/박연희

【이광석 프로필】

출　생 1955년

출생지 지린성 지린시(吉林省 吉林市)

민　족 조선족

경　력 중국인민해방군 복무

기　업 제주중국성 개발회사 감사

　　　　 베이징 해륜관광호텔, 백마강식당, 부산한식당 등 운영

사회직 월드옥타 중국회장단 의장, 월드옥타 한중포럼 위원장

　　　　 월드옥타 본부 부회장, 월드옥타 본부 부이사장

　　　　 월드옥타 베이징지회 제2대회장 등 역임

　　　　 베이징조선족기업가협회 고문, 베이징노인협회 이사장 등 역임

영　예 <코로나 위기극복을 위한 국제협력 및 수출중대노력분야>

　　　　 코로나 위기관리 대상 수상

중한 경제 교류의 교두보 역할 수행

중한실크로드국제교류협회 회장 **이 선 호**

올해는 중한 수교 30주년이 되는 해이다. 지난 30년을 돌아보면 양국 경제 교류에 기여한 조선족들이 많고도 많지만 그 가운데서 비교적 독특한 역할로 알려진 인물을 꼽으라면 아마 중한실크로드국제교류협회 이 선호 회장일 것이다. 이 회장은 한국에 거주하면서 한중간의 가교역할을 담당하고 있을 뿐 아니라 재한동포경제인연합회를 설립하여 재한동포사회에서도 중추역할을 하고 있다.

지난 6월 2일 재한동포사회 대변지인 중국동포타운신문과 한중포커스신문 두 매체가 한강변에 자리 잡고 있는 마포에서 이 회장을 만났다.

Q: 중한실크로드국제교류협회와 재한동포경제인연합회는 어떤 단체인지?

A: 중한실크로드국제교류협회는 중국의 '일대일로 정책'과 한국의 '신남방·신북방 정책'을 연계하여 양국의 선린우호 관계를 발전시키고 경

제, 무역, 문화 교류의 증진을 위해 2017년에 설립한 비영리 민간단체이다. 주로 양국의 정재계인사들과의 소통을 통해 정책적 측면과 실무적 업무 면에서 실행 가능한 프로젝트들을 추진하고 있다.

재한동포경제인연합회(KDG)는 한국 내 중국 동포 출신 경제인들로 구성된 단체로 중한 양국의 인적 네트워크와 다양한 경험을 바탕으로 중한 양국 간 선린우호와 공동발전의 미래를 실현시키는 초석이 되고자 2021년 6월에 창립하였다. 양국 간 '민간 경제 외교 사절단'을 지향하는 KDG는 재한 동포 경제인들의 협력 강화를 위해 학술 세미나와 포럼 등 교류 활동을 비롯해 경제와 문화, 체육 등 분야에서 가교 역할을 담당하는 것이 본 협회의 설립 취지이다. KDG에 대한 한국과 중국의 정·관계, 경제계 인사들의 기대가 커서 어깨가 무겁다.

Q: 중한실크로드국제교류협회는 어떤 성과가 있는지?

A: 2017년 중한실크로드국제교류협회 설립 후 바로 이듬해인 2018년 '제1회 일대일로 중한 기업인 고위급 포럼'을 개최했고, 2019년 5월 '알리바바 티몰·타오바오 한국브랜드 교류회', 그 해 6월 '제2회 실크로드 국제합작 서울포럼' 등 양국 경제교류 활성화를 위한 노력을 해왔다.

특히 2018년 '제1회 일대일로 중한 기업인 고위급 포럼'을 통해 400여 개의 양국 중소기업 및 단체 대표자들이 참여하는 중한 양국 기업인 간담회가 진행되었고 약 3천만 불에 달하는 투자 및 합작의향서를 체결했다.

2019년 '제2회 실크로드 국제합작 서울포럼'을 통해서는 중국 알리바바그룹, 징둥그룹(JD), YY.com(欢聚时代), 소분조(小笨鸟) 등 중국 굴지의 전자상거래(EC)그룹과 중국 수입박람회 대표단, 상무부 중국국제무역센터 대표단, 중국 최대 민영 투자금융그룹인 상하이푸싱그룹(FOSUN)을 비롯한 중국의 대규모 국영, 민영 기업이 참가하여 중한 양국 기업 간의 교역, 투자유치, 사업제휴 등 기회를 창출하고 양국 기업 간 우호적인 교류와 공동합작을 통해 제3국 시장 진출 방안 마련 등 다양한 기회를 모색했다.

당시 중국 CCTV13, 한국 KBS 등 양국의 대표적인 방송사들이 취재를 하고 공동방송을 진행하는 등 영향력을 과시하면서 큰 주목을 받았다.

특히 반기문 전 총장과 조정원 세계태권도연맹(WTF) 총재 등 정·재계 주요 인사들이 참석해 행사의 의미를 더했다. '중한실크로드국제교류협회'는 반기문 전 총장과 중국 주요 기업들 간 간담회를 진행했고 문희상 전 국회의장과의 만남을 주선했다.

반기문 전 총장은 '실크로드국제합작 서울포럼'의 개최 의미를 높게 평가하며 향후 중한 양국의 경제교류와 협력에 대한 지지와 기대를 표명했다.

2019년 5월 '알리바바 티몰·타오바오 한국브랜드 교류회'에서 알리바바의 고위 간부들을 초청, 국내 1,000여 개 브랜드 기업들과 함께하는 자리를 마련했다. 이를 통해 한국 기업들이 알고 싶어 했던 입점 프로세스, 왕홍 마케팅 등의 핵심 정보를 제공했고 알리바바 마케팅팀과의 1:1 상담을 통해 실질적인 경제적 교류로 이어지는 등 좋은 성과를 거두었다.

2022년 올해는 중한 수교 30주년이라는 역사적인 해이다.

우리 중한실크로드국제교류협회는 중한 수교 30주년을 기념하여 〈제3회 2022 실크로드 국제합작 서울포럼〉을 개최할 예정이다. 이번 포럼은 양국의 1,000개 기업과 기관 및 단체가 참가하는 최대 규모로 개최될 예정이며 양국 지방자치단체 간의 경제 교류와 협력을 추진하는 계기를 마련하고자 한다.

▲ 사진제공 : 한중실크로드국제교류협회

Q: 중국의 '일대일로'와 한국의 '신북방정책'이 맞물리는 점이 있는지?

A: 중국의 '일대일로'와 한국의 '신북방정책'을 연계하면 중·한·일 FTA의 조기 추진을 통한 동아시아 경제공동체 구축, 민간 주도의 제3국 공동 진출을 통한 시장 개척, 역외 경제개발구 및 인프라 공동건설 협력 등이 가능하다.

최근 중미간의 무역 분쟁과 코로나로 인해 세계경제가 불안정한 상태에 처해있다. 이러한 상황 속에서 중국과 한국이 전 세계 경제 비중의

30%를 차지하는 아시안 국가들 간의 RCEP협정을 활용하여 경제와 무역 등 상호 협력한다면 양국 합작의 제3국 시장 공동 진출 및 수출 등을 통해 세계 경제에 기여할 수 있는 부분이 적지 않다.

특히 중·한·일 등 RCEP가맹국 사이에서 관세 문턱을 낮추고 체계적인 무역 및 투자 시스템을 확립해 교역이 활성화 된다면 이는 곧 중·한·일 FTA 협력을 촉진시킬 수 있고 세계 경제시장에서 모범적인 협력 사례를 남길 수 있다.

동북아 협력을 통한 경제적 효과도 기대되는 부분이다. 환동해 관광 사업, 두만강 국제관광특구 등 중·남·북(중국과 한국, 북한) 3국의 관광협력과 동북아 복합물류망 등 동북아 통합 네트워크 사업도 진행할 수 있다.

동북아 국가들 간 교류와 협력이 늘어난다면 자연스레 한반도는 평화 국면을 맞을 것이며 한반도 평화체제가 구축되면 '일대일로', '신북방정책', 한반도 신경제구상을 북한, 러시아와 상호 연계해 새로운 한반도 평화경제 효과를 기대해 볼 수 있을 것이다. 특히 남북 철도가 이어지면 한국과 교역이 활발해질 수 있는 지린성, 헤이룽장성, 료오닝성 등 동북 3성 지역이 각광을 받아 중국의 지역경제 발전에도 이익이 될 것이다.

Q: 중한경제혁렵에서 조선족의 역할은?

A: 한국에는 84만 명의 조선족 동포들이 거주하고 있다. 4차산업혁명 시대를 맞이해 기업인들이 '일대일로'와 한국 정부의 '신북방정책'을 이해하고 양국 간의 경제, 문화, 인문 교류에서 중요한 역할을 할 수

있는 시점에 와있다.

국내외 조선족 동포 기업인들은 한국의 경제와 무역 수출입에 큰 기여를 하고 있다.

식약청 자료에 따르면 2021년 한국 국내 화장품 대외 수출액 76억 달러 중 전체 수출액의 50%인 약 38억 달러가 대 중국 수출이었다. 이러한 성과를 이룰 수 있었던 것은 조선족 경제인들의 노력이 있었기 때문이다. 또한 한국면세점협회의 통계에 따르면 2020년 5월~2021년 5월까지의 국내 면세점 매출은 17조 4,200억 원이며 약 95.78%(16조 6800억)은 중국으로 수출했다. 그 중 80%에 달하는 약 13조원의 경제효과는 조선족 경제인들의 노력으로 창출했다.

한국 기업들이 중국에 진출할 때 정부와의 관계나 근로자와의 관계를 풀어나가는데 조선족 동포들이 중간 역할을 해주고 있으며, 코트라나 무역협회 같은 정부 기관이 한국 기업을 돕고 있지만, 현지 사정에 밝은 조선족 동포들이 민간차원에서 정부기관이 하지 못하는 부분을 지원해주고 있다. 특히 올해는 중한 수교 30주년이 되는 해로 중한 관계가 혈기왕성한 청년시대로 접어들어 양국의 미래 관계 발전에 있어 아주 중요한 시기이다. 중국은 선진 기술을 가진 중소기업을 많이 보유하고 있기에 이들 기업을 한국의 산업단지에 유치해 한국업체와 협력한다면 공동으로 생산된 제품을 가지고 세계 시장에 진출할 수 있다.

한반도 통일문제에 있어서도 조선족의 가치와 역할이 매우 크다. 현재 조선족은 한국과 북한을 자유롭게 왕래할 수 있고 언어가 통하기 때문에 한국 정부의 입장에서는 미래의 통일한국을 대비해 조선족동포를 통한 남북경제협력 등 다양한 방식을 검토해 볼 수 있을 것이다.

Q: 한국에 새로운 정부가 탄생했다. 향후 중한간의 경제협력에 어떤 영향을 끼칠 것으로 보는지? 어떤 면에서 상호 노력이 필요하다고 생각하는지?

A: 지난 30년간 중한 관계는 매우 짧은 시간임에도 불구하고 경제면에서 비약적인 발전을 보여주었다. 올해 5월 새롭게 출범한 윤석열 정부의 대중국 정책은 상호존중의 정신에 입각해 정치와 경제를 철저히 분리하고 새로운 역내 경제 질서 변화에 맞추어 추진한다는 방침을 밝히고 있다. 양국의 전략적 협력 동반자 관계의 측면에서 보았을 때 중국은 한국의 최대 교역대상국이자 투자대상국이고, 한국 역시 중국의 상위 5대 교역국으로서 양국은 상호 간 매우 중요한 위치와 관계를 갖고 있다. 지난 3월 중국의 시진핑 주석과 한국의 윤석열 당선인

◀ 사진제공 :
한중실크로드국제교류협회

사이의 통화와 친서 교환의 과정에서 밝혔듯이 양국은 무역, 통상, 의료, 환경 등 분야에서 기본 협력을 최대한 유지한다는 방침이기에 아래 몇 가지 부분에 있어서 양국이 상호 협력할 수 있을 것으로 보인다.

우선 양국 지방정부 간 교류를 확대해야 한다. 지방정부 간 교류는 공공외교 측면에 있어 최근의 경색된 양국 국민감정을 녹이고 우호적인 분위기로 전환시킬 수 있을 것이다. 양국 국민이 상호 우호적인 감정을 회복한다면 도시와 기업 간 교류는 자연스럽게 확대되고 경제적 효과로 이어질 것이다. 특히 지난해 발생한 요소수 대란 사례를 참고하여 양국 지방정부와 기업들이 안정적이고 신뢰성 있는 공급망 구축을 위해 긴밀히 소통하고 협력해야 한다.

미래 핵심 산업 분야에서의 협력 가능성도 충분하다. 반도체, 인공지능(AI), 로봇, 정보통신, 바이오, 친환경 기술 등 첨단기술과 미래 먹거리 분야에서의 교류와 협력을 강화하고 양국이 세계시장에서 시너지 효과를 낼 수 있도록 함께 머리를 맞대야 한다.

양국 미래 발전을 위한 청년들의 역할과 정부의 지원도 중요하다. 중국 진출을 꿈꾸는, 특히 중국어에 강점이 있는 한국의 청년을 우수한 '왕홍'(유명 크리에이터)으로 육성해 국내 중소기업들이 이들을 통해 중국 시장에 진출하고 나아가 세계 시장에 중한 합작 제품을 수출할 수 있을 것이다. 그러나 가장 중요한 점은 양국의 청년들이 정치, 역사, 문화, 사회, 경제 등 다양한 분야에서의 폭넓은 이해관계를 갖는 것이 중요하다. 양국 청년 간의 심도 깊은 교류를 위해서는 자주 만나고 대화해야 하며 이러한 중요성을 양국 정부가 인식하고 소통할 수 있는 기회를 마련해야 한다.

헤이룽장성 하이린시에서 출생한 이 회장은 헤이룽장대 법학과를 졸업한 뒤 중국 건설은행에서 근무했다. 이어서 홍콩위택국제그룹 사장, 베이징후이헝세기과학기술유한공사 사장을 지낸 뒤 2010년부터 6년간 경남 중국투자유치 자문관으로 근무했다. 이후 중국실크로드특별기금위원회 부비서장 (2015~2016년) 겸 주한국 총대표, 실크로드국제문화경제무역합작 교류조직(SICO) 부비서장 겸 주한국 총대표를 맡고 있다.

드높은 열정과 풍부한 경험을 지닌 이 회장은 앞으로 초심을 잃지 않고 중한 양국의 선린우호 관계의 발전과 경제, 무역, 문화 교류의 증진에 일조하고, 한국 내 중국동포 출신 경제인들의 중한 양국 인적 네트워크와 다양한 경험을 바탕으로 중한 양국 공동발전의 미래를 실현시키는 초석이 되리라고 믿어 의심치 않는다.

글/김정룡, 문현택 기자

【이선호 프로필】

출　생 1970년

출생지 헤이룽장성 하이린시(黑龙江省 海林市)

민　족 조선족

학　력 헤이룽장대학교 법학 전공

기　업 후이형세기과학기술유한공사 사장

　　　　 위택국제그룹 사장, 중국건설은행 국제업무국 직원 등 역임

사회직 한중실크로드국제교류협회 회장

　　　　 사단법인 한중왕홍교류협회 명예회장

　　　　 재한동포경제인연합회 회장

　　　　 세계태권도연맹 태권도 총재 아시아특별보좌관

　　　　 경상남도 중국 투자유치 자문관

영　예 < 2022스포츠 혁신한국 & POWER KOREA 대상>

　　　　 (국제교류 혁신리더부문)

　　　　 < 2020스포츠 혁신한국 & POWER KOREA 대상>

　　　　 (국제교류 혁신리더부문)

　　　　 <뉴스메이커 한국을 이끄는 혁신리더 대상>(혁신 협회 부문)

대륙이 인정하는 자산관리 명가

베이징중기화자산평가유한책임회사 동사장 **권 충 광**

베이징중기화자산평가유한공사(北京中企华资产评估有限责任公司)는 1996년에 설립되었으며 25년간의 꾸준한 성장을 통해 중국에서 가장 명망 있고 규모가 큰 종합자산평가기관 중 하나로 평가업계 1위를 고수하고 있다. 전문성이 있고 신뢰성이 구축된 중기화회사가 건전한 발전을 거듭하면서 중국의 자산평가업계 리더 브랜드로 자리매김한 데는 대표이사인 권충광 회장의 경영전략과 정확하게 매칭된다.

원 국가체제개혁위원회 소속으로 되어 있던 중기화회사는 1996년에 소속관계를 벗어나 유한책임회사로 변경되었으며 현재 회사는 본부를 베이징에 두고 있고 산하에 상하이(上海), 선전(深圳), 청두(成都), 다롄(大连), 시안(西安), 우한(武汉) 등에 20개 지사와 장쑤중기화중텐홀딩스 등 회사가 있다. 또한 홍콩에 사무실을 설립해 딜로이트와 포괄적 전략적 협력 관계를 맺고 중국과 세계 100개국에 이르는 글로벌 서비스 네트워크를 형성하고 있다.

회사의 CEO인 권충광 회장은 조선족 출신으로 베이징 교통대학에서 경제학 석·박사 학위를 받았고 기업만이 아닌 정치협상위원으로도 활약하고 있다. 2008년, 2013년, 2018년 중국인민정치협상회의 베이징시 제11기, 제12기, 제13기 위원회 상무위원을 연속 3기나 연임하고 있다.

중기화회사는 주로 중국 기업의 국외자산평가를 해주고 있으며 중국 기업들의 인수, 합병, 개조, 합자 등 경제행위로 인한 국외자산 평가 서비스를 제공하고 있다. 회사는 현재 자산관리사 400여 명을 비롯해 전문직 종사자 1,000여 명을 보유하고 있다. 이렇듯 전문분야에서 실력을 인정받은 인재들이 대거 포진해 있기 때문에 업무과정에서 리스크를 줄이고 고객들에게 보다 전략적이고 탄력적인 맞춤형 서비스를 제공해 줌으로써 자산총액이 100조원을 넘는 중대한 평가항목도 훌륭히 수행하였다.

베이징 본사는 최근 3년(2018~2020년) 동안 평가이익을 꾸준히 3억 5500만 위안 정도로 유지하고 있다. 2020년 말까지 누적 평가 자산 총액이 백억 위안을 넘었고 경영 실적은 역대 최고치를 경신하며 14년 연속 1위를 차지했다.

권 회장의 인솔 하에 중기화는 설립 이래 무수한 창조적 실천, 끊임없는 노력으로 사회적 존중, 정부의 인정, 시장의 신뢰를 얻었으며, 국유기업의 개혁을 지원하였다.

성장 잠재력이 높은 기업을 발굴하여 정확한 평가를 진행함으로써 중국 자본시장의 건전한 발전을 촉진하고, 시장 질서를 수호하며, 금융위험에 대비하고, 사회공익과 국가경제의 안전을 수호하는데 적극적인 공헌을 하였다.

그렇다면 평가업계에서 이처럼 두각을 나타낼 수 있었고 줄곧 부동의 1위를 지켜온 중기화의 생존 전략은 무엇일까?

권충광 회장은 그 비결이 '전문화, 정보화, 국제화'를 중기화의 경영 전략으로 삼은데 있다고 했다.

즉 전문화된 서비스로 평가업계를 선도하고, 인터넷, 클라우드 등을 활용하여 평가업무 모델을 재구성하는 정보화 플랫폼을 구축하였으며 강력한 혁신 능력과 기술 축적으로 경제 '듀얼 사이클'을 배경으로 한 국유기업의 개혁과 전환 발전, 자본시장 운영, '일대일로' 국제협력에 기여하고 있기 때문이라고 했다.

국무원 국유자산관리감독위원회(国资委)가 직접 관할하는 97개 중앙기업 중 약 90%가 중기화의 고객이며 지금까지 허가된 프로젝트 가운데 중기화가 단독으로 주관하여 이미 통과한 프로젝트만 해도 절반이 넘는다.

2015년 1월 21일, 국무원 국유자산관리감독위원회 재산권 관리국은 2014년 평가 의뢰를 등록한 중앙기업 명단을 발표했는데 그 가운데 중기화의 고객이 압도적인 점유율로 1위를 차지했다.

중기화가 서비스를 제공하는 90% 이상 기업이 국가재정부 소관 중앙기업이다. WIND 데이터 분석에 따르면 2020년 선전과 상하이 두 도시의 상장사는 모두 3,893곳인데 그 중 30%에 달하는 1,000여 곳이 중기화가 서비스를 제공했던 거래처였다.

2020년 포춘지가 선정한 세계 500대 기업 중 중국 기업은 133곳이 이름을 올렸는데 그중 중기화가 관련 서비스를 제공했던 고객사는 70%에 달했다.

상장사의 주요 자산 재편성 사업을 가장 많이 맡았던 2017년에는 중기화가 담당했던 인수·합병(M&A) 건이 124건이었으며 그 평가금액은 무려 2,491억9,100만 위안에 달해 평가기관 중 가장 많았다고 한다.

2018년에는 M&A 재편사업 건 총 18건, 거래 금액은 1,130억 위안으로서 업계 1위, 2019년에는 12건으로 업계 2위를 달성하였다. 중기화는 2012년부터 2020년까지 9회 연속 중국 M&A 연간총회 최우수 M&A 재무상을 수상하였다.

2002년 중기화는 업계 최초로 ISO9001:2000 품질관리체계 인증을, 2019년 1월 7일 ISO9001:2015 품질관리체계 인증을 통과하였다. ISO9001 인증을 통해 평가 품질을 보장하고 평가 리스크도 효과적으로 제어하고 있다.

권 회장은 "현재 중기화는 평가업계에서 최고의 영업자질을 보유하고

▲ 제5기 중화해외동호회 이사 자격으로 인민대회당에서 열린 회의 참석

있으며 고객들에게 혁신적인 평가방안을 제공하고 있습니다. 복잡한 평가문제를 잘 해결할 수 있도록 적극적 협조와 지원을 통해 고객들의 최대 가치 창출을 보장하고 있습니다."라고 전했다.

중기화는 다양한 관리경험과 전문성을 바탕으로 해외사업 확장에도 전력투구하고 있다. 최근 몇 년간 한국 기업 중한 합작 프로젝트에 자산평가 서비스를 제공하였는 바, 그 가운데 삼성, SK, 현대, 휴온스, E&H, 한국산업은행, (주)창민기술유한공사 등 기업이 포함된다.

2002년 한국 주성엔지니어링의 HDP-CVD 및 TFT-LCD, Etcher기술 대외투자프로젝트를 시작으로 2003년 베이징 창민기술유한공사에 대한 한국 (주)창민기술유한공사의 독점기술 자산평가 프로젝트, 2014년 선전장성개발주식회사의 E&H에 대한 지분가치 평가항목, 2015년 한국 현대종합상사가 보유한 청도 현대조선주식회사 지분 30.59%를 국

▲ 중국중기화회사의 2019년 연도 총결산회의에서 업무총화 보고

청홀딩스 주식회사가 인수하는 프로젝트, 2017년 한국산업은행 베이징, 선양, 광저우 지점의 일부 불량채권 처리, 2017년 중국석탄판매운수회사의 중국석탄공업수출입그룹사 서울대표부 자산팀 인수 프로젝트, 2018년 콘다이영상콘텐츠(쑤저우)유한공사의 콘다이영상홍콩의 PPA평가항목 및 기업평판감액 테스트 항목, 2021년 에미레이트테크놀로지발전주식회사의 휴온스 코리아 지분 인수 등 수많은 프로젝트를 추진하였다.

2002년부터 한국, 미국, 프랑스, 영국, 이탈리아, 독일, 이스라엘, 싱가포르, 홍콩, 타이완을 비롯한 100여 개 국가와 지역의 기업체에 평가서비스를 제공해 주었으며 중국 자산평가 업계의 안정적이고 건전한 발전을 위해 탁월한 기여를 하였다. 해외업체와의 협력을 통해 우량자산을 발굴하고 글로벌 경쟁에서 우위를 점함으로써 중기화의 인지도와 위상을 크게 높였다.

권 회장은 1994년 중국 자산평가 분야에 진출했다. 중국 자산평가협회 1차로 25명의 베테랑 회원 중 한명으로 평가업계에서 높은 명성을 얻었다. 업계의 선임 전문가로서 자산 평가업계의 안정적이고 건전한 발전을 위해 큰 역할을 발휘하고 있다.

뿐만 아니라 평가 입법, 가이드라인 제정, 이론 연구 등을 포함하여 중국공인회계사협회(中注协)의 담보인정비율 평가기준, 기업개선 상장자산 평가연구, 중국자산평가협회(中评协)의 기계설비 평가기준, 출자자산 평가지침, 베이징공인회계사협회(北注协)의 수익법 평가, 지표체계 연구 등 프로젝트에 참여했다.

권 회장은 2004년 중국증권감독위원회 전임발심위(专职发审委) 업무를 맡아 평가업계의 유일한 대표로서 증권시장의 규범적 발전을 위해 기여하였다.

또한 풍부한 실무경험을 바탕으로 여러 차례 국가중대자산평가사업의 책임자로 선정되어 국내외 자본운용 세미나에 자주 참석하여 강연을 펼쳤으며 기업개선, 자산재편, 프로젝트 파이낸싱 등 전문분야에 대한 깊이 있는 연구와 실천을 통해 『자산평가실물』등 여러 전문저서를 편찬 출판하였다.

권 회장의 중기화는 평가업계에서 최다 타이틀을 보유한 명실상부 최고의 기업으로 키워 성공 신화를 이룩한 능력자로 인정받고 있을 뿐만 아니라 타고난 근면성과 겸손함을 잃지 않고 사회공익활동에도 적극 참여하여 차세대 기업가들의 롤모델로 인정받고 있다.

2005년부터 선후하여 인도네시아 지진해일 피해지역, 스촨성 충칭시(四川省 重庆市) 한재지역을 포함하여 중국 부녀발전재단과 빈곤학생들에게 총 60여만 위안에 달하는 기부금을 전달하였다.

2008년부터 3기 정협위원을 연임했었고 2017년에는 중국민주건국회 제11기 중앙위원회 위원으로도 활동했었던 권 회장은 최근 정·재계에 진출하는 조선족기업가들이 점점 많아졌다고 하면서 자부심을 드러냈다.

개혁개방 붐이 일면서 해외기업과의 경영 및 기술교류가 활발해짐에 따라 수많은 조선족 기업가들이 열정을 가지고 창업에 뛰어 들었다. 권 회장은 최근 조선족 기업가들이 전통적인 제조업으로부터 IT산업, 부동산 개발, 관광, 요식업 등 다양한 업종에서 두각을 나타내고 있는 건 사실이지만 사회적 영향력과 글로벌 경쟁력은 아직 부족하다고 하면서 민족성과 지역성을 벗어나 글로벌 안광을 갖추고 영향력을 행사하여 더욱 많은 사회적 가치를 창출해야 한다고 피력하였다.

또한 중국아주경제발전협회의 권순기 회장과 최근 외국자본 투자유치 및 신도시 건설에 적극 참여한 베이징세박투자그룹(北京世博投资集团)의 박철 회장 등 정·재계에서 활약 중인 조선족 기업가들의 구심점 역할이 크게 주목을 받고 있으며 차세대 조선족 기업가들의 발전에 동력을 부여해주고 있다는 것이다.

조선족은 언어적 우세에만 치우치지 말고 전 중국을 상대로, 내지는 글로벌시장을 상대로 보다 큰 그림을 그리고 뛰어드는 도전정신이 절대적으로 필요하다고 재차 강조하였다.

"국가정책의 지지와 날로 완벽해지고 있는 금융투자체계로 인해 조선족 청년기업가들의 투자전망이 밝습니다. 또한 정치협상회의에 참가하는 조선족출신 인재들도 점점 증가되는 추세입니다. 꿈을 가진 조선족 청년기업가와 창업자들은 국가정책을 적극 요해하면서 본인의 실력을 갈고 닦는, 이른바 고차원적인 학습형 리더로 거듭나야 합니다. 기업발전과 자본연결을 보다 깊이 있고 실용적으로 운영한다면 치열한 시장경쟁 속에서도 충분히 강자로 살아남을 수 있습니다."

권 회장이 창업을 꿈꾸는 후배들에게 주는 진심어린 조언이다.

글/한미화

【권충광 프로필】

출　생 1964년

출생지 헤이룽장성 하이린(黑龍江省 海林)

민　족 조선족

학　력 베이징교통대학 경제학 박사

기　업 베이징 중기화자산평가유한책임회사 회장

사회직 베이징시정치협상회 상무위원(11기, 12기, 13기)

　　　　 베이징시정치협상회 경제전문위원회 부주임

　　　　 중국민주건국회 제11기 중앙위원회 위원

　　　　 중앙감독위원회 위원

　　　　 중앙경제위원회 부주임, 전국공상연합회 인수합병공회 부회장

　　　　 중화해외동호회 이사

　　　　 최고인민법원 제2기 특약감독원

　　　　 베이징시 인민정부 특약요원

　　　　 베이징 신사회계층 인사동호회 부회장

　　　　 중국자산평가협회 부회장, 상무이사

　　　　 국가재정부 중국자산평가협회 자산평가준칙 전문가 자문위원회 위원

　　　　 중국자산평가준칙 기초팀원

　　　　 중국자산평가협회 국제업무 전문가

　　　　 중국 증권감독위원회 전문직 개발 심사위원회 회원

주요성과 중국공인회계사협회의 저당권 평가기준

　　　　 회사 개편상장 자산평가연구

　　　　 중국자산평가협회 기계설비평가기준

　　　　 출자자산평가지침

　　　　 베이징 공인회계사협회 수익법평가

　　　　 지표체계연구 등 다수 프로젝트 참여

　　　　 《자산평가 실물》등 다수 전문 서적 출판

영　예　2020년 '새로운 사회 계층 인사 통일 작업 실천 혁신 거점 시범'

2019년 '자산평가업 인재팀 구축 시범사업'

'중국경영혁신 선진부문'

2017년 '자산평가기준 항목 개정사업'

베이징상무서비스업 자체브랜드 100강 기업'

2016년 '광업권 평가 시범사업'

2014년 '신사업추천 우수상'

'2019베이징시정치협상시스템 사회 민의 정보 반영 사업 선진 개인'

'중국 특색 사회주의 사업 우수 건설자' 등 수상

2012년부터 2020년까지 9회 연속 중국 M&A 연간총회 최우수 M&A 재무상 수상

기업운영이나 인생 모두
정리정돈 되어야

베이징베이하이건재유한회사 동사장 **이 주 확**

태양이 불비를 퍼붓던 지난 6월 중순의 어느 날, 베이징 왕징에서 이
주확 회장을 만났다. 무더운 날씨에 꽉 막힌 도로를 거북이 걸음으로 운
전해 가면서 나는 속을 뻥 뚫어줄 무언가가 절실히 필요했다.

의외로 인터뷰는 1시간 남짓한 시간에 끝냈다. 단숨에 마친 인터뷰는
답답했던 내 심정을 풀어주기라도 하듯이 아주 매끄럽게 끝났다. 이 회
장은 특유의 시원시원함과 군더더기 없는 화법으로 맺고 끊고 하는 대화
를 쭉 이어나갔다. 단연코 이렇게 빨리 끝낸 인터뷰는 지금까지 없었다.
시간에 쫓겨서도 아니었고 할 얘기가 적어서도 아니었다.

이 회장은 예정된 질문에 있는 "어떤 성과들이 있었는지요?", "어떤 보
람을 느꼈는지요?", "젊은 기업가들에게 해주실 말씀은요?" 같은 질문에
"성과 뭐 별로 없습니다. 응당 해야 할 일이지요 뭐", "보람이라고 할 건
없고요, 그거야 뭐 기업가가 응당 가져야 할 소양이지요.", "요즘 젊은이
들은 우리 하고 생각이 완전히 달라서 뭐 해줄 말도 사실 없습니다." 정

도로만 대답을 해주었다.

　그의 말은 간단명료했고 주저함이 없었다. 군더더기 없는 말은 의외로 힘이 있었고 그의 표정은 진지함이 묻어나는 인상이었다. 매서운 눈매에는 날카로움이 수시로 번뜩였다.

　그는 우선 1997년 베이징에 발을 들여놓은 이후부터의 창업 이야기를 풀어나갔다.

　광저우 등지에서 사업을 하던 그는 1998년, 함께 군복무를 했던 전우의 소개로 베이징에 오게 되었다. 1990년 전후로 해외 출장을 자주 다니면서 외국은 그때 벌써 친환경이라는 개념을 많이 강조하고 있다는 점을 느꼈다. 마침 베이징에 공장을 세울 터가 생기게 되어 곧바로 결정을 하게 되었고 그래서 베이징에서의 창업은 꽤 순조로운 편이었다.

　중국 개혁개방 초기에 많은 외국 기업들이 중국에 진출했지만 그들이

▲ 라오스상무부 방문(이주환 : 왼쪽 네번째)

가지고 온 기술은 대부분 외국에선 도태된 기술들이었다. 당시만 해도 환경보호 제도에 대한 기준이 명확하지 않았기 때문에 도처에 복장, 섬유, 생산에 따른 공업 오염이 뒤따랐다. 지금의 물 오염, 공기오염 등 공해가 그때 심어놓은 우환이었을 것이라고 그는 말했다. 그때 그는 이미 환경보호 제품에 대해 눈길을 돌리게 되었다. 인류가 살고 있는 환경에 대한 기본적인 보호의식이 없이 이익만 쫓아가다 보면 기업도 오래 버티지 못하겠구나 하는 것을 그때 이주확은 어렴풋이 깨닫고 있었다.

처음 그가 시작한 품목은 온수관 시설이었다. 100% 회수가 가능한 친환경 소재였다. 북방 도시에서 고찰을 한 결과 중국의 온수관 시설은 매우 낙후한 상태였다. 그는 한국에서 수입한 시설로 건축재료 온수파이프 등 관련된 제품을 제작하기 시작하였다.

그러나 당시 베이징 시민들은 이런 '선진기술'에 대해 미지근한 반응이었다. 그때만 해도 특별한 기준이 없었고 시장 자체가 성숙되지 못한 상태였다. 또한 온돌문화가 없는 중국인들에게 온수관 보일러는 바로 확 당기는 아이템은 아니었다.

그러던 어느 기회에 양로원에 온수관 시설을 설치하게 되었는데 의외로 반응이 좋았다. 어르신들은 관절 등 질환이 있어 무엇보다 따뜻한 바닥을 선호했던 것이다. 그런 어르신들에게 따뜻한 바닥난방시설은 그 무엇보다 몸도 마음도 따뜻해지는 체험이었다. 그렇게 입소문을 타서 3년 만에 온수관은 완전히 시장에서 히트를 치기 시작하였다. 이에 대해 이주확 회장은 이렇게 말한다.

"조선족이라서 이중언어를 할 줄 안다는 게 우세일 수밖에 없었습니다. 국내에서 다른 민족보다 먼저 한국을 비롯한 외국에 나가보게 되었고 또 조금 발달한 나라의 상황을 보면서 눈을 떴으니까요."

그가 베이징으로 와서 본격적으로 온수관 사업을 시작한 1998년은 특수한 해이기도 하였다. 그때 한국은 IMF가 터진 직후라 나라 경제가 매우 어려운 상태였다. 그때 마침 온수관 사업을 시작한 이주확 사장은 한국에서 자재들을 들여다가 국내에 판매함으로써 마진을 올릴 수 있었을 뿐 아니라 수출난으로 허덕이고 있는 한국 회사의 숨통도 틔워주게 되었다.

온수관 시설을 생산하면서 이주확은 조금씩 보온외벽재료에 관심을 가지기 시작하였다. 그때 생산하고 있는 외벽재 역시 친환경 제품으로 대리석과 똑같은 문양과 무게감을 보여주는 효과가 있어 여러 가지 외관의 시각적 요구를 만족시켜 주었다. 베이하이건재유한회사에서 생산한 보온외벽은 단열층, 제습층, 방습층으로 나뉘어져 있으며 소음방지효과가 뛰어나고 특별한 기술 없이도 조립이 가능한 등 특성을 가지고 있었다. 베이하이건재유한회사에서 생산한 외벽소재는 유럽, 한국, 일본 등 20여 개 국에 수출되었다. 회사 제품의 60%는 수출된다고 한다. 그만큼 해외에서도 경쟁력을 갖추었다는 얘기다. 국내 시장 개발에서도 꾸준한 성과를 올렸는데 현재까지 회사는 국가급 성급 프로젝트 20여 개, 시장 프로젝트 400여 개를 완수했다. 뿐만 아니라 국가 건설부로부터 과학기술프로젝트로 인정받았으며 동시에 유럽의 인증도 보유하였다.

최근에 그의 회사는 중동시장에도 진출하였다. 그에게 계기를 물었으나 시장이 있는 곳에 누구보다 먼저 냄새를 맡고 달려가는 것이 기업가로서의 기본 덕목이라는 말로 일축했다.

이 회장은 베이징조선족기업가협회 제3기 회장을 역임한 바 있다. 그에게 임기 내에 조선족 기업가들의 성장을 위해 어떤 일들을 하였는지에 대해 말해달라고 주문하자 그는 조선족 기업가들을 회동하여 한국 강원도, 인천시 등지에 몇 차례 가서 한국 기업가들과 교류를 진행한 일을 간단히 언급하면서 별것 아니라고 하였다. 또한 조선족기업가협회 차원에서 조선족노인협회에 후원한 일과 같은 건에 대해서는 기업가로서 응당 베풀어야 하는 일이라고 하면서 극구 말을 아꼈다.

모든 질문이 그에게 다가가면 가장 본질적인 알맹이만 남아서 돌아왔다.

창업하면서 겪었던 어려움에 대해 묻자, 그 당시에는 어려웠으나 지나고 보니 별것 아니더라는 소탈한 대답이다. 이 정도의 성공을 거머쥐게 된 비결에 대해 여쭤보았더니 역시 "운이 좋았다."라는 단 마디 명창으로 잘라 말한다.

문득 그의 회사 사훈인 '책임, 진실, 집념'이라는 세 단어가 생각났다. 회사 사훈처럼 그는 모든 거품을 걷어낸 진실된 표현으로 인터뷰에 임하고 있었다. 그에게 말은 곧 실천이었다. 그 이상의 말은 공허함일 뿐이었다.

알고 봤더니 그에게는 군생활을 했던 경력이 있었다. 4년간의 군생활 경험이 사업의 밑거름이 되었다고 그는 말한다. 군생활은 모든 것이 정연하게 정돈될 것을 요구했다. 신었던 군화는 꼭 같은 자리에 놓아야 했고 군복 역시 마찬가지였다.

그는 군대에서 엄격하고 신속한 성격을 키웠고 생활에서의 정돈, 사유의 정돈에 대해 익숙해졌으며 또한 체질화되었다고 말한다.

"물건이 정돈이 되어야 사유가 정돈이 됩니다. 사유의 정돈은 아주 중요한 것이에요. 사유가 정돈되지 않은 채로 매일매일 똑같은 일을 반복하는 건 의미가 없어요. 시기별로 사유를 정돈해줘야 해요."

그리고 그는 의미심장한 한마디를 덧붙였다.

"우리 인생도 정리 정돈이 무엇보다 중요하지 않습니까?"

그렇다. 그가 걸어온 걸음걸음은 정돈 그리고 재시작의 연속이라고 봐도 무방했다. 그는 고난을 '행복'이라 생각한다고 했다. 고난이라는 단어에 대한 이해도는 저마다 다를 것이다. 우리는 때로 쉬기 위해 떠난다는 여행길에서조차 수많은 발걸음을 옮기며 수고를 아끼지 않는다. 결국 사람은 태어날 때부터 고생을 하게 되어 있고 이는 인간이 살아감에 있어서의 기본인 것이다. 고난이라는 것은 각자의 이해에 달린 일이다.

"앞으로의 건축시장은 조립식 하우스가 주를 이룰 것입니다. 친환경은 영원히 변하지 않는 주제가 될 것이고요. 기업은 생존하려면 끊임없이 새로운 기술에 도전하고 변화해서 제품의 부가가치를 높여야 합니다. 우리는 건축자재 뿐만 아니라 기타 우수한 환경제품을 만들어낼 것입니다. 업계 최고 수준을 만들어내기 위해 애쓸 것입니다."고 그는 말한다.

향후 중한 양국 교류의 발전 전망에 대해 묻자 그는 어떤 정치인이 올라와서 어떤 외교정책을 펴든 민간 차원, 경제적 차원의 교류는 활발히 진행되어야 하고, 또 그렇게 될 것이라 믿는다고 말했다.

인생을 새롭게 시작하는 젊은이들에게 어떤 조언을 해주고 싶은지에 대해 여쭙자 그는 완전히 다른 세상이고 완전히 다른 사고방식으로 사유하는 신세대들이라 조언할 수 없고 그들이 알아서 인생을, 사회를 개척해나갈 것이라고 했다.

그러면서 "석자 얼음을 얼린 것은 하루 이틀의 추위가 아니다(冰冻三

▲ 2017년 세계한인회장대회 참석

尺非一日之寒)." 축적이 없이 성급히 우수한 사람이 될 수는 없다는 말 한마디를 덧붙였다. 격변의 시대, 어쩌면 경험에 의한 조언이라는 것 자체가 구태의연한 말이 될지도 모른다.

기업인답게, 전직 군인답게 그의 말은 처음부터 마지막까지 명쾌하고 명료했다.

러시아, 두바이, 이란, 터키 등 나라들과도 교류를 이어가고 있는 회사는 요 몇 년 코로나19 사태로 잠깐 주춤하고 있다. 그러나 그는 낙관적으로 전망하고 있다.

신속 정확, 간단 명료, 정리 정돈, 이 회장과의 인터뷰를 끝내며 나는 그런 단어들을 두서없이 떠올려보며 취재수첩을 덮었다. 코로나19의 운무는 조만간 걷힐 것이고 그의 사업은 다시 나래를 펼치고 세계로 뻗어나갈 것이다.

글/리은실

【이주확 프로필】

출　생　1964년

출생지　옌벤 옌지시(延边 延吉市)

민　족　조선족

학　력　옌벤대학 졸업

기　업　베이징베이하이건재그룹 회장

　　　　중국인민해방군 군복무

　　　　지린성 옌지시 방직 공장 노동자

사회직　중국아주경제발전협회 부회장

　　　　베이징조선족기업가협회 명예회장

　　　　베이징 민족연의회 이사

　　　　중국 부동산협회 이사

　　　　옌벤대학 교육기금회 이사 역임

마음의 넓이가 인생의 높이를 결정한다

미스터핫그룹 회장 **강성민**

베이징, 상하이와 같은 대도시의 화이트칼라족이라면 누구나 한번쯤은 고민하는 문제가 있다. 오늘 점심은 어디서 먹지? 요즘 야근이 잦은데 저녁식사는 어느 식당에서 해결할까? 시간이 금싸락 같은 화이트칼라족에게 있어서 직장 부근에서 입맛에도 맞고 위생도 깨끗하며 건강에도 좋고 가격대도 맞춤한 음식점을 찾는다는 것은 그야말로 쉬운 일이 아니다. 화이트칼라족들의 이런 고민거리를 시원히 해결해주는 기업이 있는데 그가 바로 미스터핫(Mr.HOT)그룹이다. 강성민 회장(47세)이 이끄는 미스터핫그룹은 대도시 화이트칼라족을 주요 고객으로 하는 중국 국내 유명한 요식업계 브랜드관리 회사이다. 미스터핫그룹에서 운영하는 오피스텔 푸드코트에 오면 중식, 일식, 한식, 서양식의 다양한 음식점 및 가게들이 즐비하게 늘어서 있으며 특히 화이트칼라층에서 인기를 모으고 있다.

미스터핫 브랜드 창출

옛말에 '말은 나면 제주도로 보내고 사람은 나면 서울로 보내라'고 했다. 미래에 대한 아름다운 꿈을 가진 젊은이들에게 있어서 대도시는 자신의 재능을 마음껏 발휘할 수 있는 최적의 장소였으며 중국의 수도 베이징 또한 강성민에게 있어서 어릴 적부터 동경의 땅이었다. 이런 이유로 그는 대학교 졸업 시에 추호의 동요도 없이 취직지를 베이징으로 선정하였으며 큰 풍파를 겪지 않고 무난히 베이징에 정착하게 된다.

그가 베이징에서 처음 취직한 직장은 본인이 대학교 때 전공한 기계설계를 바탕으로 시작한 베이징한라공정기계유한회사였다. 이 회사는 중한합자기업이었는데 그로서는 자신의 우세를 잘 살릴 수 있는 좋은 일터임에 틀림없었다. 하지만 한국측 본사가 얼마 후 부도나는 바람에 그는 아쉽게도 이 회사에서 5개월밖에 근무하지 못했다. 중국측은 회사에 계속 남아있어도 된다고 하였지만 고민 끝에 강성민은 자신의 우세를 더잘 살릴 수 있는 다른 한국 회사로 자리를 옮기기로 결정하였다. 그 후 그는 한국타이어, 삼성전자 등 회사에서 영업팀 매니저, 마케팅 팀장 등 중요한 직무를 담당하면서 10년 남짓 비즈니스 경험을 쌓아왔다.

"나는 학교 때부터 성격상 현실에 안주하기보다 무엇이든 새로운 것을 자주 시도해보려는 경향이 강했습니다. 그래서 안일한 직장생활보다는 창업에 더 큰 열정을 보였습니다."

강 회장은 한국타이어에서 근무하면서 자본금이 얼마간 모아지자 회사를 사직하고 홀로서기에 나섰다. 그때 당시 일본의 소프트웨어 개발 실력이 중국에 비해 뒤떨어졌다는 정보를 접하게 된 강성민은 자신이 IT쪽을 잘 모르는 상황임에도 주저 없이 IT회사를 차리게 된다. 베이징의 중관춘(中关村)에 위치한 하이룽청사에 사무실을 내고 일본회사의 주문을 받아서 베이징대학, 칭화대학의 연구생들을 모집해 개발에 나섰다. 후에는 회사경영범위를 넓혀 국제IP전화 서비스업무에도 달라붙었다. 한국으로부터 가치가 수십만 달러에 달하는 국제IP전화 관련설비 12대를 수입하여 한번 통 크게 해보려고 했는데 공교롭게도 2003년에 사스가 터졌다. 반년 남짓한 동안 한국과의 인적교류가 단절되고 업무가 흐지부지해지면서 부득이 이 사업을 접게 되었다.

그 후 그는 한국 삼성전자 중국 본사에 입사하여 5년 동안 근무하다가 미국에 가 대학을 다닐 목적으로 회사에 사표를 냈다. 그런데 미국유학에 필요한 영어시험에서 미끄러지는 바람에 미국행이 무산되고 말았다.

"무엇을 할 것인가 고민하다가 회사생활을 하던 시절 항상 식사문제로 골머리를 앓던 일이 머리에 떠올라 이것을 하기로 작심했습니다."

강 회장은 화이트칼라족들의 이런 고민을 해결해줄 목적으로 미스터

▶
2021년
베이징조선족기업가협회
송년회에서 축사

핫 브랜드를 창출하게 되었다고 한다. 지난 2010년 베이징 CBD에 위치한 글로벌금융센터(WFC) 푸드코트를 첫 시작으로 베이징 포스코센터, 텐진루쟈주이(陆家嘴)센터, 상하이난징서로 텐안센터, 충칭하이왕싱센터 등 대도시 중심으로 오피스텔 미식광장 업무를 확장해 나갔다. 미스터핫은 10여 년간의 노력 끝에 회사단체급식, 미식광장, 레저공간, 종합비즈니스, 특색음식체인, 문화산업이 일체화된 그룹으로 거듭났다.

강 회장은 현재 중국식문화연구회 브랜드발전위원회 회장, 아시아브랜드협회 공동회장 등 직무를 맡고 있다. 한편 미스터핫그룹은 전통적인 요식업체로부터 최근에는 요식업 브랜드관리회사에로의 화려한 변신에 성공했으며 한국, 일본을 비롯한 아시아국가 요식업브랜드들을 중국 국내에 유치하는 방면에서도 활발한 움직임을 보여주고 있다.

혁신형, 봉사형의 협회 구축

지난 2020년 10월 강 회장은 베이징조선족기업가협회 제4대 회장으로 추대되었다. 지난 2011년에 설립된 베이징조선족기업가협회는 김의진, 이춘일, 이주확 등 명예회장에 이어 회장 계주봉이 강성민에게로 넘어갔다.

"올해 우리 협회는 회원기업수가 150개 정도에 달합니다. 비록 회원수는 많지 않지만 최근연간 규모가 비교적 큰 조선족 기업들을 지속적으로 발굴하여 협회의 영향력이 많이 커졌습니다."

강 회장의 소개에 따르면 전국적으로 주식시장에 상장한 조선족기업이 도합 3개인데 모두 베이징협회에 소속된 기업들이라고 한다. 강성민회장은 부임되자마자 협회의 브랜드화, 국제화, 시장화 3대 목표를 설정하고 협회의 봉사기능을 강화하여 회원사들의 실제적인 난제를 해결해 주겠다고 다짐했다. 지난해 연초에 협회 산하 기구를 조절하였는데 엔지니어링분회, 문화교육분회, 서비스분회, 비즈니스분회, 법률&금융분회, 건강분회 등 6개 분회로 정립하고 각 분회마다 회장, 부회장, 비서장을 선거했다. 올해부터는 〈꿀벌계획〉을 가동하고 업무적으로 도움이 필요한 회원사들에게 관련자원을 접목시켜주면서 실제적으로 회원 기업들이 필요한 봉사를 제공해주고 있으며 〈장백산대강당〉, 〈진달래공익〉 등 학습교류, 사회공익 브랜드를 출범하였다. 한편 회원 간의 교류와 이해를 증진하고 자원을 효과적으로 정합하며 협력을 추진하기 위해 다양한 친목활동을 벌여오고 있다. 전례 없던 베이징 한국인회, 베이징 한국중소기업협회, 월드옥타 베이징지회 등 한국의 경제단체들과 연대강화도 추진하였다. 4개 단체 회원들이 공동으로 참가한 중한골프대회, 중한배드민턴대회를 조직하였으며 각 협회 위챗방에서 4개 협회 중 우수한 회원사의 제품 정보를 공유하는 등 공동발전의 융합시대를 열어놓았다.

강 회장은 베이징조선족기업가협회 회장을 맡고 있는 동시에 중국아주경제발전협회 조선족기업발전위원회 회장도 맡고 있다. 2021년 7월에 발족한 중국아주경제발전협회 조선족기업발전위원회는 중국이라는 타이틀 아래 전국적으로 영향력을 발휘할 수 있는 협회로 거듭날 것이라고 했다.

비록 협회가 설립기간이 1년밖에 안되지만 꾸준히 내실을 다지기 위해 준비 중에 있으며 향후 중국아주경제발전협회라는 큰 플랫폼을 바탕으로 조선족 기업들에게 고차원의 기업 건설 및 브랜드 창출 등 다방면에 걸쳐 실질적인 도움을 줄 것으로 확신한다고 했다.

조선족기업은 중한 경제협력의 징검다리

　중국의 조선족 기업가 또는 조선족들이 오늘의 경제기반을 닦을 수 있었던 중요한 원인으로 중한 수교를 빼놓을 수 없다. 중한 수교가 없었고 한국 기업이 중국에 진출하지 않았으면 조선족의 오늘날이 없었을 것이다. 솔직히 말해서 한국이라는 요소를 배제하면 조선족은 중국에서 뾰족한 우세가 별로 없다. 취직이나 창업 면에서 열세에 처할 수도 있다. 왜냐하면 중국어를 잘 못하는 조선족들이 상당수 존재하기 때문이다. 이런 측면에서 볼 때 중한 수교와 더불어 한국 기업들이 대거 중국에 진출한 것은 조선족에게 있어서 행운임에 틀림없다. 조선족들은 한국에서 많은 것을 배웠고 한국의 힘을 빌려 자신의 실력을 제고하고 발전시켰다고 해도 과언이 아니다.

　한편 조선족집단도 지난 30년간 중한경제교류에 관건적인 역할을 발휘하였다. 특히 중한 수교 초기 조선족들이 없었으면 중국에 진출한 한

▶ 2020년
베이징조선족기업가협회
회장 이취임식 현장

국 기업들은 우선 소통 면에서 큰 문제에 부딪쳤을 것이다. 이외에도 조선족들은 한국 기업이 경영과정에서 부딪친 많은 문제들을 앞장서 해결해줌으로써 한국 기업의 중국 현지화에 톡톡히 한몫을 담당했다.

"현재 한국 기업의 경우 중국에서 파트너를 고를 때 조선족 기업을 중시하지 않는 경향이 있는데 이는 잘못된 인식이라고 보아집니다. 결과적으로 보았을 때 조선족 기업과 손잡은 경우 합작이 잘 된 경우가 많았습니다."

강 회장은 그 원인을 문화적 차원에서 찾았다. 중국과 한국은 비록 모두 동양문화권에 있는 것 같지만 문화의 핵심은 판이하게 다르다. 중국인과 한국인은 사고방식이 완전히 다르기 때문에 합작과정에서 갈등과 불협화음이 발생하기 십상이다.

하지만 중국의 조선족 기업가들은 양국의 문화를 누구보다 잘 이해하고 있기에 서로 합작하면 이런 우려를 쉽게 해소할 수 있고 성공률을 대폭 높일 수 있다. 게다가 조선족 기업들의 활동무대가 과거에 비해 훨씬 커졌으며 전국을 무대로 하는 기업이 상당수 늘어났다. 이런 비례는 베이징과 같은 대도시에 있는 기업의 경우 더욱 높다. 미스터핫그룹의 경우를 보더라도 현재 전국 6개 도시에 영업장소를 확보하고 있고 전국을 커버할 수 있는 능력을 완전히 갖추고 있다.

지난 30년간 중한 두 나라는 교류와 협력이 주류를 이루었고 조선족은 그런 협력에 중요한 가교 역할을 해왔다. 향후에도 성형외과, 의학, 건강양로, IT, 엔터테이먼트 등 한국이 세계적으로 앞서가는 업종들이 중국에 진출하는데 있어서 조선족 기업인들의 역할이 돋보일 것으로 전망한다.

과거는 휘황하고 미래는 찬란하다.

글/ 리호남

【강성민 프로필】

출　생　1974년

출생지　헤이룽장성 우창시(黑龙江省 五常市)

민　족　조선족

학　력　타이웬과기대학 기계설계 학사

　　　　장강상학원 EMBA 졸업

기　업　미스터핫(Mr.HOT)그룹 회장

　　　　삼성전자 중국본사 마케팅팀 팀장

　　　　한국타이어(중국)유한회사 영업팀 매니저 역임

사회직　베이징조선족기업가 협회 회장

　　　　중국아주경제발전협회 조선족기업발전위원회 회장

　　　　중국식문화연구회 브랜드발전위원회 회장

　　　　아시아브랜드협회 공동회장

투자 업계의 '미다스의 손'

딩위안그룹 회장 **김 점 걸**

딩위안그룹(鼎元集团)은 중국과 외국의 자금 융자와 투자를 위한 플랫폼으로 2001년 설립된 영태위업정보기술유한회사를 선두로 베이징, 상하이, 창춘(長春), 런던, 홍콩 등 세계 각지에 지점을 두고 투자 보증, 정보통신, 금융, 제조, 부동산 개발, 문화 산업 등 다양한 업종에서 새로운 성장 동력을 발굴하여 투자, 운영하는 글로벌 투자회사이다.

베이징 시청구에 위치한 딩위안글로벌아트센터의 사옥 외관은 품격 있는 럭셔리함 그 자체였다. 건물 정면은 상형글자 '딩(鼎)'이 받쳐 주고, 가운데는 최고를 뜻하는 한자 '위안(元)'이 잡아 준다.

『주역』의 잡괘전을 살펴보면 딩(鼎)은 '정취신야(鼎取新也)'라 낡은 것을 버리고 새 것을 취한다는 것을 뜻한다. 어떤 물건이든지 솥에 들어가 소정의 절차를 거치면 새로운 것으로 바뀐다는 말이다.

고대에는 천자의 지위나 국가의 위의(威仪)를 상징하는 물건으로 신성시되어 왕위를 정조(鼎祚)라 하였으며 국운을 정운(鼎运)이라 하였다고 한다.

"최고의 창의력"을 슬로건으로 앞세운 딩위안그룹의 조선족출신 CEO 김점걸 회장을 만나 기업의 성장과정에 대해 알아보는 시간을 가졌다.

김 회장은 1968년 생으로 지린대학 통신공학 학과를 졸업하고 안정적이고 잘 나가던 봉급생활을 포기하고 창업을 위해 베이징으로 상경했다.

'떡잎'부터 남달랐던 그는 자신의 전공을 살려 2001년 영태위업정보기술 회사를 시작으로 선

▲ 2014년 딩위안그룹 연말대회 축사

후하여 2004년 진타이양투자보증공사, 신원보아, 2006년 딩위안그룹, 2007~2008년 상하이러유, 홍차오제지, 징위탄광 등을 거쳐 2008년 8월 18일 베이징에 딩위안글로벌아트센터를 설립했다.

김 회장은 투자 업계에서는 '미다스의 손'으로 불린다. 30대에 창업한 영태위업정보기술 회사를 시작으로 투자보증, 에너지재생, 모바일게임, 하이테크 산업, 탄광 개발 등 여러 업계의 새로운 성장 동력을 발굴, 활성화시켜 딩위안을 글로벌 투자회사로 도약하는데 매진하고 있다.

딩위안은 다변화된 영업 기반을 통해 고객에게 다양한 콘텐츠와 서비스를 제공함으로써 수익성과 경쟁력을 강화해 해마다 최고 매출을 갱신

하는 글로벌 투자기업으로 자리 잡았다. 또한 투자 프로세스를 고도화하고, 리스크 관리 기능을 강화하여 국내외 투자시장 추세에 대응할 수 있도록 운용의 안정성을 높여 나가고 있다.

딩위안(중국)투자그룹은 국제적 투자 회사로서 폭넓은 자원으로 해외 투자 경험이 풍부한 파트너들과 손잡고 유럽, 동남아 등의 재단기구와 긴밀한 협력 관계를 구축하여 완벽한 투자, 융자 시스템을 형성함과 동시에 탁월한 역량과 자질을 갖춘 경영진과 전문팀을 대량 육성하였다. 그룹의 투자 방향은 정보통신 산업, 친환경 산업, 신에너지 연구개발, 금융, 부동산 개발, 미디어, 공연, 전시 등이다.

딩위안그룹은 2006년 설립 초기 350만 달러에서 2008년 1,890만 달러로, 순자산은 2006년 2,500만 달러에서 4억 2,900만 달러로 급성장했으며 2010년 총 자산은 10억 위안(약 1조7000억원)에 육박했다. 설립 이래 여러 프로젝트를 성공적으로 수행했고 산하 프로젝트 회사들은 이미 상장을 준비하고 있다.

김 회장은 줄곧 '글로벌 리더십 강화'를 경영철학으로 삼고 탁월한 투자실력을 자랑하는 국내외 투자자들과의 교류를 통해 자신의 역량을 키워 나갔다. 본인의 전공인 통신 분야만이 아닌 여러 분야에 과감히 뛰어들 정도로 추진력이 강하고 업무 실력이 뛰어난 그는 자원 활용의 최적화와 철저한 리스크 관리, 국내외 파트너사들과의 제휴를 기반으로 사업 경쟁력을 높여 왔다.

요즘 유행어인 '금수저'나 '은수저'와 거리가 멀지만 그의 창업 신화는 '맨땅에 헤딩'이 아니었다. 동북지방 출신으로 대학 졸업 후 꿈의 직장이라 불리는 철밥통 공기업에 취직하였다.

안정적인 직장에서 독보적 실력을 인정받았지만 김 회장은 늘 마음속에 더 큰 그림을 그리고 있었다. 개혁개방 이후 지식인들의 하해경상(下海经商)의 뜨거운 열기 속에서 그는 결연히 철밥통을 포기하고 창업하기로 결심하고 베이징으로 향했다.

우선 전 직장에서 얻은 명성과 보유했던 '충성도 높은 고객'을 기반으로 본인의 전공을 살려 통신기술산업에 뛰어 들었다. 사업초기부터 온건한 출발에 힘입어 회사 규모는 점점 커졌고 인지도나 위상도 상승 가도를 타기 시작했다. 늘 시대 변화를 면밀히 주시했던 그는 새로운 가능성을 발굴함과 동시에 최대한 리스크를 줄이는 '밀당' 전략을 펼치면서 점차 전공 분야가 아닌 다른 산업에도 투자를 하기 시작했다.

좋은 아이템을 발견하면 적재적소 자금 투입을 진행하는 현명한 투자 방법으로 회사는 해마다 꾸준히 수익을 창출했다. 투자 업계에서 '샐러리맨 신화'를 남긴 이는 적지 않지만 김 회장만큼 그 신화를 이어가는 경영자는 드물다. 경쟁력이 강한 산업투자를 메인 플레이어로 키우면서 끊임없이 새로운 '장르'에 도전하고 있다. 2008년에 출범한 딩위안글로벌아트센터가 바로 그의 이러한 도전의 결과라고 할 수 있다. 2000년대는 중국 현대미술의 호황기라고 해도 과언이 아닐 정도로 중국 미술계는 '4대 천왕'을 비롯한 우수한 예술가들을 대거 배출했다.

딩위안국제아트센터는 그동안 '중국 미술의 해외 확산과 위상 제고 및 해외 주요 전시의 국내 유치'를 취지로 삼고 해마다 국내외 우수한 큐레이터들과 손잡고 국내외 예술가들의 미술전, 서예전, 공연과 딩위안국제심포지움을 개최하였다.

지하2층, 지상5층 규모를 자랑하는 딩위안국제아트센터는 예술복합

공간으로서 2층, 3층에 예술가 작업실 설치를 통해 보다 많은 신진·중견 작가들에게 쾌적한 창작 공간과 전시 기회를 부여해 줌으로써 중국 현대 미술의 발전에 기여하고 있다.

김 회장은 아트센터 설립이 단순한 모험이 아닌, 오랫동안 계획했던 일을 하는 것이라고 했다. 창의력과 소통, 협력을 핵심가치로 삼고 있는 딩위안의 기업 경영에 예술을 접목함으로써 기업의 브랜드 가치를 높이고 새로운 비전을 향해 나아가는 터닝포인트로 작용했다고 하면서 감개무량한 표정을 감추지 못했다.

또한 본인이 그동안 소장했던 다양한 현대미술 작품과 서예, 도자기 등 고품격 소장품을 바탕으로 대중들에게 수준 높은 전시, 공연을 선보이고 동시에 다양한 프로그램을 개발하고 있다. 딩위안국제아트센터가 대중들이 쉽게 접하고 소통할 수 있는 문화공간으로 자리매김되고 동시에 우수한 국내작품이 서구미술의 주류와 현장에서 빛을 발하여 중국 예술의 위상을 알리는 글로벌 플랫폼으로 키우고 싶다고 말했다.

"저는 조선족부모 밑에서 자랐지만 조선족학교를 다니지 못했습니다. 주변에 한족 친구들과 외국인 친구들이 많았기 때문에 다양한 문화를 접하게 되었고 이런 독특한 경험은 저의 시야를 넓혀 주었어요. 저는 기업가는 환경과 언어의 지배를 받으면 안 된다고 생각합니다. 글로벌 마인드를 가지고 시야를 넓히고 일단 부딪쳐 봐야 해요. 지금은 한 우물만 파는 시대가 아닙니다. 기업가 개인의 영향력 강화를 우선순위로 놓고 끊임없이 고민하고 도전해 봐야 합니다. 저는 늘 영향력 강화를 우선순위로 놓습니다. 기업가가 자신의 영향력을 키워 큰 그릇으로 만들면 기업은 자연스럽게 발전하게 됩니다."

그는 훌륭한 기업가가 되기 위해서는 편협한 자아에서 벗어나 파트너들과 상생할 수 있는 좋은 기업문화를 정착시켜야 한다며 기업의 발전은 리더의 역할을 떠날 수 없다고 강조했다. 회사를 삼성이나 현대 같은 굴지의 대기업으로 키우려면 리더가 이병철, 정주영 회장처럼 '불가능한 꿈'을 꿀 수 있어야 한다고 역설했다.

딩위안그룹은 코로나19 확산에 따른 글로벌 경제 침체와 위기 속에서도 꾸준히 성과를 내며 실적을 견인했다. 어려운 시국에서도 굳건히 상승세를 유지하는 비결은 지속 성장 가능한 시스템 구축, 미래 변화 대비, 건전한 기업 문화 정착이라고 강조했다. 또한 투자에 성공하기 위해서는 구체적인 목표를 세우고 이를 실천하는 노력이 절실하다고 말한다.

구체적인 시간과 목표를 정해 놓고 현재 이를 달성하기 위해 구체적인 예상 수익률을 계산하고 또한 감당할 수 있는 손실 규모를 정해 놓고 손실을 최소화한다는 것이다.

"투자 사업을 하면서 늘 홈런을 칠 수 있는 게 아니에요. 숨은 복병을 잘 판단해야 합니다. 회사 몸집이 커지면 위기도 자연스레 따라 오지요. 잘못된 판단을 했을 때는 즉시 빠져 나와야 더 큰 피해를 막을 수 있어요. 리더의 결단력이 중요합니다."

김 회장은 위기에 적극 대응하며 위기를 도약의 기회로 활용할 수 있는 방법을 모색하는 훈련이 필요하다고 하면서 비전을 꿈꾸는 차세대 조선족 기업가들에게 "2022년은 새로운 10년을 향한 시작입니다. 양날의 검처럼 위기가 있으면 기회도 동시에 찾아옵니다. 시국이 어려울수록 준비된 자들은 새로운 도전과 비전을 꿈꾸고 있어요. 코로나로 다들 어렵다고 주저앉아 시국을 원망해서는 안 됩니다. 지금 시대는 글로벌 시대입니다. 멀리 내다보고, 깊이 생각하고, 모질게 자신의 실력을 갈고 닦아야 합니다." 라고 조언한다.

"2007년~2008년에 발생한 세계 금융위기는 많은 투자자들을 주춤하게 하였지요. 그 때 딩위안은 저위험 다양화 포트폴리오를 채택함으로써 지역 경제상황에 맞는 독특한 가치관으로 글로벌 시장 회복의 기회를 포착하고 추진하였어요. 이 시기에 기존 사업의 시너지 효과를 위해 소규모 회사나 실적이 부진한 회사와 인수합병을 추진해 사업 규모를 키웠어요."

김 회장은 사업뿐만 아니라 민족사회와 지역사회 기부에도 앞장서는 기업인이다. 재부를 사회에 환원하는 것이 기업가가 갖춰야 할 덕목이라고 믿고 있는 그는 스촨(四川) 지진 지원, 불우학생 장학재단을 설립하여 가정형편이 어려운 학생들을 후원하고 있다.

"저도 동북 시골에서 열정 하나만 믿고 상경했기 때문에 생활고로 인

◀
2019년
당대수묵화전시회
오픈 행사 축사

해 자신의 꿈을 펼치지 못하는 학생들을 보면 짠합니다. 재부를 사회에 환원하는 공익사업은 기업가가 평생 해야 할 일이라고 생각합니다. 학생들의 꿈을 실현하는데 조금이나마 보탬이 되고 싶습니다. 사회적 관심이 절실한 사람들에게 도움을 주는 것은 기업가의 응당한 책임이라고 생각합니다."

투자의 귀재로 불리는 김 회장은 소문난 브리지광이다. 워런버핏과 빌 게이츠도 즐겨 한다는 브리지 게임은 유럽 귀족들 사이에서 유행된 두뇌 게임으로서 네 명이 한 테이블에서 동서남북으로 나뉘어 마주 보는 사람끼리 한 팀이 되어 침묵으로 소통하는 독특한 파트너십 게임이다. 국내에서 아직 유행되지 않았지만 미국이나 유럽의 사업가들 사이에서는 선풍적인 인기를 끌고 있다. 파트너십이 가장 큰 매력인 브리지 게임은 '상생협력'을 최고의 미덕으로 꼽는 김 회장의 경영이념과도 닮았다. 브리지 전국 챔피언인 그는 지린성 브리지협회 주석으로 활약 중이며 자선단체인 브리지문화센터를 설립하여 전문선수를 육성하고 있다. 선수들은 이미 국내외 여러 경기에 출전하여 우수한 성적을 따냈다고 한다.

김 회장은 "국내에서 활동하는 조선족 기업가들은 개개인이 갖고 있는 풍부한 경험, 신용과 의리를 바탕으로 상호간의 상생적 협력을 확대해야 합니다. 백지 한 장도 맞들면 가볍다고 여럿이 힘을 합치면 그 시너지 효과는 어마어마합니다. 경제협력의 핵심 주체는 기업과 인재입니다. 중한 수교 이후, 양국 경제무역의 활성화로 많은 조선족 기업가들이 국내 정재계 진출은 물론 그 영향력을 한국, 일본, 홍콩을 비롯한 해외에까지 확장해 나가고 있습니다. 저도 조선족기업가로서 그분들의 막강한 파워를 깊이 체감할 때마다 자부심을 느껴요. 저도 자랑스러운 기업가가 되려고 노력할 것입니다. 그리고 딩위안도 향후 글로벌 영업 네트워크 확장에 더욱 심혈을 기울여 최고가 되도록 입지를 다져 나가겠습니다."라고 전했다.

글/한미화

【김점걸 프로필】

출 생 1968년

출생지 지린성 통화시(吉林省 通化市)

민 족 조선족

학 력 지린대학교 통신공학과 졸업

직 업 딩위안(중국)투자 유한공사 동사장, 딩위안국제아트센터 회장

베이징치앤성안에너지과학기술유한회사

중국 우편전기자재총회사 동북지사 업무 매니저

베이징칭화잉타이정보기술센터 부사장 역임

영태위업유한공사 회장 역임

사회직 지린성 정치협상회 제10기 위원

중국아주경제발전협회 부회장

한 알의 석류 씨앗이 되어

베이징금평법률사무소 대표변호사 **김 연 숙**

베이징의 무더위가 시작되는 6월, 하이뎬구의 어느 쾌적한 카페에서 국내 대형 로펌인 금평법률사무소(金平律師事务所)의 김연숙 변호사를 만났다. 첫 인상에서 정의의 파수꾼다운 강인함과 진솔함이 느껴졌다. 그동안 걸어온 길을 추억하면서 상쾌한 웃음을 터뜨리는 김 변호사의 소녀감성이 사뭇 인상적이었다.

"저는 평범한 노동자 가정에서 태어났어요. 어린 시절 음악에 취미가 있어 음악교사로 일했었고 군인이 되겠다는 꿈을 가진 적도 있었어요. 하지만 운명은 저를 법조인의 길로 이끌었어요. 한국대사관을 비롯한 COTRA등 한국 정부기관과 현대, 대우 등 세계적인 기업들을 위해 법률 서비스 업무를 한 지도 벌써 30여 년이 지났네요."

국내 명문 대학인 중국인민대학 법률학부 석사출신인 김 변호사는 대학원을 졸업한 후, 한국 성방기업과 대양AD주식회사의 법률자문 업무를 맡았다. 그때 일본으로 출국하여 상법 공부를 계속할지 아니면 국내에서 국제변호사로 활동할지 자신의 진로를 두고 고민하게 되었다고 한다.

하지만 1990년 봄, 일본 유학의 꿈을 포기하고 중국에 남아 한국 기업이 중국 투자를 진행할 때 법률서비스를 제공할 수 있는 법률 플랫폼을 설립하려고 결심한다. 그 결심은 그해 베이징에서 열린 제11회 아시안게임 이후 더 확고해졌다.

"베이징에서 열린 아시안게임은 저의 인생을 바꾸어 놓았어요. 저는 줄곧 저의 재능을 사회에 기부할 기회를 찾고 있었어요."

우여곡절 끝에 아시안게임의 한국일보 기자단의 통역 지원자 자격을 얻게 된 김 변호사는 지식과 경험을 바탕으로 한국 기자들에게 통번역 업무와 각종 비용처리 등 행정 업무를 전담하였다고 한다.

한국기자단을 위해 봉사하는 과정에 그들의 뛰어난 업무 실력과 프로 정신에 깊은 감동을 받은 김 변호사는 이듬해 한국행을 결심하게 된다. 때는 중한 수교 전이라 그녀는 어렵게 친척방문 비자를 발급 받아 한국 땅을 밟았다.

두 달 동안 한국에 체류하면서 수많은 한국 현지의 언론매체들의 주목을 받았다. 그녀는 여의도 광장에서 한국 MBC방송사와 인터뷰를 진행하면서 귀국하면 한국기업이 중국 진출을 위한 법률서비스를 제공할 수 있는 창구를 만들겠다고 발표하였다.

1992년 8월 24일 중국과 한국은 공식 외교관계를 수립했다. 그해 11월 베이징 변호사협회와 서울 변호사협회는 자매결연을 맺었다. 두 변호사협회의 교류과정에서 김 변호사의 활약은 빛났고 그 공로를 인정받아 제6차 교류회에서 서울 변호사협회는 그녀에게 중한 양국의 법률교류를 상징하는 황금열쇠상과 감사패를 수여했다.

1994년 11월 19일, 김 변호사는 동업자들과 함께 최초로 한국 관련 법률 업무에 초점을 맞추는 금평법률사무소를 출범하고 한국을 중심으로 하는 국제 변호사 업무를 본격적으로 시작했다.

금평법률사무소는 설립 이래 한국 현대, 대우, 삼성, SK, LG 등 글로벌 기업들의 중국 시장 진출을 위한 법률 기초를 마련해 주었으며 중국 투자와 무역에서 봉착하게 된 여러 가지 난제 해결은 물론 해외진출 컨설팅, 법률정책 연구, 공익활동, 법학교육 등 시대 변화에 따라 법률전문가가 할 수 있는 다양한 영역으로 그 역할을 확장해 명실상부 중한 양국에서 인정받는 최고 법률서비스 플랫폼으로 성장했다.

1997년 11월 아시아 금융위기로 인해 한국은 그 후 몇 년 동안 중국에 대한 무역투자를 거의 중단했다. 김 변호사는 법률사무소의 주업무를 분쟁 해결로 방향을 바꾸었기 때문에 금평법률사무소는 수익 감소를 막았을 뿐만 아니라 매년마다 굵직굵직한 사건 해결로 25% 이상 수익을 올리는 발군의 저력을 보여 주었다.

1992~1998년 톈진 원양운수와 현대종합상사의 7년간 끌어온 해상(海商) 소송에서 김 변호사는 한국측 법률대리인으로 나서 최고인민법원에서 당사자 간 화해 합의로 사건을 마무리했으며 이로 인해 한국 현대종합상사는 막대한 경제적 손실을 피할 수 있었다.

1996~2001년 한중간 첫 마늘 매매 분쟁에서 피고인 한국 농수산물유통공사의 대리인으로 나서 국제입찰관행과 한·중 관련법을 적용해 승소했고 1996년 4월부터 한국인 유학생을 변호하는 과정에 사법기관에 가석방 건의를 제의했는데 건의가 채택되었다. 그 유학생은 1997년 2월,

실형이 만료되기 전에 추방(가석방)되었다.

1997년에는 한국 대우건설의 비금융기관 토지사용 저당권을 설정해 3,500만 달러의 차관을 확실하게 보장하였다. 이 사안으로 인해 베이징 시에서는 이듬해 중국 경외의 비금융기구가 토지 사용권에 대한 저당권 을 설정할 수 있다고 법안으로 제정하였다. 저당권대리 소송법에 의해 2007년 7월에 전부 채권을 실현하였다.

김 변호사는 1999년부터 반덤핑 법률서비스를 하고 있으며 'WTO와 중국법'등 전문 테마로 중국사법기관, 주중 한국대사관, 한국기업대표들 이 참가한 심포지엄을 7차례 개최하였다.

2002년 중국의 첫 세이프가드(保障措施) 사건에서 한국의 POSCO를 포함한 철강업체, 수출업체, 국내 외국인투자업체 7곳을 포함한 생산업 체, 최종 사용자 및 수출업체(41곳)를 대리해 맞소송한 바 있다.

▲ 베이징시정치협상회위원으로서 제13기제5차회의에 참석

그해 9월 4일 국가경제무역위원회와 9월 25일, 26일 외국경제무역부가 개최한 일부 철강제품 세이프가드 공청회에서 김 변호사는 첫 응소자 대표로 발언해 청중으로부터 호평을 받았고 그들이 제기한 대부분 의견은 조사기관에 의해 채택되었다.

이 사건으로 인해 2003년 상무부는 강철세이프가드 실시를 중지하는 한편 다시는 이 조치 하에서의 수입강철제품에 대한 관세를 징수하지 않기로 했으며 이는 중국에서 처음으로 원만히 해결된 세이프가드 사건이다.

"저는 그동안 법률이 허용한 범위에서 의뢰인의 권익을 최대로 보장해야 한다는 일념으로 일해 왔어요. 고객들이 아마 저의 이런 신념을 인정해 주고 신뢰해 주셨기 때문에 제가 어떠한 위기 속에서도 살아남을 수 있었다고 생각해요."

제7기 베이징시변호사협회 부회장과 전국 변호사협회 대외업무 전문위원회 부위원장으로 위촉되어 활발한 활동을 펼치고 있는 김 변호사는 승소율 높은 실력 있는 변호사기도 하지만 사회적 약자에 대한 관심을 행동으로 옮기는 '공익 변호사'로도 유명하다.

건축비 부족으로 공사 중단 위기를 맞은 베이징 한국국제학교에 8만 3천 위안을, 2004년 모교인 인민대학에 금평장학재단을 설립하여 지금까지 가정형편이 어려운 학생들을 돕고 있다.

1999년 그녀는 베이징 변호사계의 최고 영예인 '10대 변호사', 2000년 베이징시 사법기관에서 선정한 '인민들이 만족하는 선진 개인' 영예 칭호를 받았다. 금평법률사무소는 1998년 '베이징시 문명법률사무소'로 선정됐다.

주중 한국대사관과 재계의 신임이 두터운 김 변호사는 몇 년간 한국(중국)상회, 대한투자무역진흥공사, 중소기업공단 등에서 조직하는 특강에 여러 차례 참가하여 특수사례 설명회를 진행하였다. 또한 다년간 주중 한국대사관 영사부 법률고문으로 지내기도 했다. 또한 그동안 실무경력을 바탕으로 『국제상무소송 지침서』, 『실용경제법』, 『은행의 법적 지위와 법률관리』 등 저서를 집필했다.

2006~2016년 베이징시 초우양구(北京市 朝陽區) 정치협상위원, 2012년 베이징시 정치협상위원으로 위촉되어 민족사회와 지역사회의 발전을 위해 고심하고 있다. 김 변호사는 하루 24시간이 모자랄 정도로 바쁜 시간을 보내면서 충실하게 활동을 이어가고 있다.

"정치협상위원에 위임되면서 민생문제에 관심을 돌리게 되었어요. 변호사는 사회적 정의를 구현하는 직업입니다. 우리 사회 소외계층을 위해 저희 같은 사람들이 목소리를 내야 합니다. 민족사회와 지역사회 곳곳의 의견들을 수렴하여 상부에 보고합니다. 이런 이슈들은 저한테 걸리면 도망 못가요. 한번 안 되면 두 번, 세 번 해보는 끈기 덕분에 많은 문제들이 해결되었어요. 보다 많은 사람들이 법률의 보호를 받고 자신들의 권익을 보장 받고 있습니다. 물론 저도 그 과정에 자긍심과 성취감을 느끼곤 하지요."

그동안 불철주야 쉬지 않고 일만 했는데 인젠 안락한 노후생활은 즐겨야 되지 않겠냐는 기자의 질문에 김 변호사는 유쾌한 웃음을 터뜨리며 "일하면서 저는 뼛속부터 조선족이란 걸 느껴요. 우리 민족은 황소처럼 묵묵히 일하고 새로운 문제에 맞딱드리면 끊임없이 해결책을 고민하잖아요. 그런 끈기와 습성들이 저의 몸에 배었어요."라고 말했다.

김 변호사는 중·한·일 3개국 언어에 능통하지만 업무 실력을 쌓는데 있어서 언어는 단지 소통의 도구일 뿐, 결국 꾸준한 노력으로 본인의 내공을 닦아야 한다. 문제에 부딪치면 '찰거머리' 정신을 발휘하여 끝까지 해결해 나갈 때 비로소 승부가 나는 것이라고 덧붙였다.

2014년 신장(新疆)회의에서 제기한 시진핑 주석의 '석류 씨앗' 이론은 김 변호사의 마음을 사로잡았다. 중국 각 민족공동체가 석류 씨앗처럼 서로 돕고 배우면서 상생을 이룩하라는 취지에서 영감을 받은 김 변호사는 2016년 베이징시 통저우구(通州區)에 천여 평에 달하는 땅을 구입해서 2021년 6월 '베이징석류 씨앗민족법률연구센터(北京石榴籽民族法律与研究中心)' 공익단체 본부를 설립하였다.

현재 법관, 검찰관, 경찰, 변호사를 포함한 법조인들과 각 계층 사회인사, 자원봉사자들이 참여한 이 민족법률 공익기구는 앞으로 베이징시 각 구역에 봉사센터를 두고 더 나아가 전국 범위로 그 영역을 확장할

▲ 한국현대기업 난제사건 소송현장에서 한국측 법률대리인으로 변호

계획이라고 한다. 석류 씨앗 법률연구센터를 광범한 시민들의 교양과 견문을 넓히고 실생활에 도움이 되는 소통의 장으로 만들고 싶다고 전했다.

김 변호사는 16년 동안 베이징시 유동 소수민족들과 소외계층들에게 무료 법률자문 뿐만 아니라 더 나아가 문화, 예술, 교양, 생활 등 다방면에 걸친 서비스를 제공해 주고 있다.

"기회는 사람들에게 평등하게 다가가지만 준비된 사람들만이 그 기회를 잡는 법이지요. 운명은 저한테 특수한 혜택을 주지 않았어요. 제 마음 속에는 아직도 초등학교 시절에 군인이 되고 싶어 두 볼이 석류 씨앗처럼 빨갛게 상기될 때까지 인민무장부를 뛰어 다니던 그 소녀가 있습니다. 군인의 꿈은 이뤄지지 않았지만 꿈을 향해 열심히 노력했던 시간들은 오늘날 저에게 더욱 풍성한 선물을 주었지요. 석류 씨앗은 이제 막 걸음마를 시작했어요. 저는 남은 생을 이렇게 보람찬 일을 하면서 살고 싶어요."

김 변호사의 진솔한 소망이 이루어지기를 진심으로 기대해 본다.

글/한미화

【김연숙 프로필】

출　생 1956년

출생지 헤이룽장성 무단쟝시(黑龍江省 牧丹江市)

민　족 조선족

성　별 여

학　력 중국인민대학 법학 석사

직　업 금평법률사무소 대표 변호사,

　　　　베이징석류씨앗민족법률서비스센터 이사장

사회직 베이징시정치협상회 제12기 위원

　　　　베이징시정치협상회 민족과 종교위원회 부주임

　　　　법치건설 민주감독조원, 전국 여변호사협회 부회장

　　　　중국인재연구회 여성인재전문위원회 부회장

　　　　중화전국귀국화교연합회 법률고문위원회 위원

　　　　베이징시인민대표대회 상무위원회 입법자문 전문가

　　　　제7회 베이징시변호사협회 부회장

　　　　제29회 올림픽 그린홈 미디어빌리지 언어서비스센터 매니저 등 역임

　　　　전국변호사협회 섭외법률서비스전문위원회 부주임

　　　　일대일로 국제연맹 한국 관련 전문가

　　　　중국인민대학 법학원 객원교수 등 역임

　　　　주중 한국대사관 영사부, KOTRA, (중국)한국인회의 법률 고문

　　　　한국(중국)상공회의소 선임 법률 고문

　　　　한국 현대, SK중국, 대우, 롯데, POSCO, LG전선, 현대제철, 대한전선

　　　　한국미래자산증권주식회사, 한국전력공사 등 대기업 법률자문

저　서 "국제상무소송 지침서", "은행의 법적 지위와 법률관리"

　　　　"실용경제법" 등 집필

영　예 '전국 민족 단결 진보 모범 개인', '베이징시 10인 변호사'

　　　　'중화인민공화국 수립 70주년 기념장', '전국 3.8홍기수'

　　　　'전국 우수 창업여성 돌출공로상', 주중 한국대사관 '사랑봉사상' 등 수상

마음을 얻는 자, 천하를 얻을 지어니

전 중국국제여행사 MICE회사 총경리 **이 주 원**

때 이르게 무더웠던 지난 4월말의 어느 금요일, 중국국제여행그룹 하이난지부 이주원 대표에 대한 호기심을 가득 안고 베이징 도심에 자리잡고 있는 중국 국내 최대 국영여행사인 국제여행사를 찾았다.

트럼본 연주자의 변신

이주원 대표의 이력은 단순했다. 1960년에 태어나 어릴 적부터 아버지를 따라 음악을 공부했고 중앙민족대학에서 트럼본 연주를 전공했으며 졸업한 뒤에는 중앙민족가무단(국가급 예술단)에서 트럼본 연주자로 활동하였다. 그 뒤 가무단에서 국제여행사로 직장을 옮겼고 중한간의 여행업에 맹활약을 이어갔으며 굵직한 상들을 수두룩이 받아 안고 중한 여행업에 중요한 한 획을 그은 베테랑이 되었다.

어려서부터 음악을 배워왔던 사람이, 중앙민족가무단에서 우아하게 트럼본을 연주하던 사람이 어떻게 되어 여행업에 발을 담그게 되었고 거기에서 이렇게 두각을 나타낼 수 있었을까? 직업에 귀천이 있는 것은 아니지만 세속의 어지러움과 담을 쌓고 손에 물 한 방울도 안 묻혔을 것 같은 아름답고 우아한 손으로 연주만 하던 사람이 세속의 한 복판에서 오고가는 국내외 여행객들을 상대하는 일을 선뜻 선택할 수 있었던 담대함이 궁금했다.

트럼본 연주자의 변신은 우연한 기회에 이루어졌다. 1990년 베이징에서 제11회 아시안게임이 열리게 되었다. 그때 한국 응원단의 통역안내를 맡을 사람이 필요하지만 베이징에 거주하는 조선족은 제한되어 있었다. 이주원은 조선족이라는 이유로 중국국제여행사 총사의 요청을 받고 난생 처음으로 통역으로 나서게 되었다. 그때까지만 해도 젊은 이주원은 통역 업무 자체보다는 아시안게임을 공짜로 볼 수 있다는 생각에 더 가슴이 부풀었다. 아시안게임 입장권 가격은 사회초년생인 이주원의 월급에 거의 맞먹는 액수였기 때문이다.

그 한 번의 통역 안내가 이주원의 인생행로를 바꾸어놓을 줄은 자신도 몰랐던 것이다. 그때 중국에 여행 왔던 한국 사람들이 이주원에게서 좋은 인상을 받았던지라 그 후 중국에 들어오는 때마다 국제여행사를 통해 그를 찾았다. 그런 일이 잦아지자 국제여행사에서는 이주원에게 스카웃 제의를 하게 되었다.

젊은 그는 행복한 고민에 빠지게 되었다. 어려서부터 음악이란 외길만을 걸어온 그에게 여행사 업무는 도전이었고 한편 기회이기도 했을 터였다. 그러나 중앙민족가무단이라는 많은 예술인의 전당인 소중한 직장을 포기하는 것도 쉬운 일은 아니었다. 그는 은사님에게 고민을 털어놓았다. 진심으로 제자의 진로에 대해 같이 고민을 해주셨던 은사님은 세계 글로벌화가 진행 중에 있고 중국도 점차 대외개방을 확대해 갈 것이니 여행업은 미래가 밝은 직종이 될 것이라고 조언을 해주었다.

1991년 서른한 살의 이주원은 용단을 내리고 중앙민족가무단에서 나와 중국국제여행사로 이직을 하였다. 국제여행사 한국부를 맡게 된 이주원은 당시 한국의 롯데여행사, 한진관광, 대한여행사, 세방관광 등 유명한 여행사들과 업무를 추진했는데 업무량이 급증하면서 중국 국제여행사에서의 입지를 굳히는 계기가 되었다.

이후 능력을 인정받아 중국 국제여행사에서 중국관광객들을 한국에 보내는 이른바 한국인바운드 업무를 담당하게 되었다. 당시 중한 간에는 아직 수교가 되지 않았지만 국가 간 교류형식을 통해 양국 간 주요 인사들의 상호 방문에 기여하는 역할을 하게 되었다. 문화 유적, 관광 명소, 도시 참관, 비즈니스 탐방, 문화 체육, 교육 등 수많은 분야에서 이주원은 양국 간 인사들의 교류를 지원하여 민간차원에서 중한 간 상호 이해를 증진시키고 우의를 도모하는데 조선족으로서의 우세를 남김없이 발휘하였다.

1992년 중한 간 국교정상화가 정식으로 수립되자 그녀의 역할은 더욱 탄력을 받게 되었고 무대는 점차 넓어져 갔다.

관광업에서의 '처녀지' 개발

이 대표의 한국인바운드 업무에서는 늘 '처음'이 수식어처럼 따라다니지만 그중에서 대표적인 몇 개만 소개한다.

이주원은 중국관광객들의 한국방문상품을 가장 먼저 개발한 사람이 되었다. 1998년 그는 중국단체관광객의 첫 한국 방문단체를 조직하여 중국관광객들의 한국 관광 열풍을 불러일으켰다. 그는 여러 차례 한국 각지를 돌아다니며 중국 관광객의 소비 습관에 맞는 관광코스를 관찰하고 서울, 경주, 부산, 제주도를 방문하는 관광상품을 개발하였다.

이것은 그가 조선족 집거지를 떠나 대도시에서 오랫동안 한족들과 어울려 생활해 온

▲ 베이징동계올림픽 페럴림픽 조직위원회 책임자로 참석

조선족이기에 가능한 일이었다. 그는 한국의 어떤 요소들이 중국인들의 시선을 잡아당길 수 있는지를 누구보다 잘 알고 있었다. 또 자기 민족의 나라인 한국에서 내세울만한 민족적 특색이 무엇인지도 직감적으로, 본능적으로 알고 있었다.

그 다음에도 서울과 판문점, 서울과 섬, 그리고 강원도 스키관광, 전라도 미식관광, 경주 세계문화유산 박람회 참관, 제주도 세계도서 문화축제 등 관광상품을 다수 개발하였다. 이런 관광 코스를 개발함으로써 대량의 중국관광객들을 한국에 송객하였고 한국문화체육관광부, 한국관광공사, 각 지자체로부터 수십 차례 표창과 감사패를 받아 안았다. 또 공로

를 인정받아 한국 부산시와 강원도 지자체의 관광고문으로 위촉되기도 하였다.

이 대표는 근년래 우후죽순처럼 일어선 중국 국내 작은 여행사들의 한국여행상품에 깊은 우려를 표하기도 했다. 그들에게 한국의 인문적, 자연적 아름다움을 제대로 보여주지 못하는 것이 우려스러웠던 것이다.

코로나 직전까지만 해도 한국으로 가는 중국 국내 여행객은 부지기수였는데 그들이 선택한 여행상품의 가격도 천차만별이었다. 싼 가격에 혹해 훌쩍 여행팀에 섞여 비행기를 타고 한국으로 가지만 그들이 한국에서 누린 것은 질 높은 여행이 아니었다. 저렴한 서비스와 호객행위가 만연해 있었던 것이다.

2001년, 인천 신공항 개항 기념 앙드레김 패션쇼장에서 그는 당시 한국관광 홍보대사로 임명된 안재욱을 만나게 되었다. 1997년 한국 국내에서 방송된 〈별은 내 가슴에〉라는 드라마가 대박을 터뜨리고 안재욱은 일약 스타덤에 올라섰다. 그리고 그 이듬해 중국에 그 드라마가 알려지면서 중국에서도 안재욱의 인기가 치솟고 있던 터였다.

이 대표는 먼저 안재욱의 매니저에게 접근했다. 그러나 한창 주가를 올리고 있던 안재욱의 매니저가 그렇게 쉽게 만남을 허락해주지 않았다. 그는 갖은 방법을 다해 매니저에게 다가가 〈안재욱 팬클럽과 함께 하는 여름캠프〉 사업 구상을 터놓았다. 중국에서 안재욱의 팬클럽을 모아 한국으로 송객하는 프로젝트였다. 안재욱의 중국내 인지도를 더 높이고 이제 막 뜨기 시작한 안재욱의 입지를 다질 수 있는 기회이기도 했다. 이주원은 중국의 라디오 음악프로그램, 매체 등에 광고를 내고 500여 명의 안재욱 팬들을 모객하였으며 한국에 가서 '우상'과 만나는 프로젝트를 처음으로 개발했다. 이후 수년 동안 이러한 사업을 지속하였는데 이는 한류스타 팬미팅, 한국 드라마 촬영지 관광상품 개발 붐을 불러일으키는 계기가 되었다.

또 이 대표는 1999년 9월에 진행된 제1회 '중한가요제'를 시작으로 연속 10년간 참여하였으며 수천 명의 한류 팬들을 대상으로 공연관람 관광상품을 개발하여 중국내에서 한류열풍을 일으키는데 크게 기여하였다.

이뿐만이 아니다. 2002년 한일 월드컵 때 그는 중국팀 응원단을 구성하여 한국으로 데리고 나가 양국 간의 스포츠 교류에도 기여를 하였다.

그 번 월드컵에서 중국팀이 처음으로 본선에 진출하였기에 중국팀 응원 열풍이 여느 때보다 높았다. 당시 입장권이 턱없이 부족하여 응원단 구성에 큰 어려움을 겪게 되었다. 이 대표는 전국 20개 도시 50여 명의 팬클럽 회장단을 모아 중국 중앙방송국(CCTV)의 간판 프로그램 〈축구의 밤〉 제작팀과 함께 한국에 갔다. 이후 여러 차례의 교섭 끝에 1만여 장의 입장권을 확보하여 월드컵을 참관하는 관광상품을 구성하였다. 베이징은 물론 텐진(天津), 광둥(广东), 우한(武汉) 및 화둥지역 각 도시를 돌면서 상품 판매활동을 진행하여 1만 명이 넘는 중국 축구팬을 모객하는데 성공하였으며 한국방문기간 월드컵도 응원하고 한국의 문화도 체험하는 계기를 마련하였다.

같은 해 9월에는 1,000여 명의 중국관광객을 모객하여 부산에서 개최된 부산아시안게임을 관람하였고 2014년에는 1,600명을 모아 인천 아시안게임을 관람하였다. 2018년 평창동계올림픽에는 2022년 베이징 동계올림픽 조직위원회의 요청을 받아 차기 개최지인 베이징 공연에 동참하였다. 당시 베이징 올림픽 조직위원회 실습단, 관광객 참관단 200여 명을 이끌고 한 달 반 동안 강릉에 머물며 양국 간의 스포츠 교류도 진행하였다. 그 공로를 인정받아 이주원은 베이징 동계올림픽 조직위원회로부터 표창장을 받았다.

그가 만들어낸 또 하나의 '처음'

MICE 산업은 이주원이 가장 오랫동안 담당해 왔고 또 한국 경제에 가장 크게 기여한 분야이다. 2004년에 처음으로 기업체 인센티브단체를 한국에 송객하였다. 완메이(完美) 일용품유한공사 직원 500여 명을 인솔하여 제주도 방문을 시작한 것이다. 2006년에 중국인수(中國人壽) 임직원 680명, 2007년 타이캉인수(泰康人壽) 임직원 1,200명, Novatis 제작회사 인센티브 단체 600명, 2006년과 2007년 베이징 현대자동차 대리점 고객, 시승운전요원 등 1,000명, 2009년 무한극(无限极) 일용품유한공사 임직원 1,800명, 2010년 완메이일용품유한공사 임직원 1,500명을 송객하였다. 특히 이 기간에는 중국의 '록의 대부'로 불리는 가수 최건의 제주 콘서트를 열어 큰 반향을 불러일으켰다. 중국 로큰롤의 산증인 최건은 역시 이 대표와 마찬가지로 조선족이었다. 그들 둘은 중앙민족가무단에 있을 때의 동료이기도 했다.

2011년에는 바오젠(保健) 일용품유한공사 인센티브 단체 11,000명을 한국에 송객하였는바 이는 한국 MICE산업에 있어서 단일 관광객 규모가 가장 컸던 송객이었다. 여기에는 이런 에피소드가 있다.

당시 바오젠 일용품유한공사는 2010년에 11,000명의 인센티브 단체를 일본에 송객하기로 결정하고 현장조사를 거쳐 계약까지 체결한 상태였다. 관광단체에 대한 요금을 지불하고 출발하려던 시점에 '조어도사건 (釣魚島事件)'이 발생하였는데 바오젠유한공사는 일본의 행위에 항의하기 위해 베이징에서 기자회견을 열고 일본방문계획을 철회했다.

당시 이 사건은 국내외에서 큰 반향을 불러일으켰다. 다시 입찰을 통해 새로운 목적 국가를 선택할 예정이었다. 호주, 말레이시아 등 나라들에서 로비작전을 펼쳤다. 이때 이 대표는 한국관광공사, 강원도청, 제주도청과 직접 소통하면서 적극적인 공세를 벌였다.

당시 한국 국내에서도 정치적인 사안 때문에 도지사의 출국이 여의치 않았지만 이 대표는 제주도 우근민 지사에게 전화하여 반드시 빠른 시일 안에 베이징으로 와달라고 요청하였다.

이 대표는 11,000명의 관광객을 다른 나라에 양보하기 싫었다. 그의 간곡함이 통하여 우근민 지사는 그 때 70고령의 나이였지만 어렵사리 중국으로 행차하였다. 우근민 지사는 도착하자마자 한숨 돌릴 사이도 없이 중국국제여행사를 찾아와 관계자들과 자리를 갖고 적극 밀어붙이자는데 합의했다. 그날 우 지사는 중국의 관계자들과 일일이 도수 높은 배갈을 건배해가면서 살신성인으로 관광객 유치에 나섰다. 진심은 통하는 법, 결과적으로 한국관광공사 베이징 지사장과 함께 바오젠 기업체를 방문해 PT를 포함한 여러 조건을 제시해 11,000명을 한국에 유치하는데 성공하였다.

그 후 바오젠 유한공사는 11,000명을 제주로 송객하였고, 제주 시내에는 이 역사적인 단체의 방문에 맞추어 바오젠거리(保健街)를 새로 조성하기도 하였다. 이 바오젠거리는 중국 관광객들의 한국 방문을 상징하는 길이 되었고 중한 양국 간 우호를 상징하는 거리가 되기도 하였다.

▲ 2020년 한국관광공사에서 발급한 감사패

당시 20여 일 동안 전체 관광단체들의 행적은 한국과 중국에서 모두 언론을 통해 대대적으로 보도되었고 제주도는 중국 관광객들이 가장 선호하는 한국의 관광지로 떠오르게 되었다.

MICE 관광객은 일반 관광객에 비해 통상적으로 소비 수준이 높은 것으로 알려져 있기에 MICE관광단체 유치 시 한국의 경제발전에 기여하는 바가 훨씬 크다. 상기의 8개 인센티브 단체 18,280명이 한국을 방문하여 소비한 금액은 393억 원(한국관광공사 발표)으로 통계되었다.

돌이켜보면 예술이든, 여행사 업무든 그가 해온 일은 사람의 마음을 얻는 일이었다. 트럼본을 연주할 때는 관객의 마음을 사로잡기 위해 최선을 다했던 것이고 여행사 업무를 시작해서는 관광객들의 마음에 드는 여행상품을 만들기에 주력했다.

사람의 마음을 얻는 일은 입에 발린 말이나 순식간의 열정으로 이뤄낼 수 없는 것이다. 이 대표는 일관된 정성과 진심으로 불모지를 개척했고 많은 '처음'을 만들어내면서 여행업의 '신화'를 써냈던 것이다.

예술을 전공한 밑천으로 '중한가요제'가 나올 수 있었고 한류문화의 전파를 확대시킬 수 있었던 게 아닌가 생각된다. 또한 조선족의 우세를 충분히 발휘할 수 있었기에 한국관광상품 개발에서 남다른 두각을 나타낼 수 있었을 것이다. 이 대표는 조선족 출신의 예술인 '영업맨'으로 국가 대표기업인 중국국제여행사 본사에서 일을 시작해 합병 후 규모가 커진 중국여행그룹까지 꼬박 31년간 여행업에 종사하고 있다.

이 대표는 중국국제여행사 3개 기업이 합병되어 새롭게 탄생한 중국관광그룹의 하이난 지역본부에 파견되어 여행서비스 분야의 최고 책임자가 되었다. 또한 현재 중국여행사협회가 주관하는 MICE 위원회 사무총장으로 선임되어 국가차원의 관광산업의 미래를 그리는 일에도 앞장서고 있다.

그러나 3년째 이어지고 있는 코로나19사태로 인해 현재 관광산업은 전례 없는 타격을 받고 있다. 당분간 관광객을 송객하는 업무는 끊겼지만 그는 코로나가 끝나는 시점을 대비해 움츠리고 있는 이 시간에 재도전을 준비해야 한다고 말한다. 한국에는 새로운 대통령이 선출되었기에 새 정부의 대중국 방침에 대한 분석도 필요하다. 하지만 정치형세가 어떻게 변하든, 언제나 그래왔듯 중한 양국의 관광산업은 계속될 것이라고 이 대표는 확신한다고 했다.

하루 빨리 코로나19의 운무가 걷히고 양국의 여행객들을 태운 여행기가 종전처럼 쉴 새 없이 활주로를 달릴 날을 기대해본다.

글/리은실

【이주원 프로필】

출 생 1960년

출생지 지린성 창춘시(吉林省 長春市)

민 족 조선족

학 력 중앙민족대학교(음악과 악기 전공) 졸업

직 업 중국여행사협회MICE위원회 비서장

중국국제여행사집단 하이난지부 대표 역임

중국국제여행사 총사 유한공사 MICE센터 총경리 역임

중국국제여행사 총사 출경부 부총경리 역임

중국국제여행사 국제회의전람유한공사 당총지부서기 역임

중국 중앙민족가무단에서 트럼펫 연주자 경력

영 예 2008중국국제여행사 우수관리자 표창

2009한국관광공사 MICE 전문가 표창

2010한국 제주도특별자치도 감사패 수상

2011대만해협양안관광협회 MICE 보급탁월 공헌상 수상

2011아시아나항공 MICE 최고세일러상 수상

2015한국언론기자협회 <세계평화언론대상> 수상

2020한국관광공사 공로패 수상

2020중국여행사 협회 최고 여행인상 수상

2022베이징 동계올림픽 조직위원회 표창장 수상

한식의 현지화에서 세계화 추진자로

한라산그룹 회장 **장 문 덕**

한라산그룹은 중국에서 한식의 현지화에 성공한 대표적인 요식업체다. 2001년 베이징에 첫 불고기집을 개점한 것을 시작으로 20여 년간 중국 요식업계에서 부대끼며 실력을 갈고 닦아 현재는 16개 요식 브랜드를 가지고 베이징, 텐진, 상하이, 선전, 광저우 등 80여 개 도시에 직영점과 체인점 300집을 넘어선 대형 요식업체로 성장했다. 북쪽의 후허호우터(呼和浩特)에서 남쪽의 하이난도까지, 동쪽의 연해도시에서 서쪽의 우루무치(乌鲁木齐)까지, 한라산 식당은 중국 전역에서 찾아볼 수 있다. 그만큼 소비자들의 인정을 받고 있다는 얘기다.

1990년대 초반, 중한 수교를 계기로 대량의 한국인 관광객들이 중국을 찾으면서 여행사에서는 마땅한 가이드가 부족했다. 중국어와 한국어에 능통한 조선족 대학생들이 학업도중 여행사 가이드 알바로 뛰면서 짭짤한 수입을 올렸다. 그중에는 중앙민족대학에 재학 중인 장문덕도 있었다. 몇 년 간 가이드를 하면서 번 돈 10여만 위안을 들고 그는 하북성(河

北省)에서 자동차운전기사식당을 차렸으나 얼마 버티지 못하고 문을 닫아야 했다. 고민 끝에 장문덕은 김치장사로 고생하는 부모님께 식당을 차려주기로 마음먹고 그해 가을 중앙민족대학 주변에 '시골집'이란 간판을 내걸고 자그마한 식당을 개업했다. '시골집'은 생각밖에 첫 시작부터 잘 되었다. 탁자가 겨우 9개 정도 놓을 만한 자리였는데 날마다 초만원을 이루었고 식사시간 때는 사람들이 줄을 서서 기다려야 했다. '시골집'은 몇 년 사이 5개 직영점을 둔 체인으로 변신했다. 요식업에 일정한 노하우가 생기자 장문덕의 꿈은 좀 더 크게 그려져 나갔다.

2000년대에 들어서 장문덕은 폐업을 앞둔 한 사천요리 식당을 인수해 400만 위안이라는 거금을 모아 '한라산숯불구이'를 개업했다. 식당 실내는 한국 인테리어 디자이너를 초빙해 전통 한식의 분위기로 꾸미고 종업원들에게는 철저한 한국식 서비스교육을 시켰다. 식당 실내는 한국식당의 분위기로 꾸몄으나 메뉴는 전통 한식 불고기집과는 다른 현지화 전략을 펼쳤다.

장문덕은 선양에서 현지화의 모델을 찾을 수 있었다. 그곳의 식당은 불고기 외에 다른 메뉴들도 취급했다. 고객들은 돼지고기, 소고기, 생선 등을 주문해 구워먹고 볶음요리도 주문했다. 좀 혼잡해 보였으나 이는 중국인들의 음식습관에 맞았다. 중국인들은 일반식당에 가도 여러 볶음요리를 두루두루 시켜 먹으며 샤브샤브도 고기류, 채소류, 면류를 다 종다양하게 주문해 한상 가득히 차려놓고 먹기를 즐긴다. 한식도 이러한 방식으로 해야겠다고 생각하며 장문덕은 '한라산'의 메뉴를 설계하였다.

장문덕의 현지화 전략은 맞아떨어졌다. '한라산'은 한식 불고기를 위주로 하되 최대로 150~160개의 주식, 반찬을 제공했으며 달마다 새로운 메뉴를 출시하였기에 중국인들의 큰 환영을 받았다. 오픈 첫날부터 손님들이 줄지어 제 차례를 기다리는 호황을 누렸고 개업 1년 만에 투자를 전부 회수하고 흑자가 생겼다.

친구들의 돈까지 빌려 400만 위안을 '한라산'에 쏟아 부었던 당시 다들 '미쳤다'고 했지만 그때의 대담한 투자가 훗날 큰 수익으로 돌아온 것이다. 2001년 장문덕은 당시 베이징에서 제일

▲ 2020한나산그룹 년말 총화대회에서

큰 불고기집이었던 '설악산'을 400만 위안에 인수하여 '한라산'으로 개업하였는데 역시 문전성시를 이루었다.

2003년 한국 드라마 〈대장금〉이 중국에서 큰 인기를 누리며 '한라산'을 찾는 사람들이 부쩍 늘었는데 항상 대기하는 사람들이 줄을 서야 했다. 한식 불고기도 점차 샤브샤브, 마라샹궈처럼 중국 대형마트의 음식 코너에서 반드시 있어야 하는 필수 먹거리로 자리 잡았다. 장문덕은 요식업계에 불어온 한류의 훈풍을 타고 베이징에 직영점을 속속 개장했다. 2009년쯤 '한라산'은 완다그룹과 제휴를 맺고 전국 다수의 대중도시에 건설하는 완다몰에 입주해 한식 불고기집을 늘려나갔다. 직영점 한 곳을

문 여는데 400~500만 위안의 투자금이 들었지만 완다몰의 큰 인기 덕에 수익이 보장되었고 '한라산'은 점차 전국으로 뻗어나가 중국 최대의 한식업체로 자리매김할 수 있었다.

2014년을 즈음하여 여러 한식전문점들이 우후죽순마냥 생겨나게 되었는데 장문덕은 요식업 일선의 치열한 경쟁에서 오는 압력을 한 몸으로 받으며 변화가 필요함을 절실히 느꼈다. 반찬의 수를 줄이고 매장의 규모를 축소하였으며 직영점보다 가맹점을 위주로 운영했다. 그리고 요식업계에서 쌓은 풍부한 경험, 넓은 인맥과 구전한 유통망을 바탕으로 새로운 성장점을 찾았다. 2015년 초 한국을 찾은 장문덕 회장은 한국농수산식품유통공사와 업무협약을 체결하고 한국산 식재료 공급을 확대하기로 하였다. 한라산 식당 자체 체인점은 물론 기타 중국의 한식당에도 한국산 식재료를 공급하는 것이다.

"한국에는 여러 혁신적인 아이디어와 우수한 제품을 가진 기업들이 많습니다. 그들은 중국이라는 거대한 시장에서 자신의 제품을 판매하고자 갖은 노력을 하고 있습니다."

장 회장은 14억 소비자를 가진 중국 시장의 중요성을 누구보다도 잘 알고 있었다. 한국농수산식품유통공사와의 합작은 장 회장이 새로운 비즈니스 모델을 구축하는 계기가 되었다. 2020년 초 그는 또 한국쌀가공식품협회와 쌀가공제품 수출 증진 및 교역 확대를 위한 업무협약을 체결하고 한국의 우수한 쌀가공 제품들을 수입해 전국 시장으로 유통시켰다. 베이징 순의구(順义区)에 매입한 땅에 3만여 제곱미터에 달하는 물류센터를 세워 한국 제품의 수입과 유통에 사용하였다.

장 회장은 한국 요식업계 중소기업들이 필요한 것이 무엇인지를 잘 알고 있다. 그들은 좋은 제품을 가지고 있으나 중국 시장에 진출해 직접 제품을 홍보하고 유통망까지 구축하기에는 많은 어려움이 있는 것이 분명하다. 장 회장은 중국 진출을 원하는 한국 기업들을 찾아 자신의 합작 모델을 제시하였다. 중국에 합자회사를 세우고 한국측 회사에서 브랜드와 제품을 제공하며 '한라산'에서 브랜드 홍보, 마케팅과 유통을 책임지는 것이다. 한국에서 수입한 완제품들은 '한라산'의 유통망을 타고 요식업체의 원자재로 쓰일 수 있으며 온라인과 오프라인에서의 자유로운 판매도 가능하다. 2020년, 장 회장은 한국 대표 치킨 브랜드인 네네치킨과 합자회사를 설립하고 중국 총대리로서 마케팅과 시장개척에 나섰다.

"물류센터는 이미 운영이 되고 있고 현재 2만여 제곱미터의 종합업무청사도 기획 중에 있습니다. 이제 종합청사가 완공되면 우리는 한국 업체와의 연락에 필요한 업무처를 설립하고 한국 상품 전시공간을 만들어 중국 전역의 바이어들이 이곳에 와서 상품을 직접 확인하고 맛보게 할 것입니다. 이러한 보다 편리하고 빠른 접촉을 통해 한국 상품의 중국 진출에 속도를 붙일 것입니다." 장 회장의 말이다.

장 회장은 중국에서 한식업계의 선두자리에 있지만 항상 거안사위(居安思危)의 자세로 자신의 사업을 들여다보고 연구하고 있다. 치열한 경쟁 속에서 직영점의 한계점을 보아내고 규모를 축소하여 작지만 정교하게 다듬어야 한다는 판단을 하게 된다. 코로나 사태를 겪으면서 십수 년간 쌓은 인맥과 브랜드, 유통시스템을 바탕으로 직영점은 줄이고 가맹점은 확대하는 방향으로 사업을 전환했다. 브랜드의 인지도가 높고 독립적인 식자재 공급망이 있으며 부지선정에도 자문을 해주고 있는데다 마진까지 투명해 많은 사업자들이 장 회장과의 합작을 원했다. 지난 2년 간 코로나 사태에도 불구하고 가맹점 50여 곳이 문을 열었고 내년에는 가맹점 100집 개업을 목표로 하고 있다.

"생존을 위해 많이 생각하고 실천을 하다 보면 출구를 찾게 됩니다."

장 회장은 자신의 경험에서 우러나오는 말을 해주었다.

장 회장은 한식의 현지화에서 나름대로 성공한 노하우를 바탕으로 한식의 세계화에로 보폭을 넓혀 가가고 있다. 한식을 단순한 요식업으로 생각하는 것이 아니라 문화를 전파하는 사명감을 안고 중국에 다양한 한식문화를 알리는 선봉으로 활약하고 있다.

▲ 한나산그룹행사에서 추첨하는 장문덕회장

장 회장은 한중 양국 경제교류에 여전히 폭 넓은 공간이 있으며 특히 중국 조선족 기업인들에게는 기회가 아직도 많다고 보고 있다.

"조선족들은 양국의 언어에 능통하고 한국인과의 교류에서 막힘이 없으며 특히 문화적으로 통하는 면이 많습니다. 서로 원칙을 잘 정하고 협력을 진행한다면 언젠가는 좋은 결과를 얻게 될 것입니다."

장 회장은 자신이 활용하고 있는 우세를 말해주는 듯했다.

글/한동준

【장문덕 프로필】

출　생　1973년

출생지　지린성 죠우허시(吉林省 蛟河市)

민　족　조선족

학　력　중앙민족대학 졸업, 장강상학원 EMBA석사

기　업　한라산그룹 회장

　　　　　한라산온천호텔 동사장 역임

사회직　베이징청년기업가협회 부회장, 베이징청년상회 부회장

　　　　　베이징서양요리협회 부회장

　　　　　베이징청년연합회 민족종교위원회 주임

　　　　　중앙민족대학 조선어학부 민족교육발전기금회 부이사장

　　　　　베이징조선족기업가협회 부회장

조선족, 골프로 하나되다

전국조선족기업가골프협회 초대회장 **손진석**

1992년 한중 수교가 이루어지면서 양국 간에는 정치, 경제, 문화를 아우르는 다 방면에서 교류가 활발하게 진행되었다. 중국 조선족은 우리말과 글에 익숙한 우세로 한국 기업에 취직하거나 사업 파트너로 양국 교류의 최전방에서 활약했다.

상호간의 왕래가 확대되는 과정 속에 골프문화 역시 서서히 조선족 기업가들을 중심으로 중국 땅에 자리 잡기 시작했다. 전국조선족기업가골프협회 초대 회장을 역임한 손진석은 중국 전역에서 조선족 경제인들이 기타 민족의 기업인들보다 훨씬 빠르게 골프를 시작한 이유가 한국과의 교류, 정확히 말하면 한국 사업가들과의 교류에서 비롯되었다고 한다. 즉 한국 기업인들은 기술, 자본 그리고 경영 노하우와 함께 골프문화를 중국에 접목시키는데도 큰 영향을 끼쳤다.

2000년에 들어서면서 전국 각 지역에는 이미 골프를 즐기는 조선족 기업가들이 다수 있었다. 골프 치는 인구는 상대적으로 적은 편이었지만 각 지역마다 골프동우회를 모아 소규모 골프행사를 진행하고 있었다. 옌벤조선족자치주에서는 골프장이 생기기 전에 골프협회가 먼저 세워졌다. 옌벤에 진출한 한국 사업가들은 현지에 골프장이 없는 상황에서도 조선족 경제인들에게 골프기술을 전수하였다. 현재까지도 실화로 전해지고 있는 사건은 옌벤에서 골프를 치기 위해 골프애호가들이 여러 곳을 고찰한 끝에 옌지시 근처 야산의 한모퉁이를 빌려 '야생 골프장'을 손수 만들었다.

큰 잡초들은 낫으로 베여내고 티샷하는 매트는 메고 다니면서 티업하는 나름대로의 묘미를 찾아냈다. 골프장이라고 하기에는 구차할 정도였지만 나름 재미가 쏠쏠했다. 한두 해가 지나면서 골프대오는 점점 늘어났고 옌벤 축구협회, 배구협회에 이어 골프협회도 정부에 정식 등록하게 되었다. 몇 년 뒤 한국 참빛그룹에서 옌벤에 투자해 36홀이나 되는 하이란장골프장을 정식으로 개장했는데 평일과 주말을 막론하고 항상 사람들로 북적이었다.

조선족 기업가들은 처음에는 새로운 운동에 대한 호기심이 작동하였고 후에는 사업상 필요로 골프를 배웠으나 시간이 지남에 따라 골프 운동의 매력 속으로 점점 빠져들었다. 골프는 매너가 있어야 하고 룰을 지켜야 하며 신사적이고 문명한 운동이라는 점을 터득하기 시작하였다. 또한 골프를 통해 사람의 인품을 읽을 수도 있기에 파트너 선정에 있어서도 도움이 된다는 점을 깨닫게 되었다. 손진석 회장도 골프를 통해 현재의 사업파트너를 만났다고 한다. 골프를 치면서 친해졌고 나중에 비즈니스로 이어졌다.

초창기에는 베이징, 톈진, 상하이, 선전, 칭다오, 옌지 등 도시를 중심으로 조선족 골프모임이 소규모로 진행되고 있었는데 나중에 전국적인 골프행사를 치르자는 목소리가 나오기 시작했다. 조선족 골프애호가들은 마침내 2000년 10월말 베이징에서 전국조선족기업가골프초청경기를 처음으로 개최하게 되었다. 전국 6개 지역에서 온 40여 명의 조선족 골프선수들과 한국인 골퍼 10여 명이 함께 경기에 참가하였다. 예상외로 첫 골프모임은 아주 성공적이었다.

이듬해에 제2회 경기가 칭다오에서 열렸고 200명이 넘는 선수가 참가하게 되면서 전국적으로 큰 반향을 일으켰다. 골프에 대한 조선족 기업가들의 열정을 실감할 수 있는 장면이 연출되었던 것이다. 거기에 힘입은 골프 애호가들은 해마다 정기적으로 진행하자는 합의에 이르렀고 2002년 톈진에서 제3회 전국 대회를 개최할 때는 300여 명의 선수가 참가하는 대 성황을 이루었다.

규모가 점점 커지게 되자 골프행사를 조직적으로 진행하자는 요구가 제기되었고 드디어 2003년 10월 상해에서 열린 제4회 전국 대회에서 정식으로 전국조선족기업가골프협회가 설립되었다. 만장일치로 초대 회장에 당선된 손진석은 막중한 책임감을 느끼고 전력을 다해 조직의 규범화관리에 몰입하기 시작했다. 매번 전국 대회 때마다 400~500명이 참가하는 대규모 행사로 진행되기에 표준 18홀 골프장 하나만 가지고는 운영이 불가능해졌다. 회원들의 불편을 줄이고 공정경기를 진행해야 하는 난제를 안고 사전회의를 수없이 해가면서 부딪치는 문제들을 하나씩 풀어나갔다.

매번 대회는 최소 2개 이상의 골프장에서 경기를 진행해오고 있으며 대회 난도는 점점 높아져가고 있었다. 하지만 현재까지 한 번도 불미스

러운 일이 생기지 않았으
며 20년간 진행해오는 과
정에 각 지역 조선족 사
업가들이 우정을 쌓고 친
목을 다지면서 정보도 교
류하는 유용한 플랫폼으
로 거듭났다. 현재 전국
조선족기업가골프협회는
3,000명이 넘는 회원을
보유하고 있다.

▲ 옌벤대학 창립 70주년 기념행사에 참석(오른쪽)

지역 협회로는 베이징
(北京), 칭다오(青岛), 텐진(天津), 옌벤(延边), 광둥(广东), 상하이(上海),
다롄(大连), 선양(沈阳), 저쟝(折江), 창춘(长春), 헤룽쟝(黑龙江), 엔타이
(烟台), 워이하이(威海), 수저우(苏州), 시안(西安), 충칭(重庆), 샤먼(夏
门), 롄윈강(连云港), 하이난 등이며 해외에는 한국과 일본이 포함되어
총 21개 지회로 활동하고 있다.

2006년에 전국조선족기업가골프협회는 새로운 회장을 선출하여 제2
기 운영팀이 출범하게 되었다. 회장직을 인수인계하는 자리에서 손 회장
은 "우리 협회는 50년 아니 100년까지 갈 수 있을 것이다."라고 소회를
밝혔다. 현재 그는 회장 자리는 넘겼지만 명예회장 자격으로 협회 발전
에 온 힘을 쏟아오고 있다.

제12회 전국 골프경기 때부터 한국 현대자동차에서 연속 5년 간 50만
원 현금을 협찬해주었는데 이는 전국 대회를 한 단계 더 업그레이드 하

는 계기가 되었다. 뿐만 아니라 커시안그룹을 포함한 조선족기업인들의 후원도 가세하면서 전국조선족기업가골프협회는 점차 품위 있고 영향력 있는 조선족기업인들의 플랫폼으로 정착하게 되었다. 경기를 유치하는 각 지역 협회들에서도 해마다 경기 때마다 모금 이벤트를 조직해 회원들이 각종 협찬을 하는 문화로 굳어졌고 자기 지역의 자존심을 과시하는 행사로 승화되어 갔다. 자체행사만 화려했던 게 아니라 골프행사 때 기부한 성금으로 불우이웃돕기, 민족학교, 양로원 등에 전달하는 도움의 손길을 보내주는 행사가 지속되고 있다.

손 회장은 해마다 전국 대회가 원만하게 치러지고 협회가 무탈하게 꾸준히 운영될 수 있었던 것은 모두 항상 발 벗고 나서는 전국 각지 협회 회장들의 노고가 있었기 때문이며 물심양면으로 지원을 아끼지 않는 기업들과 회원들이 있기에 가능했다고 한다.

중국 조선족 기업가들의 골프문화는 어쩌면 중한 수교이후 불어온 '한류'의 일부분이라 해도 무방하다. 한국과의 경제적, 문화적 교류 속에 중국 조선족사회는 남들보다 앞당겨 풍요로운 삶을 체험할 수 있었고 새로운 문화를 포용하고 받아들이는데 앞장섰기에 무에서 유를 창조하는 기적을 만들어낼 수 있었다. 중국에 골프문화를 전파하는 과정에 본인들도 혜택을 입게 되었고 중국인들에게도 조선족의 위상을 알리는 효과를 보게 되었다.

2013년에 제주도에서 제14회 전국조선족기업가골프초청경기를 진행하게 되었는데 500명이나 참석하여 최초로 조선족 기업인들이 한국에서 골프대회를 치르는 역사를 만들어냈다. 그 뒤로 2019년 제20회 전국조선족기업가골프초청경기를 서울에서 치를 때는 400여명이 참가하였으며 한국에 조선족의 성장을 알리는 장으로 큰 영향력을 펼치게 되었다. '조선족들이 지난 시간 쌓아온 실력과 성과를 한국인들에게 보여주자'는 의미도 담겨져 있었다고 할 수 있다.

"우리들이 당당하게 한국에서 골프경기를 치른 겁니다. 우리들의 골프 실력과 조직력을 검증하는 기회로 삼았다고 봐야지요."

손 회장의 말에는 분명 중국 조선족 골프인들이 과거 '제자'의 자리에서 어느덧 '스승'과 함께 할 수 있는 위치에까지 왔다는 자신감과 긍지감이 깃들어 있었다.

물 마실 때 우물 판 사람을 잊지 말라는 말이 있듯이 중국 조선족의 골프 인구가 늘어나고 실력이 상승한데는 한국의 영향이 절대적이었다. 따라서 조선족 기업인들은 한국으로부터 골프문화를 배워 중국 땅에 전수하는데 일조하였으며 나름대로 기업도 키워가면서 신사운동도 즐길 줄 아는 국제적 감각을 갖춘 비즈니스맨으로도 성장하게 되었다.

중국조선족기업가골프초청경기는 코로나로 인해 2020년에 행사를 중단하게 되었지만 현재까지 총 21회를 치렀으며 한해도 거르지 않고 성대하게 열리곤 하였다. 전국 협회는 현재까지 7대에 걸쳐 대물림되고 있으며 중국 조선족기업인들이 가장 기대하는 행사로 자리매김했다.

뿐만 아니라 전국 20개 대도시에 운영되고 있는 각 지역 조선족골프협회는 현지 한국인들과 유대관계를 이어가는 데서도 중요한 역할을 하고 있다. 일본과 한국에 거주하는 조선족들도 골프를 매개로 응집력을 키워가고 있으며 현지인들과의 교류 역시 골프를 통해 자연스럽게 이루어가고 있다.

조선족들은 중한 수교이후 삶의 터전이 바뀌었고 삶의 질이 향상되었으며 대도시 지역사회에 뿌리내리는 과정에 조선족기업인들의 역할이 아주 중요한 작용을 했다. 이제는 젊은 기업인들에게 물려주는 시대가 오기도 했다. 손 회장은 초대회장으로서 조직이 건전하게 발전하고 있는 모습을 보면 한없이 뿌듯하다고 한다. 그의 말에는 미래에 대한 기대감이 더 크다는 점이 내포되어 있었다.

기자가 중국조선족기업가골프협회에 대한 이야기에만 열중하는 손 회장의 말을 끊고 개인 사업에 대해 묻자 그는 남다른 경력이 있음을 털어놓았다. 사업상 한국과 연계가 잦은 여느 조선족 기업가와는 달리 손 회장은 다른 면에서 한국과 꽤 깊은 인연이 있었다. 2000년대 초반 손 회장은 한국중소기업협동조합중앙회 북경사무소 첫 수석대표로 임명되어 2년 간 관련 업무를 책임졌다.

한국인이 아닌 조선족이 정부의 조직에 발탁된 것은 쉬운 일이 아니지

▲ 제20회전국조선족기업가골프대회에 참가한 회장들과 함께(손진석: 오른쪽 첫번째)

만 그는 나름대로의 역할을 다 하면서 주어진 일들을 잘 소화해나갔다. 중국 내 인맥을 동원해 한국 중소기업 회장단의 북한행 비자를 해결해준다거나 중국 중소 도시 시장조사, 투자환경 조사 등도 적시에 진행해 한국 중소기업의 중국 진출에 큰 도움을 주었다. 개개의 체구가 작은 중소기업들이지만 함께 뭉쳐 중국시장을 개척하는 과정에 참여한 손 회장은 단합에서 나오는 큰 힘을 실감했고 이를 향후 골프협회 운영에도 적극 활용했다. 지난 20년간 전국조선족기업가골프협회가 걸어온 역사가 바로 이를 증명해주고 있다.

다양한 정보와 인맥을 바탕으로 사업에도 안목이 생겼으며 사이버 안전 관련 업무가 위주인 손 회장의 회사는 몇 년 전 선전증권거래소에 상장까지 하게 되었다.

손 회장은 "전국조선족기업가골프협회는 우리들의 만남의 장이자 단합과 교류의 장이기도 합니다. 조선족 기업인들은 앞으로 더욱 똘똘 뭉쳐 나라와 사회 발전에 이바지하고 특히 중한 양국의 경제, 문화 교류에 앞장서야 한다."고 소회를 밝혔다.

글/ 한동준

출 생 1960년

출생지 헤이룽장성 아청시

민 족 조선족

학 력 옌벤대학 체육학부 졸업

기 업 베이징세명중강생물과기유한공사 동사장

　　　　한국중소기업협동조합중앙회 베이징사무소 수석 대표 역임

사회직 전국조선족기업가골프협회 초대 회장

　　　　베이징타이거골프협회 회장 역임

도전하는 사람 앞에 장애물은 없다

텐진호암과학기술유한공사 동사장 **김 일 호**

중국 북방의 최대 연해개방도시 텐진시는 환발해권(环勃海圈)의 경제 중심지이며 남북 육로교통의 중심지이면서 해상운수의 중추 역할을 수 행하는 도시이다. 개혁개방이후 특히 90년대 초에 중한 수교가 이루어 진 뒤 삼성, LG, 현대 등 많은 한국 대기업들이 대거 진출하면서 텐진은 상업도시와 국제무역도시의 기능을 수행하게 되었다. 조선족들은 한국 기업에 취직하는 사람이 늘어남에 따라 동북 3성에서 텐진으로 이주하 는 붐이 일었고 조선족 기업인들이 점차 늘어나면서 기업가협회도 생겨 났다. 한국기업과 조선족기업들이 우후죽순마냥 늘어나는 가장 활발한 시기인 2013년~2016년 사이 김일호는 텐진조선족기업가협회 회장을 역임했다.

텐진조선족기업가협회

2006년 6월, 텐진시 경제건설발전과 조선족기업발전의 수요에 따라

김춘식을 비롯한 몇몇 톈진시 조선족 기업인들이 골간이 되어 톈진시조선족상회를 설립하게 되었다. 제1기 회장에 김춘식 회장이 추대되었고, 제2기와 3기 회장은 김일호 회장이 연임하였다, 그 뒤로 제4기 회장 김성환, 제5기 회장 이세명, 제6기 회장 렴재운 순으로 계주봉을 이어오고 있다. 2022년 1월에 톈진조선족기업가협회로 이름을 변경하기까지 줄곧 톈진시조선족상회로 활동을 지속해왔다.

당시 제2기 회장을 맡은 김일호는 주로 기업가협회 회원 수를 확대하는데 주력했고 제3기 회장을 연임하면서부터는 톈진시 지역사회발전에 기여하도록 톈진조선족기업가들의 역할을 강조하였다.

톈진조선족사회는 톈진상회가 중심이 되어 단합되었으며 각 친목회, 노인협회, 여성협회, 과학기술자협회, 여성협회, 산악회를 비롯한 여러 단체들이 정기적으로 조선족 문화행사를 조직하면서 우리 민족전통을 살리는 공동체를 함께 꾸려 나갔다. 그 시기 톈진시에 살고 있는 조선족 인구는 3만여 명에 달했다. 하지만 2020년 말 국가통계국의 제7차 전국 인구조사에 따르면 현재 톈진 조선족인구는 16,257명으로 집계됐다. 한국 대기업들이 속속 베트남 등 동남아로 이전하면서 협력업체들도 한국기업을 따라가게 되었으며 그로 인해 톈진 조선족인구는 대폭 감소세를 보이고 있다.

현재 톈진조선족기업가협회는 렴재운 회장이 제6대 회장을 맡고 있으며 회원 수는 150여 명에 달한다. 오늘의 협회가 활약할 수 있게 한 선대 기업인들의 승승장구했던 이야기는 이제 역사로 남게 되었다.

1992년, 중한 수교이후 한국 기업의 중국 진출은 조선족들에게 많은 일자리를 창출해 주었고 창업의 기회도 마련해 주었다. 하여 톈진은 조선족 젊은이들의 기회의 땅이자 꿈의 터전으로 되었다. 톈진에 와서 한국 기업에 출근하는 종업원, 회사에서 관리직에 종사하는 관리자, 기타 봉사업에 종사하는 창업자들이 나중에 자연스럽게 톈진의 조선족사회를 형성하게 되었다.

자연의 선물 - 상선약수

1994년에 단돈 500위안을 들고 톈진에 발을 붙이던 김일호는 그해 나이가 29살이었다. 일찍 스무 살에 개혁개방의 붐을 타고 사회생활을 시작한 김일호는 학교공부보다 현장에서 부딪치면서 배우는 것이 훨씬 도움이 되었다고 말한다. 그가 첫 번째로 취직해 일했던 직장은 지린시 룽탄구(吉林市 龙潭区) 산전강구공장이었는데 구매 과장으로 3년간 일하면서 사업을 배웠고 이런저런 사람들을 만나면서 창업의 꿈도 키워봤다. 1990년도에 옌볜에 음료수 공장을 만들어 개인사업을 시작했지만 화학실험에 들어가는 투자가 부담할 수 있는 한계를 벗어나면서 1993년에 부득이 음료수 공장을 접어야 했고 방랑객마냥 무거운 발걸음은 톈진으로 향했다.

1994년부터 1997년 사이에 톈진에서 대창기계유한회사를 꾸려 맨홀 뚜껑을 만들어 한국에 수출하였다. 하지만 1997년, IMF금융위기의 영향으로 톈진 대창기계회사도 봉변을 면치 못했다. 회사는 부도났고 김일호는 실업자가 되었으며 대금 받으러 한국에 갔지만 채무자들의 그림자조차 보지 못했다. 하도 답답한 그는 마음을 달래려고 낚시터를 찾았다. 대자연에 몸을 맡긴 김일호는 고요한 강물을 물끄러미 바라만 보고 있었다. 문득 그의 머릿속에는 '큰 고기'를 낚을 수 있는 아이디어가 떠올랐다. 한국에 활어를 수출하면 어떨까? 한국에는 담수가 없다시피 해 양식을 하지 못한다. 살았을 때의 민물고기는 바다고기보다도 맛있다는 것을 모두 알고 있다. 게다가 한국 사람들은 낚시를 무척 즐긴다.

1998년에 한국정기무역회사와 협력하여 난생 처음 한국에 붕어를 수출했다. 헌데 한국 인천까지 도착한 붕어는 절반이나 죽어버렸다. 기술과 경험이 없는 그는 실패를 거듭하지 않을 수 없었다. 2년 동안 꾸준히 노력한 끝에 큰 이윤은 보지 못했지만 수출액은 해마다 올라갔고 1999년의 활어 수출액은 3억 위안을 돌파해 동업종의 중국 수출에서 40%나 점했다. 그 뒤로 한국 수출에 이어 일본에도 활어를 수출하게 되었는데 전국적으로 1,100개 양어장과 업무제휴를 맺게 되었으며 텐진 외에 칭다오(靑島), 워이하이(威海), 단둥(丹东), 다롄(大连), 선양 료중(沈阳辽中), 렌윈강(连云港)에 활어수출 공장을 세워나갔다.

자연이 주는 선물은 이토록 거대하다. 대자연 속에서 김 회장은 물의 자원을 누구보다 먼저 알아보고 물을 이용해 돈을 번 사람이 되었다.

사업 확장에 탄력이 붙다

김 회장은 물 만난 활어 마냥 지칠 줄 모르는 활력으로 사업을 확장해 나갔다. 텐진동국연합무역회사 설립에 이어 2000년에 텐진정기수산물유한회사, 2003년에 텐진세기수산물제품유한회사, 2005년에 텐진흠시대국제화물운수대리회사를 연이어 설립했다. 또한 김 회장은 2005년부터 2009년까지 만 4년 동안 중국동식물출입국검역협회 부회장으로 있는 기간 중국의 수석대표로 해마다 중한 무역 상담 및 계약체결에 참가했다. 당시 중한수산물검열과 관련한 구체적인 법규가 없는 상황에서 그는 '중한 다롄회의 결정', '중한 엔타이회의 결정', '중한 선전 회의 결정' 등을 제정하는데 관건적인 역할을 하였다.

현대자동차가 2005년에 중국에 진출하면서 김 회장은 흠시대국제화물운수대리회사를 설립하여 현대모비스자동차의 물류를 책임지고 통관업무까지 맡게 되었다.

김 회장은 톈진 빈하이지역의 특수한 지리적 우세를 충분히 활용하여 나름대로의 물류노하우를 축적해나갔다. 그는 자신의 경험을 바탕으로 톈진 빈하이항구(濱海港口)는 일대일로의 출발점으로 세계를 이어주는 통로이기에 톈진 기업가들은 이런 지리적 우세를 잘 활용하여 한국 등 나라들과의 교류를 확대해 나갈 필요가 있다고 부언한다.

새로운 일을 해낼 수 있는 사람은 흔히 그 분야에서 지식과 경험이 많은 전문가보다 모험성이 강한 사람이 성공할 확률이 높다. 틀에 얽매이지 않고 자유로운 발상과 새로운 것에 대한 도전 의욕이 있다면 누구나

▲ 2020년9월 중국아주경제발전협회 산하 하이난성 자유무역항경제발전부 현판식(김일호: 앞줄 중간)

창업할 수 있다고 확신하는 김 회장은 자신도 모르는 사이에 도전을 즐겨하는 사람이 되었다.

2011년 9월에 김 회장은 텐진호암과학기술개발유한회사를 설립하였다. 활어수출로 번 자금으로 자동차부품생산업종에 뛰어들었는데 2,500만 위안을 투자하여 설비를 장만했고 자동차에 부품을 납품하는 공장으로 거듭났다.

일본, 독일, 한국 등 나라의 주문가공도 받고 있으며 요즘은 상하이 전기자동차의 협력업체로 인정받아 새로운 부품을 납품하고 있다. 또한 텐진일진 회사와도 합작하고 있는데 현재 베이징, 엔청, 충칭, 텐진 등지에 자회사를 두고 있는 일진회사는 글로벌 시장을 상대로 하는 생산이기에 납품 범위도 넓으며 현재 연간 3천만 위안의 매출을 올리고 있다.

중한 수교 초창기부터 김 회장은 한국 출장을 많이 다녔다. 한국의 현대, LG, SK 포스코 등 큰 글로벌 기업들과도 업무계약을 체결하여 신뢰를 쌓아갔다. 한국의 연합철강과 동북제강의 투자업무를 협력하는 일도 수행하면서 사업영역을 키워온 김 회장은 선견지명이 있었고 나름대로 큼직큼직한 사업을 일궈내는데 나름대로의 노하우가 있다.

현재 김 회장은 해남자유무역항 건설에 발맞추어 '일대일로' 전략과 '아시아운명공동체' 구축에 일조하는 자세로 하이난도를 이용한 한국 등 글로벌 기업과의 업무협력을 추진하는 일에 집중하고 있다.

창업을 꿈꾸는 젊은 세대들에게

과거에 비해 지금은 기업하기가 많이 어려워졌으며 새로 창업한 기업들이 3년을 못 버티고 부도나는 일이 비일비재하다. 창업을 시도하는 젊은이들한테 어떤 조언을 해줄 수 있냐는 물음에 김 회장은 우선 현재 텐진조선족기업가협회 회장을 맡고 있는 렴재윤 회장의 창업이야기를 들려주었다.

렴재윤은 1993년에 텐진에 첫발을 붙이고 지인의 소개로 한국계 전자업체 관리과장으로 입사하여 3년간 열심히 일한 보람으로 회사의 선진기술을 습득하고 회사운영의 경력도 쌓게 되었다. 그 뒤로 렴재윤은 요식업, 무역업, 물류업 등 사업을 두루 해봤지만 모두 참패로 이어졌고 재차 기술성이 높은 제조업 회사에 취직을 해야만 했다. 자석을 생산하는 회사였는데 꾸준히 업무를 익힌 덕분에 2003년에 총경리로 발탁이 되었다.

렴재윤은 2007년에 네오디움연구자석 기술을 바탕으로 창업의 길에 들어서게 되었는데 450만 원을 투자하여 텐진융훠이전자유한회사를 설립했다. 모든 자원을 끌어 모아 자금난을 해결했고 거래처 하나 없던 그는 마침내 인정을 받아 납품자격을 따냈다. 회사는 네오디움 영구자석 제품을 생산하여 주로 삼성전자와 삼성전기에 공급하는 것이 주업무이다. 그 외 휴대전화, DVD, 컴퓨터, TV등 통신장비와 가전제품에 사용되던 데로부터 냉장고, 에어컨 등에 사용되는 일련의 기술을 연구개발하였다. 이들 전기제품에 사용되는 각종 초소형 네오디움 영구자석 제품을 시험 제작하여 LG전자, 만도기계, 포스코 등 대기업에 납품하는데 성공했다. 이로서 렴재윤은 첨단기술로써 글로벌 전자제품 공급망을 확고히 장악하게 되었다. 초소형 네오디움 영구자석을 자동착자(自动加磁)하는 독특한 첨단기술을 확보한 그는 업계의 선두를 달리고 있으며 그의 무한 도전은 오늘도 계속되고 있다는 것이다.

렴재윤 회장의 성공담은 젊은 창업자들에게 귀감이 된다는 것이다. 창업은 실패 없이 이어질 수 없으며 부단히 도전하면서 배우고 사고해야 비로소 성공할 수 있게 된다는 도리를 설명해주고 있다.

현재는 과거와 달리 대학가기 전에 전공 선택을 잘하는 것이 중요하다. 배우고 싶은 걸 배우고 배워서 써먹을 수 있는 걸 선택하는 것이 관건이다. 정부에서는 농촌과 서부지역에 많은 우대정책을 주고 있다. 그러므로 우대 정책이 있는 곳에 관심을 가질 필요가 있는데 열악한 곳일지라도 남들이 하기 싫어하는 일을 하게 되면 오히려 성공할 가능성이 높다. 창업이 꿈이라면 자금이 부족할 때 동업으로 해결할 수도 있고 아직 창업 준비가 덜 되었다면 중소기업에라도 먼저 취직해서 바닥부터 차근차근 일을 배운 다음에 창업하면 모험을 줄일 수 있다. 돈이 있다고 해서 아무나 사장이 되는 것이 아니다. 사장은 두뇌가 명석해야 하고 분석능력이 있어야 하며 시장조사를 완벽히 해야 하고 조직능력이 갖춰져 있어야 한다.

김 회장은 젊은이들이 창업할 때 귀인을 만나는 일은 무척이나 행운스러운 일이라고 했다. 자신은 인생에서 중국아주경제발전협회 권순기 회장을 만난 것이 귀인을 만난 것이라고 했다. 한 고향에서부터 소중한 인연을 맺게 되었고 어려움에 봉착했을 때마다 조언을 받곤 하였는데 그 인연이 오늘까지 이어지고 있다는 것이다.

텐진조선족기업들에 조언

김 회장은 텐진조선족기업들이 좀 더 성장하려면 정부의 정책과 텐진의 지리적 우세를 잘 활용하여야 하며 자신들의 언어적 우세를 살려 한국의 선진적인 제조기술을 도입하는데 앞장서야 한다고 조언한다. 뿐만 아니라 각종 국제적인 플랫폼을 통하여 일본 내지는 세계 각국들과 광범위하게 교류해야 한다. 톈진이 가지고 있는 여러 가지 지리적 편리성을 이용하여 더 많은 나라들과 손잡고 생산, 무역, 서비스를 한 단계 업그레이드해야 한다는 점을 재차 강조하고 있다.

톈진은 해상과 육상 교통의 교착점으로 유라시아대륙을 이어주는 교두로서 국제항구의 중심에 위치하고 있기에 일대일로 정책을 실현하는 중요한 기지로 활약할 수 있다. 또한 톈진의 우월한 교육자원을 적극 활용하여 국제교육합작에 앞장 설 수도 있다.

현재 톈진조선족기업가들은 제조업에 제한되는 경우가 많은데 제조업에만 제한될 것이 아니라 다양한 산업으로 눈길을 돌려 기업을 키워야 한다. 온라인 산업, 농업, 에너지 산업, 민생산업, 안전보장 등 각종 다양한 산업으로 발전할 수 있다.

예를 들면 지구 온난화가 가속되면서 환경오염에 대한 문제가 가장 큰 이슈로 떠오르고 있다. 에너지 분야에 관심을 갖고 환경산업에 참여하는 것도 방향적으로 옳은 선택이 될 수 있다. 빈하이신구에 염업 +태양광 에너지를 생산하는 등 재생 에너지 친환경 산업에 주목할 필요가 있다.

우리 민족은 예로부터 슬기롭고 지혜로운 백의민족이다. 코로나 시국에 많은 사람들이 어려움을 호소하고 있으며 적지 않은 기업들이 부도나고 있다. 위기와 기회는 항상 동반한다. 톈진조선족기업들은 현재 처한 코로나 상황을 객관적으로 직시하고 마음을 열어 정세에 대한 관심을 돌려야 하며 개혁개방의 심화라는 정책을 잘 활용하여야 한다.

김일호 회장은 자신이 걸어온 노정에 대한 이야기보다는 창업1세대의 자격으로 현재 어려움을 겪고 있는 톈진조선족기업인들의 안타까운 현실에 대해 가감 없는 조언을 들려주었다. 톈진조선족기업인들이 좀 더 실속 있는 노력을 기울여 탄탄한 실력을 다져야만 한 단계 성장할 수 있으며 그래야 더 큰 국제무대로 나아갈 수 있다고 희망 섞인 기대를 전했다.

글/로춘화

▲ 2020년7월26일, 김일호회장일행 하이난성 자유무역항 고신기술개발구 방문(중간)

【김일호 프로필】

출 생 1965년

출생지 지린성 수란현(吉林省 舒兰县)

민 족 조선족

학 력 지린성야금학교

직 업 텐진호암과학기술개발유한회사 동사장

　　　　텐진정기수산물유한회사 총경리

　　　　텐진흠시대국제화물운송대리유한회사 이사

　　　　호암국제유한회사 동사장

사회직 중일한경제발전협회 부회장

　　　　중국아주경제발전협회 무역항경제발전부 주임

　　　　텐진시 조선족상회 제 2, 3기 회장

　　　　중국동식물출입국검열협회 부회장

　　　　지린상회 상무부회장

　　　　중국도시잡지사 하이난무역항구 발전연구중심 주임

　　　　하이난성호신매체유한회사 동사장

사랑은 최고의 약이다

텐진청송의약그룹 회장 **심 재 관**

텐진에 정착해 산 지도 10여 년이 넘었지만 주변에 소리 소문 없이 큰 사업을 하는 조선족 경영인이 있다는 소문은 얼마 전에 들었다. 그가 바로 청송의약그룹 회장인 심재관이다. 중한 수교 30주년을 계기로 심재관 회장을 만나 그의 창업이야기를 듣게 되어 개인적으로 소득이 컸다. 내심으로부터 탄복이 되었고 성공하는 사람은 어딘가 남다른 점이 있구나 하는 생각도 들었다.

심재관 회장은 조선족사회에 크게 어울리지 않고 주류사회에서 한족들과 경쟁하면서 나름대로의 노하우를 축적해왔다. 그는 중국문화에 대한 깊은 이해가 있었고 제약회사로서 사랑을 기본으로 하는 덕을 중요시하였다. 항상 '후덕재물 관이대인(厚德載物 寬以待人)'라는 말을 좌우명으로 삼고 있는 심재관 회장은 28년간 청송의약그룹을 운영해오면서 중화문명의 우수한 전통을 계승 발전시켜 나가는데 일조하고 있다. 그는 사물의 본질에 대한 사고를 바탕으로 시대의 흐름을 남보다 한발 앞서

꿰뚫어 보는 통찰력과 글로벌 안목으로 오늘날의 성과를 이룩하였다.

바른 심성과 전문성

'심'씨 성은 고대선진문화시기부터 있었으며 중국에는 쟝수성(江苏省), 저쟝성(折江省) 일대에 많이 분포되어 있고 한국에는 심홍보를 시조로 한 소언황후의 후손으로 청송군에 〈세거 심씨〉가 많이 집거해 있다. 심재관이란 이름은 심홍보를 시조로 한 '심(沈)'씨에 '후덕재물'을 의미하는 '재(載)'자, '관이대인'이라는 '관'(寬)자가 들어가 있어 '이름처럼 산다'는 게 그의 해석이다.

심재관은 지린성 부위현(吉林省 扶余县)의 한 조선족마을에서 태어났다. 어릴 때부터 외유내강의 성격을 지닌 그는 차분하면서도 새로운 것에 대한 호기심이 많았고 승부욕도 강했다. 평소 공부에 재미를 붙이고 사고하기를 즐겼던 그는 줄곧 반장을 맡아왔다. 바른 심성을 키워온 그는 선양약과대학에 입학하게 되었다.

선양약과대학은 중국에서 역사가 가장 유구한 종합제약대학중 하나이며 전신은 중국공산당과 모택동 주석 영도 하에 설립된 중국공농홍군위생학교 제조반이었고 제약분야에 전문성이 강한 대학이다. 대학시절 그는 의약품관련 전문지식을 익히는데 게을리 하지 않았고 의문 드는 문제는 그냥 넘어가지 않았다. 4년간의 대학생활은 그에게 꿈도 키워줬고 교수들의 총애도 받았으며 학우들과의 우정도 두텁게 하는 소중한 시간들이었다. 대학시절에 갈고닦은 기본기는 오늘날 그가 글로벌사업을 키워나가는 중요한 자산이 되었고 전문지식은 회사를 운영하는데 있어 핵심 경쟁력이 되었다. 바른 심성과 전문성은 그에게 인생에 대한 소중함과 사업에 대한 책임감을 갖도록 해주었으며 미래비전을 현실적으로 설계할 수 있게 해주었다.

현실적인 이상주의자

1991년, 심재관은 대학졸업 후 텐진중앙제약공장 연구소에 배치되어 연구원이 되었다. 연구과정에 그는 국내제약업의 발전수준이 외국에 비해 큰 차이가 있다는 점을 알게 되었고 제약업의 발전 가능성을 보아냈다. 미래에 대한 꿈을 안고 그는 1994년에 연구사업을 접고 창업을 선택하였다. 우선 외국의 중간재, 원료의약품 등을 인입하는데 공을 들였다.

1997년 IMF외환위기를 계기로 한국이 어려움을 겪고 있을 때 새로운 기회를 잡게 되었는데 유명 제약회사인 종근당, 유한양행, 한미약품, 대웅제약, 중외제약 등 회사들의 원료 의약품, 완제 의약품을 처음으로 중국에 수입하게 되었다. 한국의 파트너사들도 이를 계기로 중국에서 의약품을 런칭하게 되었고 중국 수출을 통해 수익을 높이게 되었다.

청송의약그룹은 연구개발과 판매는 국내에서 하고 생산은 국외에서 완성하는 식으로 시장수요도 만족시키고 약품의 품질도 보장되는 국내외 협력방안을 고안해냈다. 각자의 우세를 활용하는 이런 운영방식은 한동안 제약업계의 새로운 운영모델이 되었다.

청송의약그룹은 줄곧 고품질 전략을 고수하고 있는데 자체의 연구개발에 치중하면서 세계적으로 특화된 의약품과 기술을 도입하는데 주력하였다. 중국 의약품 관리규정에 따라 등록신청, 품질 컨트롤, 런칭 후 관리 등 체계화된 의약품 기업으로 거듭나게 되었다. 이런 과정을 겪으며 청송의약그룹은 중국 제약업계에서 독보적인 자리를 차지할 수 있게 되었다. 의료기기 분야에서도 외국의 선진 의료기기 설계이념, 생산기술 및 관리경험을 도입하여 수입제품과 국내생산을 결합하는 방식으로 의료기기의 선진화에도 박차를 가했다. 그는 국내 복강경 수술기기 공급자로 의료기관과 의사들의 minimally invasive를 위한 토탈 솔루션을 제공했다.

숫자와 규모가 한 기업의 성패를 좌우하지 않는다. 아무리 큰 회사라도 내실이 없으면 순식간에 붕괴될 수 있고 작은 기업이라도 비장의 카드를 가지고 있으면 멀리 오래 갈 수 있다. 기업으로서 핵심경쟁력을 갖추기 위해서는 부단히 연구하고 혁신해야 한다.

심 회장은 기업 경영에 있어서 나만의 기업문화를 추구하고 있으며 사랑하는 마음으로 약을 만들어야 경쟁력을 확보할 수 있다고 한다.

그는 자신을 '현실적인 이상주의자' 로 자칭하면서 터무니없는 공상이 아닌 실현 가능한 미래를 개척하기 위한 긍정적인 마인드를 가지고 회사

▶
중구국제공상학원
(CEIBS)
학우이사회 참석

를 운영하고 있다고 했다. 약은 과학적이어야 하며 사람의 생명과 직관되는 사업이기에 자기 가족을 대하듯이 고객을 염두에 두고 만들어야 한다는 생각을 항상 직원들에게 이해시키고 있다는 것이다. 그는 '사랑은 최고의 약이다'는 문화적인 경영이념을 솔선수범으로 실천하고 직원들에게 심어주고 있다.

청송의약그룹은 현재 프랑스, 덴마크, 한국, 인도, 대만 등 C-GMP 요건을 갖춘 제약업체들과 안정적인 협력 관계를 유지하고 있으며 외국의 엄격한 의약품 생산 기준에 따라 의약품의 안전성과 효과성을 담보하고 있다. 의약품 안전에 대한 사람들의 관심도가 높아지면서 고품질의 의약품을 취급하는 의약회사의 전략적 우위를 고수하는 것이 무엇보다 중요해졌다.

청송의약그룹은 현재 매출액 14억 위안, 세금 납부 2억 위안이 넘는 과학기술형 기업으로 성장하였다. 발명 특허 11개, 실용신안 특허 27개, 수입의약품&의료기기 등록허가 44개를 획득하였으며 기업의 지속적인 성장에 탄탄한 기반을 구축하였다. 서청구에 의약연구원을 따로 운영하고 있으며 공항경제구에 물류센터를 두고 있다. 쟝시성(江西省)에는 자회사를 두고 있고 전국 70여개 지역에는 대표사무실을 설립함으로써 전국적인 판매 네트워크를 형성하였다. 파트너사로는 프랑스의 사노피, 유럽의 LEO사, 그리고 일본, 미국, 대만 지역의 제약업계 거장들과도 손을 잡았다. 현재는 의약품에 전망 있는 인도와의 긴밀한 연락을 위해 인도에 사무소를 설립하였다.

현재 청송의약그룹의 의약품은 국내 1만여 개 병원에 보급되고 있다.

어떤 일에서든 사람이 먼저

심 회장은 따뜻한 마음으로 사람을 대하고, 냉철한 두뇌로 일을 해야 리더로서의 자격이 있으며 인간에 대한 사랑을 할 줄 알아야 대장부가 될 수 있다고 말한다.

무엇보다 사람이 먼저여야 한다고 주장하는 심 회장은 인재육성에 있어서 남다른 심혈을 기울이고 있다. 그는 해마다 모교 후배들의 창신력을 키우기 위한 '청송컵창업창신대회'를 개최하여 대학생들의 사고능력을 키우는데 후원해주고 있다. 후배들과 함께 하는 프로젝트를 통해 후배들은 취업에 도움이 될 수 있어 좋고 회사는 인재를 영입할 수 있는 좋은 기회가 되어 서로 좋다고 했다. 현재 청송의약그룹 직원의 40%가 선양약과대학 졸업생들이라고 한다.

세상은 자고나면 변화하는 시대에 들어섰기에 조직의 오너 역시 창조적 리더십을 갖춰야만 변화하는 시대에 부응할 수 있다. 창의력과 상상력을 갖춘 리더만이 복잡하고 미묘한 문제들을 남과 다른 방식으로 해결할 수 있게 된다.

심 회장은 회사 직원들도 마찬가지로 넓은 시야를 가져야만 함께 성장할 수 있다고 생각하여 매년 직원 해외여행을 복지로 제공하고 있으며 청송의약그룹을 글로벌화하기 위해 다방면으로 노력중이다. 이외에도 그는 여러 가지 취미활동을 조직하여 직원들의 모험심도 키우고 생활에 대한 정취도 느끼게 함으로써 종합적인 사고력을 키우는데 힘을 보태고 있다. 뿐만 아니라 자신에 대해 엄격하게 요구하고 있으며 사업에서 신용을 최우선으로 내세우고 있다. 그는 협력하는 사람과는 공평하게 이윤을 나누는 것을 원칙으로 삼고 있으며 10여 년 동안 한 번도 파트너와의 약속을 어긴 적이 없다고 한다.

사랑은 최고의 약

기업가로서 사회에 한두 번 기부하고 후원하는 건 누구나 할 수 있는 일이다. 하지만 십여 년을 하루와 같이 자선공익 사업에 열중하는 것은 쉽지 않은 일이다. 심 회장은 2000년부터 각종 공익활동에 적극 참여하고 있으며 빈곤가족 청소년들의 성장에 보탬이 되고 취업생들의 취직문제를 해결해주려고 노력하고 있다. 청년들로 하여금 돌발 상황에 대처할 수 있는 기능을 연마하고 문제해결 능력을 키워나가도록 하면서 자신감을 높이도록 하는 것이다. 우리 사회의 조화로운 발전을 이루려면 어려운 사람들이 줄어들어야만 가능하다는 지론을 갖고 있는 심재관 회장은 여태껏 기부한 자금이 총 380만 위안에 달하며 공익물자의 가치는 320만 위안에 달한다.

톈진적십자에서는 다년간 빈곤 학생들의 가정을 직접 방문하여 어려움을 해결해주기도 하고 어린이들을 조직하여 박물관을 참관시키는 등 다양한 활동을 조직하고 있다. 심 회장은 이런 활동을 꾸준히 지원해주고 있으며 적지 않은 학생들이 혜택을 받고 있다.

2000년부터 심 회장은 가정형편이 어려워 학업을 계속할 수 없는 빈곤한 산간지역의 948명 학생들에게 학자금으로 136.4만 위안을 지원했고 학자금을 지원받은 학생들 중 400여 명이 대학교에 진입하여 학습하고 있으며 800여 명이 이미 졸업하고 취직하여 사회생활을 시작하고 있다.

톈진시청소년발전기금회를 통해 6명 빈곤학생의 수술비용을 지원했으며 쓰촨 원촨 지진이 일어났을 때 재해 지구에 60만 위안을 기부하였다. 코로나 팬데믹이 터지자 180만 위안어치의 의료용 마스크를 구입하여 텐진시 정부에 기부하였다. 조선족 사회를 위한 기부활동도 빼놓지 않고 진행 중이며 15년 동안 지속적으로 고향 노인들에게 기부한 금액만 20여만 위안에 달한다. 2015년 '8.12 텐진항 대형폭팔사고'가 발생했을 때 110여만 위안에 달하는 긴급 약품을 기부하여 소방대원과 시민들에게 도움의 손길을 보내주었다.

10년째 선양창업대회를 꾸준히 열수 있도록 지원하고 있으며 학생들이 이 창업대회를 통해 취업을 준비하는 계기로 삼게 해주고 있다. 대회에서 대학생들이 제출한 수백 개의 창업 계획서를 하나씩 꼼꼼히 심사하여 구체적인 심사평을 내놓는 것으로 실질적인 도움을 주고 있다. 현재까지 약 3,000명이 넘는 학생들에게 취직관련 고민을 풀어주기 위해 자신의 의견을 제시하는 등 세심한 가르침을 아끼지 않고 있다.

선양약과대학에 기부한 금액만 보면 2019년에 100만 위안을 후원했고 2020년에는 37.8만 위안을 후원했으며 2021년에는 101만 위안을 후원하였다. 이런 기부금은 모두 후배들의 인재양성에 사용되고 있다.

2017년 10월 30일, 텐진시적십자로부터 '박애(博爱)'상을 수상했고 2017년 '민영기업건강성장공정 사회기부 100대 기업'에 당선되었다. 청송의약집단주식회사는 2020년 12월 21일에 텐진대강당에서 '텐진시 적십자분야 선진집체'라는 표창을 받았다.

조선족 기업의 미래

"사람이나 기업 모두 틀에 박혀서는 성장할 수 없습니다. 우물 안의 개

▲ 청송의약그룹에서 조직한 토론회에서

구리처럼 좁은 울타리 안에 갇혀 있으면 성장할 수 없듯이 낯선 것을 찾아가는데 두려워하지 말아야 합니다. 과감하게 생각하고 그 생각을 행동으로 옮기면서 새로운 경험을 쌓을 때 비로소 커질 수 있다고 봅니다."

심 회장은 조선족 기업들이 부딪친 문제점들을 지적하면서 조선족 기업이라는 틀에 갇히지 말고 중국 시장에 융합되어야만 출로가 있다고 덧붙였다. 조선족 기업이라는 틀에 갇히는 순간 경쟁대상을 이길 수 없고 글로벌 차원에서 중국시장을 바라볼 수가 없다는 것이다. 세계 각국의 우수 의약품을 인입하여 글로벌 경쟁 속에 뛰어들었던 그는 중국의 모든 제약회사와 경쟁을 하는 과정에 끊임없이 배우고 자기혁신을 통해 이뤄낸 경험담을 진솔하게 털어놓은 것이다. 그는 제약회사를 운영하는 한편 중구상학원(中欧商学院) MBA과정, 상하이교통대학 금융석사학위를 따냈으며 지금은 칭화대학 금융학과 공부를 진행 중이다.

그는 관념전환이 필요하다고 강조한다. 지난날의 중한관계 우세를 지속적으로 발전시키려면 끊임없이 공부해야 하고 이 시대에 필요한 각종 지식을 습득해야 한다. 세계는 하나로 연결되어 있기에 우리는 현재 일어나고 있는 각종 현상을 통해 본질을 찾아낼 수 있어야 하며 자신만의 독립적인 사고력을 키워야 한다. 태평양 연안에서 벌어지는 일들이 나비효과로 우리에게도 영향을 미치고 있으며 전 세계적인 코로나19 사태나 러시아-우크라이나 전쟁 모두 우리와 밀접한 연관이 있다. 현재 실시하고 있는 코로나 정책에 대해서도 어떤 장점과 단점이 있는지에 대해 독립적인 사고를 해야 하며 과학적인 측면에서 생각해 보아야 한다고도 덧붙였다.

제약기업만 보더라도 조선족 기업은 우세가 많다고 심 회장은 말한다. 언어적 우세를 충분히 이용하여 한국의 선진기술을 다른 기업보다 한발 앞서 인입하고 적용하면 선발우세를 발휘할 수 있다는 것이다.

톈진의 기업들도 자신들의 우세를 소중히 여기면서 기회를 잡기 위해서는 공부를 더 해야 한다고 조언한다. 공부를 통해 자신의 경쟁력을 확보해야만 기업가로서의 종합적인 자질을 높일 수 있고 미래에 대처할 수 있는 능력을 갖추게 된다는 것이다.

또한 조선족 기업들은 한국에 대한 의존도가 높을수록 단점이 될 수도 있다고 일침한다. 한국과의 관계를 잘 살리는 것도 중요하지만 우선 자립자강(自立自强)하는 기업을 만들기에 노력해야 한다. 세계를 향하는 마인드로 시야를 넓혀 시장을 개척하고 사업을 키워야 한다. 국제관계와 국제환경은 앞으로 갈수록 예측하기 어렵다. 조선족 기업가들은 전략을 다원화하는 방향으로 전환해야 하며 더 넓은 범위에서 고객을 확보하고 원재료도 더 광범위하게 인입해야 한다. 중국이라는 시장에 발을 든든히

붙여야 중국기업가로서의 기회를 잡을 수 있다는 것이다.

우리는 모두 역사의 산물이고 미래를 만들어가는 참여자이다. 새로운 미래를 열어가는 사람으로서 역사가 준 계시를 잘 활용할 필요가 있다.

중국은 수당시기에 신라와의 거래가 빈번했다. 이로 하여 당나라와 신라 모두 번영과 부흥을 안아왔다. 중한 수교 30년간을 거치면서 중국과 한국은 이제 뗄래야 뗄 수 없는 이웃사촌이 되었다. 특히 조선족들은 우리 할아버지 할머니들이 살던 고향이라서 더욱 가깝고 쉽게 이해할 수 있는 바탕이 있다.

심 회장은 두 나라 사이의 앞으로 30년이 기대된다고 했다. 그 동안은 그냥 서로 의지하는 관계였다면 향후 30년은 서로 더 깊게 이해하고 자신들의 우세를 발휘하여 상호 부족함을 보완해주는 공동발전의 관계로 발전해야 한다. 그러자면 조선족 기업가들의 가배의 노력이 필요하다고 심 회장은 의미심장한 말을 남겼다.

글/로춘화

출　생　1967년

출생지　지린성 푸위시(吉林省 扶余市)

민　족　조선족

학　력　선양약과대학 학사, 중구(中欧)국제공상대학 석사

　　　　상하이고급금융경영대학 석사

　　　　국가발전개혁위원회 국제협력센터 "국합·예일 글로벌 리더십 육성" 과정

　　　　수료

기　업　청송의약그룹주식회사 회장 겸 총경리

사회직　중국조선족과학기술공상노동자협회 부이사장

　　　　톈진빈하이신구 상공조합 집행위원

　　　　톈진시 서청구육상혁신발전추진회 부회장

　　　　톈진시 조선족친목회 회장

　　　　중구국제상학원 톈진동문회 회장

　　　　선양약과대학 톈진동문회 회장

　　　　옌볜대학 약학원 겸직교수

　　　　석사과정 지도교사

경천애인 사상을 실천하다

칭다오조선족기업가협회 회장 **배 철 화**

경천애인(敬天爱人)은 유가의 기본사상으로서 전통 민본사상의 주요 내용이기도 하다. 경천(敬天)은 지고(至高)한 가치와 꾸밈이 없는 자연의 법리(法理)를 공경한다는 뜻이고 애인(爱人)은 사람을 최상의 가치를 지닌 존재로 존중해야 한다는 뜻이다. 어떤 목적을 위해서 사람을 수단시해서는 안 되는 신성한 존재로서 사랑해야 한다는 것이다. 칭다오조선족기업가협회 배철화 회장의 신조가 바로 경천애인 사상이다.

한국독자기업의 말단 직원으로부터 법인대표로 샐러리맨 신화를 창조하고 또 칭다오조선족기업가협회 회장으로 되기까지 그가 걸어온 궤적에는 본인이 평소에 굳게 믿어 지키고 있는 생각들이 점철되어 있다.

샐러리맨이 그룹의 법인대표로

배철화는 문화대혁명의 열기가 한창 후끈 달아오르던 1970년에 헤이룽장성 우창시 민러향(黑龙江省 五常市 民乐乡) 농촌에서 태어났다. 고

중(고등학교)을 졸업하고 잠시 현성 공안부문에서 순경으로 일했던 그는 1990년에 군 입대의 길을 택했다. 당시의 정책에 따르면 퇴역군인에게 좋은 일자리를 우선적으로 제공하게 되어 있었다. 1993년 퇴역한 그는 남들이 부러워하는 시공업국에 분배받았다.

그러나 그 사이 세상은 많이 변해 있었다. 개혁개방의 확고부동한 정책에 힘입어 국문이 더 크게 넓게 열리면서 산동성 칭다오를 위시한 중국 연해도시로 한국 기업들이 홍수처럼 밀려들어 왔다.

군에서 익힌 결단력으로 배철화는 단연 누님이 있는 칭다오로 향했다. 그가 칭다오에서 첫 입사한 회사는 한국 독자기업인 칭다오 동해소방장비유한회사였다. 학력을 중요시하는 기업환경에서 그에게 차려진 일자리는 현장관리였다. 그것도 조선족이라는 신분이었기에 가능한 일이었다. 배철화는 정직한 본성대로 열심히 일을 배우고 터득해나갔다.

그러다가 1995년에 그의 인생을 확 바꿔버릴 뻔했던 사건이 있었다. 그때 회사에서는 해마다 우수한 직원을 선발하여 한국으로 연수를 보냈었다. 소방장비는 상대적으로 기술함량이 높기에 직원들의 자질제고가 필수였기 때문이다.

한국에서 잠깐 흔들리는 일이 있었지만 돌아와서 파견회사에 재입사하여 군소리 없이 기름때를 묻히며 열심히 일했다. 그의 성실한 일 자세는 회사의 인정을 받게 되었고 현장관리로부터 계장, 과장으로 서서히 승진할 수 있었다.

1998년에 회사는 IMF의 영향을 받으면서 도산의 위기에 처했다. 본사에서 기술자와 관리인들을 철수시키면서 문을 닫으려는 그때 배철화가 나섰다. 다년간 현장을 뛰면서 모든 기술과 경영비법을 터득한 그는 자신이 한번 해볼 테니 기회를 달라고 설득했다.

밑져야 본전인터라 회사에서는 그의 요구를 들어주었고 그때로부터 배철화는 공장장이란 타이틀을 달게 되었다. 곧 도산할지 모르는 회사라 해도 빈주먹이었던 그가 최하층 관리로부터 공장장으로 부상한 것은 기적과 같은 일이었다. 생존을 위해 처절하게 몸부림쳤던 그 시절을 배철화는 지금도 잊지 못한다. 기술자들이 몽땅 돌아가 버린 마당에 압출기 설비를 수리한다고 기름때가 번지르르한 채로 기계 옆에서 꼬박 3박4일 동안 먹고 자기도 했었다.

자신의 몸이 망가지더라도 꼭 성공해야겠다는 의지로 불타있었다. 그의 끈질긴 노력으로 회사는 드디어 기사회생의 길을 찾아냈다. 한 단계 업그레이드된 그들의 제품은 베이징올림픽경기장, 칭다오 류팅공항, 한국인천공항, 롯데백화점, 경복궁 등에 납품되면서 히트를 치기 시작했고 따라서 업계의 주목을 받게 되었다.

2006년에 이르러 회사는 자체로 공장부지를 구입하고 이듬해부터 건축면적이 1만5천 제곱미터에 달하는 새 공장을 지어 2008년에 곧바로 입주했다. 따라서 2,600제곱미터의 기숙사와 식당도 갖추고 통근버스도 운영하기 시작했다. 이 시점에 배철화는 법인대표와 총경리를 맡게 된다. 물론 완전한 경영권을 가진 것은 아니지만 회사의 업무를 지휘하는 위치에서 그의 리더십은 점차 인정받기 시작했다.

단일 경영으로부터 그룹으로 발돋움

성공의 뒤에는 항상 위험이 도사리고 있는 법이다. 수출에만 의존했던 배 회장도 선택의 기로에 서게 되었다. 경쟁사가 늘어나니 자연히 수

출단가가 내려가기 마련이고 이윤의 폭은 하루가 다르게 줄어들었다. 배 회장은 과감히 내수로 전향하는 경영방침을 확정했다. 그리고 자신이 직접 운전하면서 차에서 먹고 자면서 장창 중국의 동서남북을 샅샅이 돌았다. 식사는 주로 간편한 라면으로 때웠는데 항상 차에는 라면이 몇 박스씩 실려 있었다고 한다.

그의 내수 결정은 탁월했다. 당해 하반기에 이르러 800만 위안의 오더가 떨어졌다. 그리고 이듬해에는 2천만 위안의 내수 매출을 올릴 수 있었다. 그 뒤로 제품은 멀리 저장, 하이난도까지 전국 각지로 납품되고 있으며 내수 시장의 80%이상을 차지하는 기적이 나타났다. 내수전략은 배 회장의 역할이 돋보이게 된 계기이기도 했다. 기업재생에 도전하고 성공한 모델이 된 셈이다. 수출만 할 때는 그의 역할이 제한적이었지만 총경리를 맡아하면서 내수에서 업적을 쌓은 결과 2015년에 이르러 회사 전반의 경영관리를 총괄하게 된 것이다. 현재 주주 3명 중 2명은 한국인이고 그가 모든 업무를 주관하고 있다.

소방호스는 전 산둥성시장의 90%이상을 점하고 있으며 호스 부분만 따지면 아시아 최대의 공장이다. 이 회사의 주

▲ 칭다오시 칭양구정치협상회의에서 제안 심사

력제품인 300미리미터 소방호스는 한때 다롄의 대형화재 때 위력을 발휘하면서 세계적인 유명세를 타기도 했다. 새로 개발한 특수소방호스 한 가지 품목만 가지고도 매출이 3.6억 위안에 이르는 신화를 만들어낸 것이다.

소방호스만 팔면 아깝다. 그리고 고객에게는 불편이다. 고객들이 찾아와 소방장비를 세트로 팔 것을 요구해왔다. 배 회장은 지금까지의 노하우를 살려 독일 등 유럽과 미국의 소방차를 주문하고 거기에 자체의 소방장비를 가설하여 판매하는 소방차 무역업으로 확장해나갔다. 단순한 소방호스를 생산판매하던 데로부터 소방호스, 수입소방자동차 무역, 소방장비 A/S까지 일체화한 종합 소방장비회사로 거듭났다.

그들의 제품 종류는 수십 가지가 되며 수시로 신제품을 개발해내고 있다. 농촌시장을 위해 이동하기 편리하고 가격이 싼 소형소방자동차도 개발 중이다. 한편 미래대비책으로 베트남시장을 개척할 계획을 갖고 2016년에 현지 고찰도 진행했었다.

배 회장은 중국 소방호스 국가표준인 GB6246-2011표준의 기안자(起草人)일뿐만 아니라 산둥성소방청 청장과 더불어 산둥성에서 모두 2명 뿐인 중국소방협회 이사로 당선되었다.

그러나 배 회장의 꿈은 여기서 멈추지 않았다. 그는 잘나갈 때일수록 가장 위험한 시기라고 입버릇처럼 말한다. 회사를 그룹화에로 우뚝 세우는 작업은 그때로부터 시작된다.

2015년 6월 배 회장은 2,000만 위안을 출자하여 면적이 1,200제곱미터가 되는 칭다오 어명당차고문화관을 설립했다. 이 문화관은 문화라는 매개물을 통해 다양한 교류를 진행하는 것을 목적으로 하는 한편 차와 다기 그리고 각종 예술품, 보석제품, 조각공예품을 전시판매할 뿐만 아니라 세미나 장소로도 제공되어 칭다오의 명소로 자리 잡고 있다.

한편 2016년에는 500만 위안을 투입하여 칭다오 화텅락하사커피유한회사를 설립한데 이어 칭다오화텅브랜드유한회사도 세우면서 그룹화의 틀을 갖추게 되었다.

2022년 6월 칭다오동해소방회사 소방호스제품은 우수품질, 양심제품, 우량기업 등 까다로운 조건부의 정부기관의 선정기준을 거쳐 국가집중명단입찰명단(国家集中采购白名单) 앞 순위에 들어갔다. 몇 천 개 업체 중에서 4~5개 업체만이 선정될 수 있는 명단에 들어간 것이다. 자체의 우수한 브랜드로 중국내수시장에 진출하기 위하여 꾸준히 노력해온 배 회장의 선경지명이 이런 결실을 맺게 한 것이다.

기업은 나누면 배로 커진다

배 회장은 2015년 6월 18일 칭다오 하야트호텔에서 진행된 칭다오어명당차고문화관 오픈식 뒤풀이행사에서는 문화관에서 소장한 보이차와 그림 등 예술품을 판매한 대금과 참석자들의 기부금을 모은 총 83만 위안을 중국의 빈곤지구 교육프로젝트에 기부하여 찬사를 받았다.

배 회장은 직원이 없으면 회사가 없다고 말한다. 그의 사업성공의 모태인 칭다오동해소방장비유한회사에는 직원이 100여 명 정도이다. 수백만 위안짜리 대형 기계 수십 대가 자동으로 작업을 하고 있는 공장에는 그렇게 많은 사람이 필요치 않았지만 그는 직원 수를 줄이지 않았을 뿐 아니라 오히려 직원대우를 높이기에 게을리 하지 않았다.

해마다 설이나 추석 때에는 어김없이 200% 보너스를 지급했다. 당연히 직원들은 회사의 일을 자기 집일처럼 다투어 했다. 덕분에 회사 효율이 다른 회사보다 배가 더 높았다. 모든 게 보상으로 돌아온 셈이다.

더욱 놀라운 것은 회사에 특수공헌을 한 직원에 대한 포상이다. 연말이면 전 직원에 한해 생산량, 매출액, 근무시간 등 여러 면으로 가산점을 매긴다. 최고득점 직원에게는 가치가 20여만 위안에 달하는 자가용을 상으로 준다. 공장장을 포함하여 이미 네 차례에 걸쳐 네 대를 포상했다.

한편 일반 직원들의 적극성을 동원하기 위해 연말총화행사 때면 푸짐한 식사와 상품 외에도 외국관광추첨 행사도 가진다. 행운에 당첨된 직원은 스스로 여행 목적지를 선정할 수 있으며 회사에서는 일체 여행비용을 부담한다. 이 전통은 지금까지 이어지고 있다.

2015년 칭다오조선족기업협회 수석부회장으로 당선되던 때 배 회장은 이제부터 민족사업에도 나서고 싶다고 밝혔다. 그간 회사 운영과 확충에 바삐 보내다보니 미처 민족사업에 눈길을 돌릴 겨를이 없었다는 그는 시간을 쪼개 써야 하는 바쁜 와중에도 여성협회 행사에 강사로 나서는 등 눈에 보이지 않게 조용히 봉사활동을 해왔다.

기업운영의 정수를 배우다

2019년 12월 28일 배 회장은 칭다오조선족기업가협회 제11대 회장으로 정식 취임하였다. 1997년 12월에 설립된 산둥성 첫 조선족기업단체로서의 칭다오조선족기업가협회는 20여 년의 발전을 거쳐 연해지역에 진출한 조선족사회를 하나로 이어주는 선도역할과 구심점역할을 톡톡히 하고 있다. 이런 중요한 경제단체의 수장에 배 회장이 만장일치로 회장에 당선된 것이다.

"회원사들의 친목과 경제창출 및 전국 조선족기업가협회들과의 친목 교류를 통한 공동발전의 길을 모색하고 개척해나가겠습니다."

배 회장은 본인이 취임사에서 밝힌 구상을 하나하나 실천에 옮겨갔다. 2020년 10월 12일 칭다오조선족기업가협회 새 사무청사 임대입주식이 성황리에 진행되었다. 총 3,400제곱미터 건평에 3층으로 된 멋진 사무공간에는 조선족기업제품 전시장, 협회 사무실 및 노인협회와 여성협회 사무실들이 줄줄이 입주하였다. 칭양구의 노른자위로 불리는 홀디데인 호텔 맞은 켠 국가광고산업단지 내에 위치한 이 청사는 칭다오조선족사회의 구심점으로 떠올랐다. 지금까지 그 누구도 상상하지 못했던 위대한 업적을 배철화 회장이 이루어낸 것이다.

2020년 12월 31일 칭다오조선족기업가협회 주최로 열린 송년회에서는 전국유명 기업회장 대담 프로그램이 진행되었다. 중국의 첫 조선족상장기업인 랑시그룹 신동일 회장, 선양조선족기업가협회 박해평 회장, 칭다오요구르트식품회사 박성진 동사장 및 배 회장 등 거물급 기업가들을 대담현장에 모신 것이다. 대담 행사는 소문을 듣고 현장에 모여든 500여 명의 관중들의 뜨거운 호응 속에서 대성공을 거두었다. 참가자들은 본인들과 똑 같은 동북삼성 조선족 출신들이 어떠한 도경과 시련을 거쳐 성공의 레드카펫을 걸을 수 있었는지의 비결을 듣는 소중한 시간을 가졌으며 이러한 기회를 마련해준 기업가협회에 너도나도 엄지손가락을 내밀었다. 대담행사가 끝나고 돌아갈 때 두 어깨가 올라간 것 같더라는 어느 기업인의 후한 평가도 있었다.

2021년 칭다오조선족기업가협회에서는 중국공산당설립 100주년을 기념하여 기업인포럼을 또다시 개최하였다. 이번 포럼에는 전국조선족

기업가협회 표성룡 회장, 전 칭다오조선족기업가협회 김창호 회장, 칭다오조선족여성협회 이계화 회장 등이 대담 주역이 되어 무대에 올랐다. 이외에도 한국 삼성에어컨 중국본부 김신중 부장, 칭다오황해제약그룹 유풍걸 총재 등 한국과 당지 한족기업가들도 자리를 함께 하고 경험담을 나누었다.

이날 행사에 귀빈으로 참석한 칭다오 한국영사관 김경한 총영사는 칭다오조선족기업가협회에서 코로나로 어려운 상황을 이겨내고 전국에서 내로라 하는 기업가들을 초청하여 포럼을 개최한데 대하여 높이 평가해 주었다. 칭다오 한국상회 이덕호 회장도 동감을 표시하면서 앞으로 본인들의 행사에도 조선족기업협회를 본받아 기업가대담 프로그램을 추가할 것이라고 표했다.

▲ 배철화회장이 운영하는 칭다오동해소방장비유한회사 대문

전국의 조선족기업가협회들과 교류 강화

기업가협회 회장으로 당선된 배 회장이 매년마다 견지해오고 있는 것이 바로 전국 각 지역 조선족기업가협회들과의 친목교류이다. 현재 전국에는 33개 조선족기업가협회가 설립되어 있다. 각 협회의 힘을 합쳐 단결하고 협력해야만 모두의 발전과 성장을 이룰 수 있다고 배 회장은 피력했다.

전국조선족기업가협회 표성룡 회장이 근무하고 있는 선양을 포함하여 옌벤, 텐진, 베이징 기업가협회들과의 교류를 활발하게 이어오고 있다. 매번 출장방문에서 빠질 수 없는 것이 각 지역 조선족기업가협회와의 전략협력협의서 체결과 우수 기업 탐방이다.

2021년 5월 28일 칭다오조선족기업가협회 대표단 일행은 배 회장의 인솔 하에 2박3일 일정으로 옌벤조선족기업가협회를 방문했다. 배 회장은 옌벤조선족기업가협회 이성 회장과 '전략적 협력 파트너 협의서'를 체결하고 향후 양 협회와 기업인들의 교류 및 합작을 한층 추동하기로 하였다. 이에 따라 양 협회는 향후 상호 방문, 사업 및 정보교류를 활성화하면서 밀접한 연계와 소통을 바탕으로 서로 관심 있는 프로젝트에 대해 진일보로 협력을 넓혀가자고 약속했다.

칭다오대표단은 박걸 회장이 운영하는 커시안그룹 엔지공장을 현지에서 방문하였다. 아울러 옌벤에서 가장 규모가 큰 인터넷쇼핑몰 '선중운생활플랫폼'의 가동식에도 참가하였다.

7월에 칭다오조선족기업가협회 대표단은 베이징에 가서 2021 전국조선족기업가포럼 및 중국아시아경제발전협회 조선족기업발전위원회 설립식에 참석하였다. 배 회장은 전국기업가포럼의 토론자로 초대되어 무대에 올라 자신의 소중한 경험을 교류하기도 하였다.

또한 칭다오대표단은 커시안그룹 본사를 방문하여 박걸 회장으로부터 기업의 창업사를 경청하면서 하루가 다르게 커지고 있는 국민건강산업에 대한 요해도 할 수 있었다. 동시에 베이징에 본사를 두고 있는 랑시그룹을 찾아 신동일 회장을 면담하고 기업운영과 금융합작의 필요성에 대해서도 경험담을 듣게 되었다.

커지는 꿈 – 민족빌딩을 세운다

코로나의 영향을 받아 정기적인 활동을 조직할 수 없었던 칭다오조선족기업가협회는 2022년 6월 10일 첫 회원대회를 소집했다.

회의에서 배 회장은 민족사회의 가장 큰 화젯거리를 던졌다.

이날 행사에서는 칭다오텐안사이버파크유한회사와 칭다오조선족 기업가협회 간에 전략적 협력협의서가 체결되었다. 텐안사이버파크는 칭다오시의 투자유치 중점 프로젝트로서 하이테크놀로지, 산업단지를 융합하는 플랫폼을 제공하여 과학기술과 창의력 있는 기업의 성장과 발전을 지원하고 있다. 단지 내의 쌍창기지(双创基地)는 2019년에 국가공신부의 승인을 받았으며 인프라가 완비되고 운영관리가 규범화되어 있으며 비즈니스모델이 명확하고 서비스기능이 완벽한 특색이 있다. 단지 내에는 칭다오 한국총영사관을 비롯해 한국기업과 조선족기업이 60여 개나 입주해 있다.

풍경이 수려한 백운산공원 내에 위치한 텐안사이버파크에 16층 구조의 단독건물인 총면적 1만5천 제곱미터에 달하는 건물을 조선족기업가협회의 민족빌딩으로 매입하려는 방안을 발표한 것이다. 총투자규모가 1억5천만 위안이라는 배 회장의 말에 실내는 술렁거렸다.

"텐안사이버파크내에 민족빌딩을 건설하기 위한 구상은 오래 전부터 있었습니다. 관련 실시방안도 회장단 의사일정에 올려 토론을 거쳐 협회의 금년 하반기 업무계획으로 내놓았습니다. 텐안사이버파크 자체가 갖고 있는 각종 우대정책이 기업가들의 사업 확장에 좋은 선택이 될 수 있으므로 많은 분들이 동참하여주기를 부탁합니다. 앞으로 이곳을 우리 민족을 상징하는 곳으로 만들어 민족부흥발전에 기여합시다."

톤은 높지 않았지만 또박또박 나오는 배 회장의 발언에 회원들은 너도 나도 놀라고 흥분된 모습들이다. 상상만 해도 흥분되는 자체의 민족빌딩을 갖는 꿈을 지금 배 회장은 진짜로 이야기 하고 있는 것이다. 현장에 있던 20여 명 기업인들이 참여의사를 표했다.

"민족빌딩은 회원사들의 자산 가치 증식에 이롭고 기업가협회와 민족경제발전에 이로우며 지역사회와 나라발전에도 크게 도움이 될 겁니다."

배 회장의 의미심장한 말이다.

글/ 박영만, 장학규

【배철화 프로필】

출 생 1970년

출생지 헤이룽장성 우창시

민 족 조선족

학 력 난카이대학 공상관리학과 졸업

기 업 칭다오동해소방장비유한회사 법인대표

칭다오 화텅그룹(华腾集团) 동사장

사회직 칭다오조선족기업가협회 회장

중국소방차소방펌프협회 부주임

중국소방협회 이사

칭다오시 칭양구 정치협상회의 위원

산둥성헤이룽장상회 부회장

한국의 바나나우유 중국시장 개척자

청다오루이청(瑞城)그룹 회장 **박 진 희**

현재 중국대륙의 우유제품 업계에서는 한국의 바나나우유가 중국 시장에서 인기를 끌고 있다는 사실을 모르는 사람이 별반 없다. 경쟁이 치열한 식품판매업계에서 한국의 빙그레 바나나우유가 2012년부터 판매액 1억 위안을 돌파하면서 꾸준히 성장해오고 있기 때문이다. 전국 각지의 대형 슈퍼마켓에 공급되기까지 무수한 공을 들인 박진희 회장의 노력이 있었기에 중국시장 개척자로 인정받고 있는 것이다.

박씨 가문의 막내, 군에서 잔뼈를 굳히다

1970년 박진희가 막둥이로 고고성을 울리며 태어났을 때는 그 위로 형님이 3명, 누님이 3명 합계 7명 자식의 대가족 식솔이었다.

편벽한 농촌이라 온집 식솔이 열심히 일해도 겨우 생활유지나 할 정도여서 박진희 기억에는 어려서부터 새 옷을 입어본 적이 없었다 한다. 큰형님이 입던 옷이나 형제들이 입던 옷을 대물림 받아 입었는데 항상 헐

렁한 옷을 입고 다닌 기억이 생생하다.

박진희가 16세 되던 해에 그렇게 존경하던 아버지가 세상을 떠났다. 한생을 땅과 함께 살아온 아버지는 선량하고 부지런하였다. 그는 자신의 뿌리가 흔들리는 느낌을 받았다. 자신의 인생길을 선택해야 하는 시점에 그는 군에 입대했다. 당시 농촌을 벗어날 수 있는 유일한 길은 대학입학과 군 입대였는데 박진희는 후자를 선택한 것이다.

네이멍구 츠펑시(內蒙古 赤峰市)에 위치한 무장경찰부대에 들어가서부터 박진희는 짜여진 군생활을 하며 잔뼈가 굵혀지기 시작하였다.

새벽 군호소리에 맞추어 일어나 두부모처럼 이불을 가지런히 갠 후 운동장 달리기로 하루의 일과가 시작된다. 바로 섯, 경례 등 대열훈련으로부터 5천 미터 달리기, 사격훈련, 극한 견디기 훈련에 이르기까지 어느 하나 쉬운 것이 없었다. 워낙 체질이 약했던 박진희는 처음에는 따라가는 것조차 무척 힘들었다. 마을에 있을 때는 든든한 형들이 있어서 도움이 되었으나 군대조직에 들어가니 모든 걸 혼자서 처리해야 했다. 집 생각, 고향생각에 밤을 지새운 적이 한두 번이 아니었다.

그러나 군에 근무하는 3년 동안 그의 체력은 하루가 다르게 달라졌다. 마지막에 와서 반에서는 물론 그가 소속된 부대에서도 인정해주는 체력선수로 인정받게 되었다.

"군에서 입은 가장 큰 혜택이 바로 책임감과 끈기 그리고 담대함입니다."

박진희가 전하는 군 생활에 대한 총화이다. 군복무를 마치고 제대하여 고향에 돌아온 그는 뜻밖의 좋은 소식을 접하게 되었다.

"중국과 한국이 수교를 했대요."

그때가 1992년 8월 24일, 지금으로 부터 30년 전의 일이다.

옌타이에 부는 한국투자 붐

중한 수교는 동북3성에 살고 있던 조선족들의 삶에 큰 변화를 가져다 주었다. 전에는 친척방문, 약장사로 '남조선'을 방문하던 것이 중국 대륙에 진출하는 한국 독자기업이 늘어나면서 중국내의 한국회사에 취직하여 통역과 관리인원이라는 새로운 직장을 갖기 시작했다.

중국은 개혁개방이후 1984년에 다롄, 친황도우(秦皇島), 텐진, 옌타이, 칭다오, 롄윈강, 난퉁(南通), 상하이 등 연해지역 14개 도시를 개방한다고 선포했다. 중한 수교 이후 한국과 지리적으로 가장 가까운 곳에 위치한 산둥성의 옌타이, 웨이하이, 칭다오시가 대한국 합작의 선두지로 떠올랐다.

1990년 9월 인천과 웨이하이시를 잇는 중한간의 첫 카페리(客货班轮) - 골든브릿지(金桥)가 개통되었다. 그 후 4년이 지난 1994년 8월 27일 옌타이시와 한국의 부산시를 이어주는 카페리가 통항하였다. 이는 건

▲ 박진희 회장이 빙그레우유 중국시장개척에서 따낸 탁월한 수출성적으로 5월 12일 서울 한국농수산식품유통공사에서 발급하는 특별공헌상과 트로피를 받고 있다.

국 이래 옌타이시가 처음으로 개통한 해외 운항선이었다. 이어서 옌타이 부두와 인천부두를 연결하는 카페리도 통항하였다.

중한 수교 전인 1989년에 옌타이시의 제1호 한국독자기업인 옌타이 경방직제품회사가 오픈식을 거행했다. 한국에 살고 있는 화교들 가운데 가장 많은 비율을 차지하는 것이 옌타이출신 화교들이다. 이런 화교들이 중국의 개혁개방과 외자유치에 첫 스타트를 떼 준 것이다. 실례로 한국에서 유명한 주현미 가수의 고향도 옌타이 모오핑(烟台 茅坪)이다. 초창기 옌타이에 진출한 한국업체들은 대부분 노동밀집형 중소기업들이 많았다. 그러나 대기업 진출로 말미암아 옌타이시의 한국투자기업수와 규모는 기하급수적으로 늘어나기 시작했다.

1994년 대우중공업(후에 두산중공업으로 개명)이 1억5천만 달러를 투자하여 옌타이개발구에 입주했다. 년 2만 대의 굴삭기를 생산하는 대우중공업은 한때 년 매출액을 57억 원까지 올리면서 중국 장비업체에서 1위를 차지했었다. 동시에 대우지게차, 대우자동차, 대우공작기계, 대우공정기계 등 계열회사들이 수십억 원의 매출액을 올렸다. 이 외에도 럭키금성디지털이동통신회사(총 투자가 7,900억 달러), 럭키금성디스플레이 유한회사(총 투자 4억 달러), 대우조선(총 투자 1억8,900만 달러), 포항제철옌타이자동차부품제조(총 투자 3,900만 달러), 옌타이현대병륜중공업(총 투자 3천만 달러), 현대자동차연구개발센터(총 투자 2.9억 달러), 한화신에너지 래양회사(총투자 5천만 달러) 등 한국 대기업들이 옌타이시에 집중적으로 투자하였다.

옌타이에 투자한 한국 기업 수는 가장 많았을 때 4,000개에 달했으며 몇 만 명의 한국인들이 거주하기도 하였다.

2001년 중국국가교육부와 한국과학기재부의 허가에 의해 산둥성 첫 한국인 국립학교인 옌타이 한국학교가 설립되었다. 당시 800여 명의 한국학생이 있을 정도로 옌타이에는 말 그대로 한국바람이 크게 불었던 것이다.

박진희는 군 제대 후 형들이 먼저 자리를 잡은 옌타이시를 찾은 지 얼마 안 되어 어느 한 장소에서 한국직원들끼리 하는 대화를 엿듣게 되었다.

"중국음식이 이젠 질려, 언제면 우리 한국식품을 마음대로 먹을 수 있을른지?"

한국 기업에 근무하는 한국 직원들이 무심히 나누는 대화 속에서 생애 첫 상업아이템이 박진희의 머릿속에 떠올랐다.

'한국식품전매상점을 차려보자.'

그는 그동안 모아온 자금에 형제들 돈을 조금씩 꾸어서 옌타이부두가에 자그마한 한국식품가게를 차렸다. 이름은 칭양마트, 박진희 사장의 한국 식품 중국판매사업이 드디어 개장을 한 것이다. 그해가 1997년이었다.

식품가게에서 마트체인점으로

박진희 사장의 예언은 적중했다. 칭양마트는 개점 첫날부터 문전성시를 이루었다. 매주 2차례씩 오가는 중한 카페리손님은 물론 옌타이 전역에 진출한 한국 업체들로부터 주문전화가 들어오기 시작한 것이다. 한국산 신라면, 김, 간장, 고추장, 된장, 다시다, 참치통조림 등 식품류가 주종을 이루었다. 이 외에도 진로소주, OB맥주 등 주류에 이어 쿠쿠밥솥 등 주방용품으로 품목을 확대해갔다.

　식품가게 운영에서 가장 중요한 것은 물량확보이다. 박진희 사장은 처음에는 따이궁(代工)을 많이 이용하였다. 따이궁이란 중한 수교이후 인천에서 중국으로 오가는 저렴한 배편이 형성되면서 대거 생겨난 보따리상으로서 이들은 한국과 중국을 오가며 물건을 구입해 판매한다. 이들 대부분은 화교출신들이었다.

　박진희가 군에서 근무할 때 한족 전우들 가운데 산둥 출신이 몇몇 있었는데 그들과 접촉을 가까이 하면서 이들의 산둥말을 알아듣고 또 허물없이 지내던 경험이 이번에 큰 효과를 발휘한 것이다.

　따이궁들과의 접촉시간이 길어지면서 점점 더욱 많은 한국상품 정보들이 칭양마트에 집중되었다. 칭양마트는 당시 옌타이부두에서 가장 유명한 정보메카가 되고 말았다. 따이궁들이 가져온 한국 물건들이 이곳을 통해 칭다오, 지난 및 전국 각지로 배송되었으며 한국으로 나가는 각종 국내 물건들이 이곳에 미리 집중되었다가 한국으로 나갔다. 특히 중국에서 기업을 운영하는 업체들이 급하게 나가고 들어올 부품들도 벌써부터 칭양마트를 이용하고 있었다. 그 당시 박진희 사장의 전화번호는 한국인들 사이에서 114로 소문이 퍼졌다. 박 사장한테로 전화하면 해결 못하는 것이 없다는 것이다.

　그러다가 박 사장은 점차 시야를 칭다오시로 돌리게 되었다. 옌타이시에 진출한 한국인과 한국기업들도 많지만 몇 배 이상의 한국인 상권이 칭다오에서 서서히 형성되고 있다는 것을 발견한 것이다.

　2001년 8월 그는 가게의 업무를 확장하여 칭양무역유한회사로 등록하였다. 2007년부터는 청도에서 한국인들이 가장 많이 진출해 있는 칭양구에 칭양마트 춘양화원(春阳花苑)점과 대윤발(大润发) 점 등 체인점을 연달아 몇 개 오픈했다.

업무확장이 산동 전역 및 전국으로 확장됨에 따라 250만 위안을 투자하여 칭양투자자문컨설팅회사도 함께 운영하기 시작하였다.

10년간의 발전을 거쳐 옌타이와 산동지역을 아우르는 전국 시장에 진출할 기초를 마련한 것이다.

바로 이때 한국의 빙그레 우유회사에서 박 사장을 찾아왔다.

거대한 중국대륙 14억 인구의 입맛을 잡아라

한국 빙그레회사에서 나오는 바나나유유는 한국에서 국민우유로 널리 알려져 있는 제품이다. 이미 미국, 캐나다, 동남아, 그리고 일본에까지 수출되고 있지만 별로 재미는 못보고 있었다. 이즈음에 중국시장에도 들어와 시도해보았지만 맞춤한 파트너를 찾지 못한 상태였다.

당시 박 사장은 칭양 지훙탄(青阳 棘洪滩)에 8천 제곱미터의 식품공장을 금방 완공하고 본격적인 국내 내수개척에 나서려던 참이었다. 빙그레회사의 제안을 받은 박 사장은 종이곽 포장으로 된 바나나우유맛을 보면서 눈빛이 빛나기 시작했다.

여직 중국 시장에서 맛볼 수 없는 바나나와 우유의 신선한 맛, 든든한 경제실력을 자랑하는 한국 빙그레회사, 중국의 거대한 14억 인구 시장을 개척하려는 절박함, 이제 남은 것은 중국인의 입맛을 사로잡는 일 뿐이다.

"한번 일을 저질러봅시다!"

박 사장과 빙그레회사와의 전략적 협력이 성사되는 순간이었다. 그때로부터 상하이, 베이징, 광저우의 대형마트에는 심심찮게 판촉행사를 하는 박 사장의 모습을 볼 수가 있었다.

전국적인 판매의 순조로운 진행을 위하여 2011년 5월에 1,100만원을 투자한 칭다오루이청국제무역그룹주식유한회사가 설립된다. 부두가의 식품가게로부터 유한회사를 거쳐 그룹회사로 발돋움한 것이다. 박 사장이 회장을 맡고 동시에 베이징, 상하이, 선전에 분사를 설립하면서 그룹체제로 움직이기 시작한 것이다. 2011년과 2012년 이 두 해를 박 회장은 거의 출장으로 지냈다. 인생의 2차 창업을 시작한다는 각오로 나선 것이다.

치밀한 시장조사를 거쳐 중국의 경제수도인 상하이에는 대형 매장을, 정치수도인 베이징에서는 할인매장을 개설하는 차별화 전략을 실시했다. 패밀리마트, 쎄븐일레븐, 월마트, 화련체인점, 쟈스커 등 매장들에서

▲ 박진희회장이 근무하는 칭다오루이청그룹회사 입구

동시다발적으로 판촉행사가 시작되었다. 박 회장은 그때의 상황을 해방전쟁시기 3대전역에 비유하고 있다. 호텔에 거점을 잡고 지도를 펼쳐가면서 연구하고 매일매일 물량을 체크하고 부족한 부분은 수시로 채워가면서 빈틈없이 일해 나갔다. 남편의 마음을 그렇게 잘 이해하는 집사람조차도 '미쳤다'고 할 정도로 모든 정력을 쏟아 부은 것이다.

매번 판촉행사 장소에는 박 회장의 모습이 빠지지 않는다. 그는 고객들의 뒤에 서서 시음한 후 그들의 반응을 귀동냥으로 듣는다. 하루종일 종합한 고객들의 반영 내용을 정리한 후 한국 측과 협상하여 개선방안을 토의하고 곧 실행에 옮긴다.

공든 탑이 무너지랴! 박 회장과 임직원들의 공동한 노력 하에 먼저 상하이에서 대박이 터졌다. 워낙 소비가 높은 도시인지라 한번 바나나우유 맛에 반한 고객들이 줄줄이 다시 찾기 시작한 것이다.

마침 인터넷과 쇼셜미디어에 '전설속의 바나나우유 상하이에 등장'했다는 내용의 문장이 핫이슈에 뜨면서 소비에 부채질하기 시작했다.

매일마다 바나나우유를 꽉 박아실은 컨테이너 수십 개가 중국 부두에 도착했다. 제품들은 매대에 올려놓기 바쁘게 며칠 만에 동이 나곤 하였다. 베이징, 선전에서도 소비자들의 반응이 뜨거웠다.

2012년 연말 바나나우유 단일품목 중국 대륙의 판매액이 처음으로 1억 위안을 돌파했다.

5년 내 상장을 목표로

현재 바나나우유 제품의 중국 매출액은 코로나19의 영향으로 잠시 주춤하고 있지만 여전히 인민폐 2억 원을 초과하고 있다.

회사는 베이징, 상하이와 선전에 지사를 운영하고 있으며 전국에 400여 개의 대리상을 두고 있다. 결국 전국적으로 4만여 개의 점포에 한국 식품들을 공급하고 있는 것이다.

박 회장이 이끄는 루이청그룹의 지난해 말 국내 영업액은 4억 위안을 돌파했다. 코로나19의 영향으로 거의 모든 업종들이 큰 타격을 받고 있는데 반하여 실로 높은 점수를 받을 수 있는 성적표이기도 하다.

루이청그룹에서는 또 몇 년 전부터 티몰(天猫), 징둥(京东), 더우인(抖音) 등 온라인 전자상거래 업무도 개척하고 있는데 그 비중이 전체 업무량의 30%를 차지하고 있다.

루이청그룹은 또 한국의 농수산식품유통공사(AT) 칭다오대표처와의 협력도 강화하고 있다. 대형 보온창고를 보유하고 있는 AT회사의 우세를 십분 발휘하고 있다. 한국 식품을 실은 수백 개의 컨터이너들이 전국 각지로 나가는데 필요한 콜드체인 운송(冷链运输)환승역 역할을 톡톡히 발휘하고 있다.

이밖에 칭다오한국무역관(kotra)과의 긴밀한 업무협력도 중시하고 있다. 한국무역관은 한국 내 식품회사들의 중국시장 개척에 많은 도움을 주고 있다. 한국에서 부단히 개발되는 새로운 식품들을 접할 수 있는 좋은 창구역할을 하고 있다.

최근에는 한국에서 뜨고 있는 연세우유의 중국시장 개척에 신경을 쓰고 있다. 무항생제, 건강식품으로 저탄소우유의 연세우유는 오곡적 취물 등 다양한 내용물 품종과 종류로 우유의 새로운 발전방향을 제시하고 있다.

참고로 박 회장의 바나나우유가 중국내륙에서 대 히트를 친 후 중국에는 비슷한 포장의 바나나우유 제품이 수십 개 쏟아져 나왔으나 현재 거의 다 자취를 감춘 상태이다. 지금은 2~3개 브랜드밖에 남지 않았다고 한다. 소비자들이 처음에는 가격이 싼 유혹으로 다른 회사의 바나나우유를 맛보지만 결국에는 첫 맛을 들인 원조 빙그레 바나나우유를 다시 선택한다고 한다.

이밖에도 까다로운 대형 매장의 입점조건을 맞추는 것이 쉽지만은 않다고 한다. 코로나19의 영향으로 외제 냉동식품에 대한 규제가 강화된 것도 악재로 작용하고 있다. 모든 수입제품에 대해 세관에서 일정기간 격리를 진행하다 보니 유통기한이 줄어든 것은 물론 매 제품에 추적큐알코드(追溯码)를 붙여야만 유통자격이 주어진다.

이러한 악조건들을 하나하나 이겨내고 빙그레 바나나우유의 국내시장 판매 그라프를 13년째 상승선으로 그려내고 있는 것이다.

2020년 4월 박진희 회장은 칭양구(青羊区)의 노른자위인 싱양로(星阳路) 완커매력신성 6층에 800제곱미터 되는 오피스텔을 구매하여 그룹 본사로 정했다.

"앞으로 5년간의 목표는 그룹의 상장입니다."

전체 임직원들이 모여진 자리에서 발표한 박 회장의 비전이다.

글/박영만 기자

【박진희 프로필】

출 생 1970년

출생지 지린성 수란시(吉林省 舒兰市)

민 족 조선족

기 업 칭다오 루이청그룹 둥사장

사회직 중국 조선족 사학회 이사

중국 건조기 제조업계의 '상승장군'

료오닝해제승기계유한회사 동사장 **박 해 평**

중국 건조기 제조업계의 '상승장군'(常胜将军)으로 불리고 있는 박해평 동사장은 시종 뛰어난 기술력과 생산력을 바탕으로 시장을 앞질러 가면서 중국 건조기 제조업분야에서 선두자리를 고수하고 있다.

"내가 바로 시장(市场)이다!"

박해평 동사장은 중국 건조기 제조업 분야에서 독보적인 존재로 업계를 선도하고 있기 때문에 당당하고도 자신만만하게 이 말을 할 수 있는 자격이 있다. 시장의 수요를 파악하고 부단히 새로운 기계를 연구개발해내는 것이 결국 시장을 점령하게 된다는 의미가 담겨있다.

기자는 선양조선족기업가 협회 회장을 역임했던 박해평 회장을 만나 기업에 대한 이야기와 선양조선족기업인들의 전반적 상황에 대해 알아볼 수 있는 시간을 가지게 되었다.

료오닝해제승기계유한회사

현재 선양시 허핑구(沈阳市 和平区) 만융공업원에 회사 본부를 두고 있는 료오닝해제승기계유한회사는 공장부지 면적 5만여 제곱미터에 건물면적 2만여 제곱미터나 되는 회사 건물을 가지고 있다. 600여 명의 정규직과 500여 명의 유동판매원들을 두고 있는 이 회사는 안정적인 성장을 이룩하면서 새로운 목표를 향해 한 단계씩 성장하고 있다. 그 외 2012년에 건립한 료오닝해제승과학기술유한회사는 쑤쟈툰구 딩샹가(苏家屯 丁香街)에 위치해 있는데 부지면적 5만 제곱미터에 공장 건축면적이 13,000여 제곱미터이며 1만 제곱미터의 다기능 고급사무실도 갖고 있다.

료오닝해제승기계유한회사는 전국의 모든 지구급 시(신쟝과 티벳트(新疆, 西藏 제외)에 분회사와 판매처를 두고 있으며 전국 각지 중심지역은 물론 심지어 편벽한 시골에도 2시간이내에 신속하게 고객들이 부딪친 문제를 처리해줄 수 있는 애프터써비스체계를 구축하고 있다. 이 회사는 연평균 총생산판매액 3억 위안(최고판매액 5억 위안)을 기록하고 있으며 중국 건조기 제조업 분야에서 45%의 시장을 확보하고 있다.

지금 박해평 회장은 모두 10여 개 기업을 동시에 운영하고 있는데 료오닝해제승기계유한회사, 료오닝해제승과기유한회사, 선양복해기계유한 회사, 윈난견석기계유한회사, 쓰촨해제승유한회사, 윈난해제승유한회사, 충칭해제승유한회사, 쟝시해제승유한회사 등이다.

노력한 만큼 풍성한 영예도 뒤따랐다. 해제승기계유한회사는 '국가급 고신기술창신기업', '료오닝성우수기업'으로 평선되었고 적지 않은 제품들이 '국가자주창신 명브랜드 우수제품'으로 선정되었으며 20여 개의 국가발명특허를 가지고 있다.

창업의 길은 평탄하지 않았다

1988년 박해평은 남들이 부러워하는 국유기업인 선양케이블공장 직장을 버리고 부친이 설립한 선양시가마니공장에 취직했다. 일반 노동자로부터 시작해 선반공, 마케팅, 차수리, 전기수리, 기계조립, 제품디자인 등 여러 직종의 일을 배우면서 기계에 대한 잔기술을 익혀왔으며 부친으로부터 기업경영 노하우도 어깨너머로 배우게 되었다.

1993년 부친의 사업을 이어받아 홀로서기에 도전한 박해평은 24세에 공장경영을 독자적으로 떠메고 나가야 했다. 그는 기업 운영과정에서 기술혁신의 중요성에 대해 남다른 관심을 기울였으면 기존에 생산하던 제품들을 한 단계 엎그레이드 하는 일에 몰입했다. 원유의 가마니기계, 새끼틀기계를 생산하던 기초 위에서 1995년에 자동가마니기계를 개발, 생산하는데 성공했다. 신제품이 출시되어 1년도 채 안 되는 사이에 공급이 딸릴 정도 주문이 들어왔고 시장에서 좋은 반향을 얻게 되었다.

그런데 사업이 한창 승승장구하고 있을 때 강대한 경쟁자가 나타나면서 하루사이에 매출이 곤두박질을 치게 되었고 사업이 저조기에 가라앉게 되었다. 꼬박 일 년 동안 라이벌과 치열한 경쟁을 벌였지만 도무지 좋은 방도가 나오지 않았다. 그는 가족들의 반대도 불구하고 여기저기에서 100만 원을 빌려 고가로 라이벌공장의 모든 상품을 구매하면서 경쟁관계를 마무리 지었다. 엄청난 대가를 치른 보람으로 그는 전국적으로 유일하게 신제품을 소유한 업체로 자리 잡게 되었다. 그 뒤로 그는 마케팅 방식을 전환했다. 제품갱신에도 주력하면서 시구(市区)에 판매부를 설치하고 타지역에는 대리상을 모집했다.

고비를 넘겼다고 생각했는데 더 큰 좌절이 그를 기다리고 있었다. 1998년 시장수요를 만족시키기 위해 회사에서는 신형 자동볏짚기계를 연구개발해 시장에 내놓았다. 제대로 된 실험을 거치지 않고 급급히 시장에 내놓은 탓에 이번에는 품질불량이라는 위기에 빠지고 말았다.

속이 새까맣게 타들어갔다. 눈물을 흘릴 겨를도 없었다. 꼬박 두 달 동안 매일 저녁 12시까지 고객들과 130여 차례에 걸쳐 교섭한 끝에 새 기계로 바꿔주기로 합의했다. 그 뒤로 밤낮없이 신제품 개발에 몰두하면서 수없는 실험을 거쳐 일 년 후에 드디어 제2대 볏짚기계 개발에 성공했다. 어렵게 신제품을 일일이 고객들에게 바꿔주고 나서야 줄곧 가슴을 짓눌렀던 품질위기에서 벗어나게 되었다.

이번 위기에서 그는 시장에서 불패의 자리를 고수하려면 신기술만이 경쟁력이라는 중요성을 다시 한 번 뼈저리게 느꼈다. 또한 기술의 한계를 느낀 박해평 회장은 1999년 한국 최대 건조기 공장인 신흥기업사와 업무제휴를 체결하고 한국에서 전문 기술인재를 모셔와 쟁쟁한 연구개발팀을 꾸려 신제품개발에 박차를 가했다.

기술혁신만이 경쟁력이다

2001년 그의 회사에서는 간난신고를 거쳐 지능화 담배건조기를 새로 개발하게 되었다. 외국의 선전 기술에 근거해 중국 실정에 맞는 국내 첫 석탄 담배건조기를 개발해낸 것이다. 뒤이어 박 회장은 연속 3년 동안 매일 저녁 12시까지 CAD설계를 배우면서 제품디자인에 몰두했고 윈난(云南) 등 지역에 다니면서 잎담배건조에 부합되는 환경과 공예, 품종 등에 대해서도 배우게 되었다. 노력에 노력을 거듭한 끝에 중국 실정에 맞는 지능화 담배건조기 개발에 성공했고 또 이 기술원리를 결합해 자동 디지털 연료용 보일러 및 열풍로 연구개발에도 성공했다.

2000년 이후 중앙정부가 농업에 대해 중시를 하고 투자부축을 강화하는 정책을 내놓는데 발맞추어 2002년에는 농부산물 건조기계 생산(주로 담배건조기)을 위주로 하는 회사로 전환했다.

2005년부터 해제승기계유한회사에서 생산한 담배건조기는 전국의 담배건조기 시장을 석권하게 되었으며 담배건조기 제조업계의 1위를 차지하게 되었다. 2008년 국가에서 제정한 담배건조 표준에는 기본적으로 해제승기계유한회사의 지능화담배건조기 관련 내용들이 채용되어 있다.

2006년 박 회장은 한국에 진출했다. 당시 IMF외환위기가 터진 후 기름값이 너무 비싸져서 한국 농촌지역의 사우나업체나 비닐하우스를 사

▲ 세계한인무역협회 중국지역 회장단 회의에서 축사

용하는 농민들은 원가를 절감하기 위해 기름연료보다 석탄연료를 이용한 보일러를 더 선호하게 되었다.

절호의 기회였다. 박 회장은 한국 파트너와 함께 공동으로 한화 300억원을 투자하여 한국에 전자동석탄보일러판매회사와 펠렛(生物能)보일러판매회사를 설립하였다. 료오닝해제승유한회사에서 생산한 보일러 부품을 한국에 가져다 조립하여 판매하는 방식이었다. 이 두 회사는 2014년까지 해마다 생산판매량이 늘어났으며 평균 한화 10억 원의 수익을 올리게 되었다. 2016년까지 10년간 벌어들인 수익은 도합 한화 150억 원이었으며 한국 진출에서 짭짤한 재미를 보게 되었다.

그 뒤로 담배건조기시장이 포화상태에 이르고 세계적으로 금연운동이 보편화되면서 중국도 환경보호에 대한 중시가 커지게 되었고 환경산업에 대한 투자가 늘어나게 되었다. 박 회장은 무공해 신생에너지를 제창하는 시대적 요구에 따라 환경오염이 없는 농부산물건조기계, 식량건조기를 위주로 개발, 생산하는 동시에 지능 담배건조기를 바탕으로 펠렛 친환경 연소기 연구에 돌입했다.

박 회장은 이 신제품 개발이 성공되면 중국에서 100만여 대 지능담배건조기 갱신의 선두를 차지하게 된다고 말한다. 전에 없던 시장을 새롭게 개척해낸다는 것과 다름없는 것이다.

"국가정책을 숙지하고 정책에 근거해 기업의 발전방향을 결정지어야 전망이 있지요. 다변하는 시장변화에 따라 부단히 기술을 혁신해야 경쟁력이 생기고 시장에서 앞질러 갈 수 있게 되지요."

박 회장의 이런 경영마인드를 바탕으로 회사 산하에 연구개발팀이라는 핵심부서를 내오게 되었고 40여 명의 기술자가 전직으로 연구하고 있다. 해마다 신제품 연구개발에 쓰는 비용만 해도 300여만 원이 넘는 다. 박 회장은 료오닝해제승기계유한회사가 시종 국내시장에서 용두기 업의 자리를 굳건히 지켜나갈 수 있는 비결이 바로 기술력확보에 있다고 털어놓았다.

박 회장은 창업초기 한국의 회사들과 기술제휴를 통하여 선진기술을 인입하고 한국 기술자들을 초빙해 중국 실정에 맞는 제품을 개발하는데 주력했다. 한국 기업들과의 협력과정에서 얻은 노하우라면 제조업에서 기술력이 곧 생산력이라는 것을 깨닫게 된 것이다.

20여 년 동안 기업을 운영하면서 고비도 많이 겪었고 고생도 많이 했 지만 건조기에서 보일러로, 보일러에서 농산품건조로, 농산품건조에서 곡물기로, 곡물기에서 신생에너지로의 전환을 한 단계씩 업그레이드 하 면서 성장의 단맛도 보게 되었다.

무역하는 상인들은 상업정보에 의존해야 하지만 제조업은 기술을 먹 고 사는 직종이라 포화된 시장을 뚫고 새로운 기술력으로 시장을 찾아내 야만 선두기업이 될 수 있는 것이다. 새로운 시장을 개척하려면 과감히 낡은 제품을 갱신하고 새 제품을 개발, 생산해야 한다고 거듭 강조하고 있다.

'이상양회'의 방식으로 협회를 운영하다

이미 성공한 기업가로 성장한 박 회장은 최근 중국조선족기업가협회 회장단 상무부회장, 선양시조선족기업가협회 제6기 회장, 선양시조선족 기업가협회 명예회장, 월드옥타 선양지회 지회장, 월드옥타 선양지회 명 예회장 등 직을 두루 역임하였다.

박 회장은 2016년 중국조선족기업가협회 표성룡 회장의 초청을 받고 대련에서 개최한 '제7기 중국조선족기업가경제교류대회 및 제1기 중국조선족청년기업가포럼'에 참가했다. 대회에서 참가자들은 민족사명감을 안고 민족사회가 발전하는 과정에 부딪치는 문제와 해결해야 할 과제를 두고 진지하게 토론하였다. 크게 고무를 받고 돌아온 그는 선양시조선족기업가협회와 월드옥타 선양지회에 모두 가입하게 되었고 나중에는 중국조선족기업가협회 회장단에까지 기꺼이 들어가게 되었다.

선양시조선족기업가협회와 월드옥타 심양지회에 있는 기간 회장직을 맡은 분들이 협회 활동을 위해 동분서주하고 경제적으로도 협회에 가장 많이 헌신하는 것을 발견했다. 기업가의 시각에서 바라본 이런 현상은 협회가 장기적으로 발전하는데 오히려 불리하다는 생각을 갖게 되었다. 그래서 '이상양회(以商养会)'의 방도를 고안하게 되었다.

이상양회란 기업들이 경영여건이 좋지 않은 상황에서 회비만 받는 것도 큰 부담이 되기에 회원들의 여러 자원을 통합하여 이윤이 날 수 있는 프로젝트를 공동으로 운영함으로써 일부 수익금을 협회활동 자금으로 쓰자는 것이다.

박 회장은 2018년 8월, 중국조선족기업가협회 회장단 상무부회장 겸 산업부 부장으로, 9월에는 중국조선족청년발전촉진회 준비위원회 조장으로 임명받게 되었다. 두 어깨에 막중한 책임감을 느끼고 재차 '이상양회'를 추진하겠다는 결심을 굳히게 되었으며 전국 각지 여러 청년기업가들을 방문하면서 더 좋은 방도를 찾기 위해 머리를 짜냈다.

박 회장은 2018년 12월에 선양시조선족기업가협회 제6기 회장으로 당선된 후 드디어 이상양회의 방식을 실천에 옮기게 되었다. 우선 회원들을 동원하여 샤오롱샤(小龙虾) 민물가재양식프로젝트를 가동했다. 동시에 회원들의 자금을 모아 선양기휘흠상무유한회사, 선양동원승상무유한회사를 선후로 설립하여 아리랑술, 중화소미맥주 등 우량 제품을 개발해 전국을 대상으로 판매에 들어갔다.

또 중국조선족기업가협회 회장단의 지지를 받고 유명 기업인들을 동원하여 선양서애첩투자유한회사를 설립했다. 동시에 회사수익금의 10%를 민족사업에 사용하도록 회사장정에 써넣었다. 시장조사를 거쳐 2019년에 신용바터 전자상거래 플랫폼(信用易货电子商务平台) 단품회(檀品汇)프로젝트를 선택했다.

이 프로젝트는 선양서애첩투자회사와 중국신용바터플랫폼 기술의 선두기업인 광둥익상클라우드컴퓨팅서비스주식유한회사와 합작한 것인데 회사의 선진적인 신용바터체계에 근거해 전 세계에 분포된 우리 민족 기업의 네트워크를 통해 중·일·한 삼국의 바터(易货)를 위주로 하는 플랫폼을 만들어낸 것이다. 즉 바터 서비스를 제공해 정보를 교류하고 자원을 공유하는 바터생태권을 형성하는 것이다.

주로 기업이 직면한 재고상품의 처리와 판매 등 일련의 문제를 해결하여 기업의 부담을 줄여주는데 목적이 있다. 전 세계 기업과 네트워크를 형성하여 바터생태플렛폼을 통해 상생의 길을 찾아가도록 하는 것이다.

이 프로젝트를 순조롭게 운영하기 위해 박 회장은 앞장서서 선양서애첩투자유한회사 산하에 중과단품(료오닝)과기유한회사를 설립하였는데 자본금은 선양시조선족기업가협회 회원들이 투자한 것이다. 2019년에 오픈을 하게 되었고 이 프로젝트에서 얻은 수익금의 일부분은 협회 활동비용에 사용하도록 하였다. 최근 3년간 코로나19로 인해 회사 수익에 일정한 영향을 받고 있지만 장기적으로는 발전 전망이 크다고 박 회장은 확신하고 있다.

회원들을 이끌고 재선양 한국인(상)회와의 교류를 강화하기 위하여 선양코트라무역관에서 조직하는 여러 활동에도 적극 참여하고 있으며 월드옥타와 관련된 여러 행사에도 자주 참가해 다양한 네트워크 구축에 노력을 경주하고 있다.

선양조선족기업가 협회의 역할

선양시조선족기업가협회는 2004년에 정식으로 설립되었으며 선양시민족사무위원회 산하 선양시조선족연의회에 소속되어 있다. 선양시에서 경제사업을 하고 있는 조선족 기업가들이 모여 상호 상업정보를 교환하

▲ 월드옥타 차세대행사에서(박해평: 앞줄 왼쪽 일곱번째)

고 회원들의 이익을 대변하는 비영리사회민간단체이다.

2019년 박해평이 협회 회장을 맡게 된 후 협회 산하에 선양시조선족청년발전촉진회를 설립했다. 당시 회원이 100여 명이나 되었는데 선양시 조선족의 우수한 차세대 청년들로 구성되었다. 동시에 협회 산하에 선양시조선족요식업협회를 설립하였으며 회원수가 200명 정도 되는 큰 단체로 활동하고 있다.

선양시조선족기업가협회와 월드옥타 선양지회 대부분 회원들이 겹쳐 있는 점을 감안해 2007년에 두 협회는 간판을 하나로 합치게 되었고 활동도 함께 조직하고 있다.

선양시조선족기업가협회와 월드옥타 선양지회 회원들은 요식업, 농업, 무역, 제조업, 복장판매, 화장품 판매 등 다양한 분야에서 활약하고 있다. 협회 내에는 한국회사와 제휴하여 기술을 영입해 상품을 만들어 판매하는 회사도 있고 한국에서 요리솜씨를 배워 중국인 입맛에 맞는 음식을 개발해 요식업에 종사하는 회사도 있으며 한국의 질 좋은 상품을 직수입하여 중국에서 판매하는 회사도 있다. 주로 요식업과 무역에 종사하는 회원이 비교적 많은 편이다.

박 회장은 선양조선족기업인들이 중한 양국의 경제발전을 위해 서로 협력하고 중개역할과 홍보대변인 역할을 두루 수행하고 있다고 소개했다.

중한 양국의 정치, 경제환경이 안정되어야 기업의 활동이 더욱 활발해질 수 있으며 양국 기업인들의 장기적인 발전에도 도움이 될 것이라고 주장하고 있다. 그런 차원에서 중한간의 상호 이해도를 높이는 것이 무엇보다 중요하다.

조선족 기업인들이 가질 수 있는 우세라면 중국어와 한국어를 잘 구사하고 중국 국내실정과 중국인을 잘 알고 있다는데 있다. 한국 기업들은 이런 조선족 기업인들이 가지고 있는 중국내의 인적네트워크를 잘 활용할 필요가 있다.

　　이런 시각에서 볼 때 조선족 기업인과 한국 기업인들이 함께 구성된 협회가 있다면 더 좋지 않을까 하는 생각도 가지고 있다고 박 회장은 소망을 밝히기도 했다.

글/ 최수항

【박해평 프로필】

출　생 1969년

출생지 선양시(沈阳市)

민　족 조선족

기　업 현재 료오닝해제승기계유한회사

　　　　 료오닝해제승과기유한회사

　　　　 선양복해기계유한회사, 원난견석기계유한회사, 쓰촨해제승유한회사

　　　　 원난해제승유한회사, 충칭해제승유한회사 등 10개 회사 법인대표

　　　　 국유기업 선양케이블공장 기장 역임

　　　　 한국전자동 석탄보일러판매유한회사 법인대표

　　　　 필렛(生物能)보일러판매유한회사 법인대표

사회직 중국조선족기업가협회 회장단 상무부회장 겸 산업부 부장

　　　　 중국조선족청년발전촉진회 주비위원회 조장

　　　　 중국조선족식품요식업연합회 명예회장

　　　　 선양시조선족기업가협회 제6기 회장, 월드옥타심양지회 지회장

　　　　 선양시조선족기업가협회 명예회장, 월드옥타심양지회 명예지회장

영　예 '전국AAA급신용기업'상, '전국상업과학기술진보상'

　　　　 제6기 중국특허신기술신제품박람회 금상

　　　　 '국가자주창신명브랜드우수제품'상

　　　　 '료오닝성우수기업'상, '선양시민영기업과기창신100강기업'상

　　　　 20여개 건조기 관련 설비 발명특허 획득

인생 2막, 이제 시작이다

중국조선족여성기업가협회 회장 **이 송 미**

코로나 방역 지침에 따라 상하이가 기약 없는 장기 봉쇄 상태에 처해
있던 지난 5월, 봉쇄 해제를 기다리다 못해 이송미 회장과의 첫 만남은
결국 온라인으로 이루어졌다. 근 2개월에 거친 장기 봉쇄로 심신이 많
이 지칠 법도 하지만 화상 너머로 만난 이송미 회장은 밝고 긍정적인 에
너지가 넘치고 있었다. 마침 인터뷰 약속이 있기 전날 온라인으로 전국
규모의 창사 28주년 기념행사를 치뤘다면서 이송미 회장은 아직 흥분이
채 가라앉지 않은 모습이었다.

"뉴라이프(新生活集团)가 중국에 진출한 지 28년이 됐고 제가 이 회사
에서 일한 지도 27년이 됐어요. 곁눈 한번 안 팔고 오직 뉴라이프 우먼
으로 살았거든요. 제 인생 통틀어 절반 이상의 시간을 함께 해서 그런지
저에게는 집 같은 존재예요. 작년에 퇴직하고 회사 실무는 다 후임에게
물려줬어요. 지금은 그룹의 고문과 상학원(商学院) 명예 원장 역할만 하
고 있어서 많이 여유가 생겼어요. 이제 여생은 여성기업가협회와 함께

해야죠."

이렇게 말하는 이송미 회장은 회심의 미소를 지었다. 맡은 바 소임을 다한 사람만이 지을 수 있는 홀가분하면서도 충만감 넘치는 미소였고 또 다른 시작에 대한 기대로 상기된 표정이었다.

평범한 영업사원에서 직원만 수만 명이 되는 상장 회사의 화동 지역 총경리까지 오른 그녀의 여정은 어떠했을까? 그녀가 구상하는 인생 2막은 또 어떤 삶일까? 가벼운 인사말을 주고받는 동안, 필자는 이 회장의 드라마틱한 삶이 슬슬 궁금해졌다.

철밥통을 버리고 화장품에 운명을 걸다

이송미는 1992년 사범학교를 졸업하고 창춘시의 한 조선족 중학교에서 아이들을 가르치던 평범한 교사였다. 역시 교사이시던 부모님으로부터 모든 일에 정직하고 최선을 다하라는 가르침을 받고 자란 이송미는 맡은 바 일에 최선을 다하였다. 교사 생활을 했던 짧은 5년 사이에 우수 교원의 영예는 물론 공청단서기, 보도원 등 직무를 연임하며 학교 지도부의 중시를 한 몸에 받았다. 하지만 중한 수교로 한국 기업의 중국 진출이 봇물처럼 터지던 시점에 그녀의 눈길은 학교 담장을 넘어 자꾸 밖으로 향했다.

그러던 어느 날, 학교에 화장품을 판매하러 자주 찾아오던 보따리 장사꾼을 따라 나가 자신도 화장품 판매를 하고 싶다고 말했다. 아이들을 가르치는 일에 보람이 없는 것은 아니었지만 한창 젊은 나이에 교사 월급으로는 화장품 한 세트 마음 놓고 살 수 없는 삶에 답답함이 느껴졌던 것이다. 그 뒤로, 주중에는 학교에 출근하고 주말이면 발뒤꿈치가 까질 정도로 발로 뛰면서 화장품 방문 판매를 하는 이중생활을 시작했다. 그러기를 몇 년, 돈을 버는 재미는 꽤 쏠쏠했지만 자신을 신뢰하고 더 큰 책임을 맡겨주는 학교 지도부에 미안했다. 더 큰 세상을 향한 동경은 자꾸 이송미의 마음을 흔들었고 고민 고민 끝에 결국 안정적인 생활이 보장되는 '철밥통'을 버리고 화장품 사업에만 올인하기로 결심한다. 당연히 가족들의 반대와 지인들의 만류가 만만치 않았지만 그럴수록 한번 제대로 도전해보고 싶은 오기가 생겼다. 어쩌면 도전 정신이 강하고 맘먹은 일은 꼭 해내고야 마는 이송미에게 하루하루 비슷한 일상이 반복되는 교사직보다는 발로 뛰며 노력한 만큼 보상이 주어지는 화장품 판매가 더 적성에 맞았는지도 모른다.

▲ 뉴라이프그룹 2019년국제회의(인천)에 참석(이송미: 왼쪽 두번째)

평범한 영업사원에서 화동 지역 총경리까지

퇴로를 아예 차단하고 뉴라이프 회사에 정식으로 입사한 이송미는 더욱 열심히 일했다. 하지만 가끔은 그 노력의 대가가 월급 나오듯 그때그때 보상을 받는 것만은 아니었다. 이송미가 뉴라이프그룹에 몸을 담근지 얼마 안 되던 1997년에 금융위기가 터진데다가 쟁쟁한 브랜드를 가진 화장품 업체들까지 속속 중국 시장에 진출함에 따라 걸음마를 뗀 지얼마 되지 않는 회사는 크게 휘청거렸다. 물러설 길이 없는 이송미는 회사와 운명을 같이 해야 한다는 일념으로 더욱 악착같이 뛰어다녔다. 세집에도 화장품을 쌓아놓고 동네 아줌마들에게도 피부관리를 해주면서 고객을 늘려나갔다. 기차를 타고 산둥에서 상하이, 저장(折江), 쟝수(江蘇) 등지로 시장이 있는 곳에는 천리 길을 멀다 하지 않고 부지런히 찾아다녔다. 이렇게 회사에 혼신을 다하는 직원을 어떤 기업에서 중용하지 않으랴? 2002년 이송미는 회사의 신뢰를 받고 아예 항저우지사 담당자로 파견되었고 그 실적을 인정받아 몇 년 뒤 화동지역 총괄 매니저로 발탁되었다.

화동지역 총경리를 지낸 15년은 아예 목숨을 걸고 일했다고 해도 과언이 아니었다. 과로로 건강이 악화되어 수술대에 다섯 번씩이나 오르내리면서도 마취가 풀리기 바쁘게 회사 매출부터 확인했다고 하니 할 말 다한 셈이다. 그런 노고가 결실이 되어 이송미가 퇴직하기 직전, 전국 만여 개 매장(대리점) 중에 화동 지사에서 관리하는 점포가 5,000개 정도되었고 월 매출만 1억 원에 달했다고 한다. 그녀는 이렇게 드라마에서나 봤을 법한, 한 명의 평범한 세일즈 우먼이 수만 명 직원이 있는 그룹 회사의 정점을 찍는 신화의 주인공이 되었다.

이 시점에서 자그마한 화장품 회사(相娥化妆品)로 시작하여 현재 300여 종의 화장품, 100여 종의 건강식품을 생산하고 중국 전역에 4개의 공장, 70개 지사, 12개 물류기지에 만여 개의 유통망(점포)을 구축하며 연간 10억 달러 이상의 매출을 올리는 회사로 성장한 뉴라이프의 기적은 어떻게 이루어졌는지? 뉴라이프는 도대체 어떤 흡인력으로 한 직원을 27년 동안 혼신을 불태울 수 있게 하였는지? 궁금해지지 않을 수 없었다.

뉴라이프라는 타이타닉 운명 공동체

뉴라이프라는 회사명은 '새로운 생각으로 새로운 행동을 이끌어내고 새로운 생활을 창조하자'는 의미가 담겼다고 한다. 뉴라이프의 사훈은 '정직, 인화, 창조(正直, 人和, 創造)'인데 이 또한 '정직한 사람들이 모여서 서로 인화하면서 새로운 것을 창조하라'는 의미라고 한다. 뉴라이프는 고위층에서부터 지사, 점포에 이르기까지 철저하게 이 슬로건을 실천하면서 성장해왔다는 것이다.

회사 운영에서 중요하지 않은 것이 어디 있겠냐만은 뉴라이프는 특히 유통을 중요하게 생각했다고 한다.

"저희 회장님(안봉락, 뉴라이프그룹 회장)은 한국에서 화장품 대리점을 운영하다가 자체 화장품 브랜드를 갖고 싶다는 꿈을 안고 30대 초반에 중국에 와서 화장품 사업을 시작하신 분이에요. 회장님이 유통의 중요성을 너무나도 잘 알기 때문에 회사의 유통 전략에 많은 심혈을 기울였고 그런 만큼 영업사원들의 노고를 충분히 인정해줬지요."

초창기부터 영업마진을 30%로 책정해줬기에 다들 목숨을 걸고 일할 수 있는 동기를 부여했다는 것이다. 또 마케팅을 위한 것이라면 회사에서 무조건 지원해줬다고 한다. 회사가 이렇게 든든한 뒷심이 되어 주니 영업사원들이 자신감을 가지고 시장개척을 하며 실적을 올리게 된 것이다. 그 결과물은 또 자연스럽게 회사의 성장으로 이어졌다고 한다. 한마디로 선순환이 이루어진 것이다. 결국 회사와 직원이 서로 같은 배를 탄 공생 관계, 즉 운명공동체로 인식하게 만든 것이다. 회사는 직원들이 열심히 일할 수 있도록 모든 서포팅을 해줬고, 또 일한 만큼 보상을 해주었기에 그녀가 27년을 곁눈 한번 팔지 않고 뉴라이프에만 올인했던 것이다. 뉴라이프가 비약적인 성장을 할 수 있었던 비결이기도 하다. 그녀가 회사에서 27년을 근무했다면 다들 놀라지만 사실 그녀처럼 회사에 뿌리를 내리다시피 한 직원이 한두 명이 아니라는 것이다. 회사에 충성도가 높은 원로 직원들이 회사의 핵심 맴버가 되었고 자연스럽게 기업 문화로

▲ 2019년 중국조선족여성기업가협회 연말총결대회에서 회장단과 함께(이송미: 가운데)

정착하게 되었다는 것이다.

조선족여성기업가협회와의 인연

"회사 자랑이 길어졌네요. 이제 우리 조선족여성기업가협회에 대한 얘기를 해볼까요. 사실 저는 회사일이 바쁘다 보니 조선족기업가 모임에 거의 참석하지 못하고 있다가 2015년에 지린성조선족여성기업가 협회 초대 회장을 맡게 되면서부터 조금씩 봉사를 시작했어요."

화장품 판매에서 익힌 이송미 회장의 대인관계 처리 방법과 열정이 인정되어 2017년 중국조선족여성기업가협회가 만들어지면서 그녀를 초대 회장으로 추대하였다.

"그렇게 많은 훌륭한 여성기업인들 중에 왜 하필이면 저일까 생각해봤는데 아마 제가 장기간 여성들이 주를 이루는 뷰티업계에 종사를 했고 또 주로 마케팅 관련 일을 해왔기 때문이 아닐까 싶었어요."

사실 대부분 조선족 기업들이 제품은 훌륭한데 유통이 약해 성장의 벽에 부딪치게 되었다, 이 점을 미봉하면 더욱 큰 성장을 이루는데 도움이 될 것이라는 생각에 봉사의 마음으로 그녀가 화장품 유통과정에서 쌓은 노하우를 공유하는 것으로 기여하겠다고 마음먹게 되었다.

"봉사한다고 시작했는데 오히려 제가 더 많은 것을 배우고 얻고 있어요. 너무나 많은 소중한 분들을 만났고 그들과 함께 하는 시간들이 즐거웠어요. 정말 제 인생 후반생을 동행하고 싶은 멋진 분들이에요."

협회 얘기를 시작하니 훨씬 감성적이 된 이 회장의 한마디 한마디에는 회원들에 대한 애정과 뿌듯함이 그대로 묻어났다.

이 회장의 소개에 따르면 중국조선족여성기업가협회는 중국조선족기업가협회 산하에 조선족여성기업인들을 위해 제공하는 친목 플랫폼이다. 2017년 9월 3일에 정식 출범한 협회는 '4차 산업혁명의 시대에 여성 기업가들의 역량을 극대화하며, 자원을 공유하고 서로 협력하여 성공하는 기업으로 공동 성장하는 한편 지역 및 민족사회에 기여한다.'는 것을 취지로 정했다고 한다. 현재 헤룽장, 료오닝, 지린, 산동, 광둥, 저쟝, 쟝수, 베이징, 상하이 등 지역에 1,600개 회원사가 있는데 그 중 연간매출이 인민폐로 1억 이상 되는 기업이 20%, 천만 이상 되는 기업이 40%, 백만 이상 되는 기업이 40%정도 된다고 한다.

여성 기업인들, 신뢰를 기반으로 함께 성장하다

기업인들에게 필요한 것이 강인한 도전정신과 인내력이지만 여성기업인으로서 겪는 애로사항은 따로 더 있다며 이 회장은 말을 잇는다.

"여성은 기업의 리더로서 감당해야 할 것이 남성보다 훨씬 많아요. 회사, 가정, 자녀 이 삼박자를 맞춰가면서 사업을 한다는 게 정말 쉽지 않은 일이에요. 그만큼 고충도 많고요. 그래서 여성기업인들이 좀 더 소통하면서 고충을 나누고 해결해가는 장이 필요한 거고요."

협회가 잘 운영되려면 뭐니 뭐니 해도 우선은 서로에 대한 신뢰와 끈끈함이라고 생각한 이 회장은 인간적으로 친해질 수 있는 친목행사들을 많이 조직했다. 다들 비즈니스 현장에서 수십 년을 겪어온 분들이라 겉으로 보면 하나같이 씩씩한 여장부들이다. 말 그대로 '강해야 살아남는다.'는 것을 신조로 여기며 살아가는 분들이다. 그런데 이들도 필경은 여성들이고 여린 부분들이 많은 것이다. 여성들만의 힘든 마음을 달래기 위해 지난 5년간 친목을 다지는 행사를 주로 조직했는데 모임을 통해 서로 알아가고 서로에 대한 신뢰도 많이 생기게 되었다.

전국 규모의 행사는 매년 1회씩 포럼 형식으로 진행해오고 있다. 회원사들이 전국 각지에 널려있기 때문에 대부분 행사는 지역 별로 진행이 된다. 기업 경영의 노하우와 경험을 공유한다는 차원에서 회원기업 순회 탐방을 정기적으로 조직하고 있는데 이것이 협회의 인기 프로그램으로 되었다. 하지만 코로나 때문에 당분간 주춤해져서 안타깝다고 한다.

정기적으로 조직하는 세미나와 특강에서는 국제시장의 동향 분석, 투자 정보 교류, 리더의 역할, 직원 관리 등 비즈니스 관련된 내용들에서부터 이미지 관리, 시간관리, 건강관리에 이르기까지 여성기업인들에게 도움이 될 만한 강좌들을 비정기적으로 개최하고 있다. 물론 골프, 댄스 등 문화생활도 함께 조직하여 취미를 더하고 있다고 한다.

주중 한국인 단체들과의 교류도 밀접하게 진행하고 있으며 해마다 한인 상회에서 조직하는 한민족대잔치, 송년회에 협찬금도 전달하고 옥타에서 조직하는 여러 행사에도 적극 참가하면서 협력관계를 강화해 나가고 있다. 한국인 업체들이 전자제품이나 화장품 등 재고를 처리해달라고 도움을 요청할 때에도 협회 회원사들이 적극 나서서 도움을 주기도 한다는 것이다.

지난 2020년 코로나가 금방 터졌을 때 마스크가 엄청 귀했는데 협회에서는 대한적십자사를 통해 마스크 4만 3천장을 전달했다. 회원들은 여러 가지 행사에 적극 참가하면서 한인들과 연대를 강화하고 적극적으로 커뮤니티를 확장해 가고 있다. 코로나로 힘들어 하는 회원 기업들과 단체들을 격려하기 위하여 이 회장은 사비를 털어서 〈SINCE START, EMPOWERMENT, BELIVE IN HAPINESS〉등 격려 메지지를 담은 후

드티 1만 장을 제작하여 각 지역에 보내기도 했다.

협회가 음지, 양지에서 회원사들에 실질적인 도움이 될 만한 일들을 참 많이 해왔구나 하고 감탄하고 있는데 이 회장이 잠깐 뜸을 들이다가 이런 말을 이었다.

상부상조의 공생만이 살길이다

이 회장은 회원 기업들 중 수출형 기업들이 적지 않은데 요즘의 국내 국제 비즈니스 환경을 볼 때 내수에 좀 더 주력해야 된다는 주장을 내놓았다. 뉴라이프의 경우에도 한국 회사지만 중국 내수 시장 공략에 집중하였기에 엄청난 성장을 할 수 있었다고 그 근거를 제시했다. 어떤 비즈니스를 하더라도 소비 잠재력이 무궁무진한 중국 내수 시장을 절대 무시할 수 없다는 것이다. 이 거대한 시장을 겨냥해서 외국 기업들이 중국에 들어오고 있는데 우리 기업들은 충분히 활용하지 못하는 것 같아서 안타깝다는 것이다.

"코로나를 겪으면서 환경이 또 한 번 변했잖아요. 다들 온라인 비즈니스의 절실함을 느끼고 있어요. 새로운 비즈니스 환경에 적응하기 위해 협회가 주도하여 새로운 플랫폼을 만들고 있어요."

회원사들이 공동으로 투자하여 호우허쟈(好合加)라는 플랫폼을 함께 구축 중에 있다는 것이다. 조만간 회원사들에서 출시되는 제품들 뿐만 아니라 사과배 같은 우리 민족 특산물도 이 플랫폼을 통해 홍보하고 판매할 예정이라고 한다. 사과배 같은 연변 특산물을 판매해보려고 시도했던 이 회장은 뉴라이프에 있는 동안 일 년에 한두 번씩 화동지역 점장들과 직원들을 데리고 사과농장 견학도 하며 판매를 해봤는데 한계에 부딪쳤다고 한다. 특산품을 집중 홍보하는 플랫폼이 있으면 훨씬 안정적인 홍보와 함께 판매도 이루어질 것이라고 확신하는 이 회장은 긍정적인 미소를 지어보였다.

"힘들 때일수록 함께 뭉쳐 좋은 에너지를 주고받으면서 상호 공생하는 것만이 살길이지요".

혼자서는 엄두를 낼 수 없는 일도 서로 힘을 합치면 위험 부담도 줄이면서 다양한 시도를 할 수 있는 것이다. 기업은 새로운 방법을 탐색하지 않으면 살아남기 힘들다. 그러므로 회원 기업들이 함께 성장하도록 협회가 장을 마련하고 최대한 서포팅하는 일을 앞으로 계속 해나갈 계획이라고 이송미 회장은 밝혔다.

중한 수교 30년의 세례를 받으며 인생 전반전에 멋진 쉼표를 찍고 인생 2막을 여는 이 회장, 그녀가 이끄는 중국조선족여성기업가협회와 그 회원들이 앞으로 또 어떤 활약을 할지 기대된다.

글/류란

【이송미 프로필】

출　생　1973년

출생지　지린성 창춘(吉林省 長春)

민　족　조선족

성　별　여성

학　력　옌벤대학사범학원

기　업　뉴라이프그룹 화동지역 총경리 역임

　　　　뉴라이프 상학원 명예원장

사회직　중국조선족여성기업가협회 초대회장

　　　　중국조선족기업가협회 집행회장

　　　　지린성조선족기업가협회 회장 역임

　　　　전국애심여성 민족문화공익사업 발전기금 공동 발기인

　　　　지린성 창춘시 조선족 초등학교 교원 역임

미래는 만들어가는 것이다

다롄선성그룹 회장 **엄 광 철**

다롄선성그룹유한회사는 23년의 역사를 가지고 있으며 600여 명의 직원을 거느리는 다국적기업으로써 중국과 한국에 각각 본사를 두고 있다. 중국에는 훈춘(琿瑃), 선양, 잉커우, 텐진, 칭다오, 상하이, 닝버, 쉬저우, 난징, 수저우 등 중국에 10개의 지사가 설립되어 있고 한국에는 경기, 부산, 제주 등 6개의 지사가 있다. 선성그룹은 설치물류, 사내물류, 일대일로 국제물류를 주업으로 하고 있으며 현재 중국의 국제물류 AAA급 자격과 국가1급화물운송대리기업의 자격을 보유하고 있다.

위기를 기회로 바꾸다

가능성의 시대라 하여 모든 가능성이 가치로 전환되는 것은 아니다. 가장 중요한 것은 남다른 혜안으로 그것을 분별해 내는 안목이고 예상치 못한 위기가 들이닥쳤을 때 그 너머에 있는 새로운 기회와 미래에 대해 판단하는 능력이다. 이는 회사를 만들고자 하는 사람에게나 회사를 가지고 있는 경영인의 입장에서 보면 모두 통용된다. 이러한 이치는 선성그룹의 엄광철 회장이 자기 회사를 꿈꾸고 설립한 실천에서 쉽게 설명되고 있다.

1998년 초 IMF세계경제위기로 인해 중국 다롄에 진출해 물류사업을 확장해 나가던 한국우진항공해운물류회사가 난관에 봉착하게 되었고 결국 한국으로 철수 결정이 나게 되었다. 그때 3년 동안 물류 업계에 재직하면서 운영 노하우를 습득해 온 엄광철 회장은 실업의 위기에 직면하게 되었다. 그러다가 우진항공해운 주 다롄 사무소 대표를 맡게 되면서 물류사업의 장래성에 대해 긍정적으로 판단하고 독자회사를 차리는 계기를 갖게 되었다. 선성물류회사는 엄 회장의 예리한 판단으로 인하여 위기를 기회로 만들게 되었고 자기 사업의 첫 걸음을 뗄 수 있게 되었다.

1999년 선성그룹유한회사가 정식으로 설립되어서부터 엄 회장은 중국내 회사 성장에 전심을 기울이는 한편 다국적기업의 경영에도 손을 대게 되었고 그가 큰 힘을 쏟은 결과 회사는 출발 초창기에 한국 진출까지 성공했다. 광명물류회사라는 새 이름으로 한국의 6개 지역에 지사를 설립하고 주로 물류시설의 개발을 위한 업무를 꾸준히 추진했다. 현재 한국 광명물류회사는 300여 명 직원이 일하는 회사로 거듭났다.

광명물류는 오랫동안 쌓아 온 설치물류의 경험을 토대로 고객들에게 만족스런 서비스를 제공하기 위해 노력하고 있으며 현재 한국의 외자기업 중 선두를 달리는 기업으로 인정받고 있다.

높이 서야 멀리 보인다

중한 수교 이후 한국 기업들이 대거 중국 시장에 진출하는 분위기가 조성되면서 중국의 민간 물류기업들은 호재를 만난 격이 되었고 특히 선성그룹은 고속 성장할 수 있는 천재일우의 기회를 맞이했다. 선성그룹과 광명물류의 업무 영역은 날이 갈수록 확대되었고 한국고객 중심에서 중국에 진출한 한국 업체들, 한국에 투자하는 외자기업들로 업무 대상이 대폭으로 증가되었다.

4,000~5,000여 개의 물류 업체가 각축을 벌이는 상황에서도 선성그룹은 시장성과 지역적 특성을 잘 살리고 고객 중심과 신용 원칙을 엄수하고 있다. 그런 노력이 있었기에 고객 확보의 우위를 점할 수 있었고 고객의 신뢰도가 높아지면서 물류업계에서 우선순위로 부상할 수 있었다.

또한 선성그룹은 아시아 국가들이 물류를 유럽 시장으로 빠르고 안전하게 보낼 수 있도록 하기 위해 중국의 '일대일로' 정책을 활용하여 국제물류사업을 적극 추진해 왔다. 다롄항만공사와 합작하여 한국, 중국, 유

▲ 2019년 회사 년말 총화 행사(엄광철: 앞줄 왼쪽 세번째)

럽을 하나로 잇는 새로운 물류의 통로를 개척하였다. 아시아를 넘어 유럽까지 물류 서비스를 제공함으로써 한국 기업들에게 많은 도움을 줄 수 있었고 특히 삼성전자와 협업하여 유럽시장에 물량을 안정적으로 공급할 수 있도록 하는데 있어 중요한 역할을 하고 있다.

"우리가 훌륭한 기업체로 자리하게 되면 중국 조선족 기업체의 좋은 이미지를 만들 수 있고 더 나아가 더 많은 기업들이 다국적기업으로 성장하는데 도움이 된다고 생각합니다. 평소에 한국과 중국 기업체들의 모임에 적극 참여하여 한국에 진출한 중국 기업, 중국에 진출한 한국기업, 조선족 기업들과의 유대관계를 유지하는데 신경을 많이 썼어요. 그런 과정에 서로 도움을 줄 수 있는 기회를 만들고 시너지 효과를 배가하여 저희 선성그룹도 함께 발전을 할 수 있었던 것이 아닌가 생각이 듭니다."

엄 회장의 소감이다.

회사가 걸어온 23년 동안 꾸준히 한국과의 경제적 교류를 지속해 왔고 한국 기업, 한국 고객에게 최상의 서비스를 제공하기 위하여 중국 내 여러 지역들에 지사를 설립하면서 그들의 만족도를 높여나갔다.

엄 회장은 선성그룹을 중한 양국 기업들 사이의 협력에 본보기가 될 수 있도록 애쓰고 있다면서 양국 기업인들이 공동으로 노력한다면 더 높이, 더 넓게 협력의 장을 만들어갈 수 있다고 확신에 차 말한다.

열린 마인드로 M&A하다

엄 회장은 "창업 초창기에 한국과 어떤 관련이 있었냐?" 는 질문에 선성그룹의 성장에 대해 전과 후로 나누어 얘기했다. 엄 회장은 자기 회사를 가지기 전에 우선 한국 기업에서 일을 배웠다. 우수한 한국 기업의 기업문화와 관리방식을 습득하였기에 일정한 준비가 되었다. 물류회사를 차려서부터는 비록 초창기였으나 한국의 기업들이 중국 시장에 들어설 때 어느 정도 도움을 줄 수 있는 바탕이 마련되었다는 것이다. 그는 자신을 포함한 조선족들이 언어의 우세를 발휘하여 한국 기업에 가능한 최대의 서비스를 제공할 수 있었던 것이 참으로 다행스러운 일이였다고 한다.

엄 회장은 선성그룹이 한국에 진출한 후 외자기업들이 가장 견디기 어려운 문화차이의 장벽에 봉착했었다고 털어놓았다. 중국에서는 어려움에 봉착했을 때 만남을 통한 해결책을 선호하지만 한국에서는 관련 업무에 입각한 심도 있는 연구가 선행되고 고객과 직원들과의 소통을 통하여 문제를 해결한다는 차이점을 발견하였다. 엄 회장은 모순과 갈등을 해결하기 위한 구체적인 방안 마련의 중요성을 터득하게 되었고 실천을 거치면서 기업이 나갈 길을 착실하게 다져가는 노하우도 익히게 되었다.

엄 회장은 중한 사이의 경제협력 과정에 한국 기업의 중국 진출과정에 능력이 되는대로 도움을 주는 역할을 소홀히 하지 않았다. 중국에 진출한 한국 기업이 힘들어 할 때, 경영 상황이 악화되어 출구가 막혀 어쩔바를 몰라 할 때, 부득이 중국에서 철수를 해야 하는 상황에 이르렀을 때 그는 항상 친구가 되어 주었고 그들에게 필요한 도움을 주기 위해 노력했다. 엄 회장은 자기 일처럼 최선을 다해 능력껏 아낌없는 도움을 주곤하였다. 그중에 세 가지 사례만 적어본다.

하나는 2010년에 있은 일인데 한국천일육가공회사에서 훈춘에 투자한 옌벤천일목장의 경영이 악화되었을 때 엄 회장은 경영난에 봉착한 천일육가공회사를 제때에 M&A함으로써 상생의 길로 전환시켰다. 아울러 사업의 폭을 더 넓혀 옌벤천일목업유한회사 사장으로 나섰다.

다음은 2013년 한국 오리엔탈중공업(주)이 경영난 및 사내 직원들의 심한 갈등 등 원인으로 부도 위기에 직면한 때였다. 이 사연을 알게 된 엄 회장은 선성그룹의 법률사무소와 회계사무소의 힘을 동원시켜 현지 기업인들과 합작하여 회사를 M&A하는데 성공함으로써 한국 기업의 어려움을 해결하는데 전폭적인 도움을 주게 되었고 자신 또한 조선업계로 사업영역을 넓히게 되었다.

또 하나는 2016년 한국 대기업에서 다롄에 투자한 LS CASCO회사가 철수할 때 엄 회장은 역시 M&A를 통해 무사히 마무리를 할 수 있도록 해결책을 내놓았다.

선성그룹은 중국의 세금법, 관련 규정, 근로자 계약 등의 정책을 숙지

▲ 2019년 회사 창립 20주년 기념 행사(엄광철: 왼쪽 여섯번째)

하고 있었기에 중국에 진출한 한국 회사들이 난관이 있을 때마다 주저하지 않고 도움의 손길을 보냈다.

세계한인경제무역협회를 무대로 삼다

엄 회장은 세계 한인경제무역협회(OKTA) 다롄 지역 옥타회장을 역임하는 과정에 옥타라는 플랫폼을 통해 중한 양국의 발전에 기여한 바가 적지 않다. 세계한인경제무역협회라는 무대는 조선족 기업인들에게 국제적 안목을 키워주었고 우수한 외국 기업인들과의 교류, 협력의 기회를 제공해 주었다. 조선족기업인들에게 중국식만 고집하던 비즈니스 모델에서 글로벌시각을 갖는데 결정적인 도움을 주게 되었다. 엄 회장은 본인도 성장하면서 조선족 기업인들이 미래지향적인 사고방식을 가질 수 있도록 하는데 노력을 아끼지 않았다.

또한 한국의 정치인들과도 교류할 수 있는 기회를 적극 마련하였다. 다국적기업의 성장에는 관련 나라들의 경제정책과 긴밀히 연관되어 있기에 기업전략을 세우기 위해서는 해당 국가의 정책을 우선 숙지해야 한다. 그의 노력은 헛되지 않았다. 한국 정부는 엄 회장의 공로를 인정하여 그에게 여러 표창장을 수여하였다. 한국 해양수산부자문관, 주중 한국대사 표창장, 산업자원부 장관 표창장, 코트라 사장 표창장 등 다수의 표창장이 그의 노고를 실증해주고 있다.

고객과의 신용을 철저히 지키고 고객의 위험 부담을 최소한으로 줄이는 것이 선성그룹의 경영이념으로 삼고 직원들에게 고객 만족도를 높이고 신뢰감을 쌓는 것이 무엇보다 중요하다고 늘 강조한다는 것이다.

선성그룹은 현재 삼성, LG, 현대자동차 등 한국기업과 세계 각국의

500대 기업을 상대로 선성그룹만이 제공할 수 있는 최상의 국제물류 서비스 노하우를 쌓아가고 있다고 엄 회장은 긍지에 넘쳐 설명했다.

그는 다롄 옥타회원들이 중한 경제교류 면에서 거둔 여러 가지 성과에 대해서도 언급했다. 다롄의 옥타회원들은 한국 상품의 중국 판매에 중요한 역할을 하고 있으며 한국 기업과 동반성장하는 계기를 만들어가고 있다.

엄 회장은 옥타의 역할에 대해서도 고민을 털어놓았다. 옥타는 750만 해외동포들이 모여서 이루어진 사단법인으로 해외동포들과의 교류를 강화함으로써 현재 당면한 경제 위기와 코로나 위기를 극복할 수 있는 해결책을 연구해 내야 한다. 그래야 조선족 기업인들이 이런 자원을 공유할 수 있으며 어려운 고비를 넘기게 될 것이라고 말한다.

미래는 선택이 아니라 만들어 가는 것이다

한국과의 교류가 활성화되면서 조선족 기업인들에게는 여러 면에서 우세를 가지고 있음을 알게 해준다. 조선족들은 그동안 자본주의 시장경제에 대해 터득할 수 있는 기회도 가졌고 또 자국의 사회주의 시장경제에 대해서도 잘 적응하면서 살고 있다. 조선족들은 중한 양국의 문화를 두루 갖추고 있는 우세를 잘 살릴 필요가 있다고 엄 회장은 주장하고 있다.

엄 회장은 조선족들이 이런 우세를 지속적으로 살리려면 반드시 '중국 역사와 한국 역사를 더 잘 알 수 있는 교육시스템'을 만들어야 한다고 소감을 말한다. 이는 조선족 모든 기업인뿐만 아니라 조선족 사회 모두에게 필요한 일이라고 말이다. 조선족 기업인이 중한 사이에서 가교 역할을 잘 하려면 중한 양국에서 모두 필요로 하는 기업인의 역할에 충실해야만 미래 지속 성장의 가능성이 커지게 된다고 이야기한다.

"지나온 고속 성장시대에는 기업에 대한 요구가 높지 않았지만 현재는 개개인의 자질이 중요시되는 시대이기에 기업관리 방식이나 팀구성, 법률 정책 등에 대한 연구가 절대적으로 필요하다고 봅니다."

엄 회장은 조선족 기업인들이 자신을 업그레이드하기 위해 부단히 학습하는데 게을리 하지 말아야 하며 세무 정책, 경제 정책 등에 대해 정확히 파악하고 그에 따른 미래 전략을 수립해야만 지속발전의 가능성이 확보될 수 있다고 말한다.

"100년 전 우리 선조들이 이 땅에 뿌리를 내렸기에 우리는 고속 성장을 경험할 수 있게 되었고 중국 40년의 개혁개방 성과를 체험할 수 있는 행운이 있었지요. 게다가 중한 수교는 조선족들이 더 쉽게 성장할 수 있는 큰 무대를 준 것이나 다름없습니다."

그는 중한 수교 이후 조선족 기업인들이 한국으로부터 선진적인 경영 노하우와 관리기법을 배울 수 있었고 또 함께 협력하여 발전할 수 있는 길도 넓혀 갈 수 있게 되었다고 한다. 미래사회는 반드시 경쟁력을 갖춘 첨단기술이 필요하며 미래지향적인 생각을 가져야 더욱 큰 성장을 할 수 있다고 단언한다.

첨단기술을 갖춘 반도체 산업, 생물화학, 전기차 배터리, 우주 항공, 무인기, 로봇, 환경에너지사업 등 모든 첨단영역에서 조선족들의 참여도가 높아져야만 중한 양국의 기업들이 지속적인 합작을 이루어낼 수 있다고 조언을 아끼지 않았다. 그는 다롄의 조선족들은 한국과의 지리적 우세를 이용하여 중한, 중조 사이에서 교량 역할을 잘 실천한다면 성장의 가능성이 대폭 증가될 것이라고 하면서 중국, 한국, 북한 등 3개국의 문화를 이해하고 이를 잘 활용해야 함을 주문하기도 했다.

엄 회장은 조선족들의 역할을 높이 평가하는 한편 조선족 기업이 짊어져야 할 과업에 대해서도 빼놓지 않았다. 현재 조선족 기업 중 5% 미만이 첨단 기업에 종사하고 있을 뿐 대부분은 서비스 업종, 무역업, 노동밀집형 산업 등에 머물러 있고 아직도 전통산업의 보조 역할을 하고 있는 것이 현실이라며 아쉬움을 나타냈다.

한국으로 진출한 조선족 기업들이 성장할 수 있도록 도움을 주고 있는 한국에 여러모로 감사하며 향후 지속적으로 성장하려면 한국 정부와 한국 국민들의 적극적인 지원과 사랑이 절대적으로 필요하다고 호소하기도 하였다.

글/남춘애

【엄광철 프로필】

출　생 1975년

출생지 옌벤 훈춘(延边 珲春)

민　족 조선족

학　력 옌벤대학 이공학원 화학공정학과 졸업

칭화대학 경영학원 EMBA 과정 수료

한국 인하대학교 GLMP 과정 수료

홍콩 중문대학 석사 졸업

기　업 다롄선성홀딩스그룹 회장

옌벤천일목업유한회사 동사장

한국(주)선성홀딩스 회장

한국광명물류주식회사 대표이사

사회직 세계한인무역협회 부이사장

옌벤대학 교육기금회 부이사장

옌벤대학 학우총회 고문

만사는 그림 그리기에 달렸다

다롄난싱그룹 회장 **오 상 교**

오상교 회장은 인터뷰에 앞서 자동차판매 및 정비를 아우르는 자동차 대리점 방문부터 시켜주었다. 그러면서 '중한 수교의 해에 결혼을 했는데, 비록 그때가 2월이지만 중국인 와이프와 결혼하다 보니 역시 중한 수교에 대한 가장 알짜배기 지지'라고 하면서 유머감각을 숨기지 않았다. 사무실 소파에 마주 앉아 커피 한잔 마실 시간도 없이 그는 기업이 걸어온 30여 년간의 사업 이야기를 들려주기 시작하였다.

오 회장이 국영기업의 딜러들을 제치고 중국에서 현대자동차 완성차 수입의 첫 스타트를 뗀 이야기, 한국 자동차 산업의 발전된 모습을 중국에 크게 알린 기여도, 현대자동차와 오상교라는 이름이 하나로 매칭되는 이유 등에 대해 비소로 정리가 되었다.

그가 맨주먹으로 사업에 뛰어들었고 오늘의 성공을 이뤄내기까지 본인만이 가지고 있는 비결이 있다면 무엇인가의 질문에 그는 한마디로 "만사는 그림 그리기에 달렸다"는 말로 정리했다.

미국에서 현대자동차를 만나다

어떻게 되어 현대자동차의 중국 판매 일을 하게 되었는가 라는 질문에 오 회장은 잠깐 머뭇하더니 얼굴에 화색을 띄며 대학졸업 후 첫 직장을 가지던 일부터 소개했다. 동북대학 회계학과를 졸업한 그는 중신그룹무역회사 산하 직장용신발제조회사가 다롄개발구에 지사를 세우는 시점에 그 회사에 취직해서 회계직을 맡게 되었다. 그때 마침 회사에서 직장용신발을 미국에 수출하는 업무를 위해 미국에 파견 받아 일 년간 연수하는 기회를 가지게 되었다. 그는 미국에서 공무를 수행하는 과정에 우연히 사업 아이템이 눈에 들어오게 되었는데 그것이 바로 미국땅 곳곳에서 달리고 있는 한국의 현대자동차였다.

그때가 1994년이었는데 중국에서 달리는 자동차는 대부분 기관이나 단위의 차가 위주였으며 자가용이 바야흐로 늘어나는 때였다. 하지만 현대자동차는 그림자도 안보였다. 중국 자동차시장의 전망성을 내다본 오상교의 머릿속에는 사업의 꿈이 그려지기 시작하였다. 1995년에 귀국하여 대련의 자동차 시장을 조사한 결과 중국에서 한국 자동차 판매는 아직 맹아상태에도 이르지 못했음을 확인했다. 시장조사가 깊이 들어갈수록 한국자동차의 중국시장 수요 가능성이 더 크게 보였다.

그때 중국에는 일본, 독일 등 자동차들이 주로 누비고 다녔는데 한국자동차를 취급하지 않는 이유는 다른 품목 자동차에 비해 '마진이 적기 때문'이라는 것을 알게 되었다. 또 한 가지는 한국과의 언어 장애 때문이라는 것도 알게 되었다. 그때만 해도 중국에서는 한국어가 외국어로서 금방 개설이 되는 시점이라 중국에서 한국어를 구사하는 사람은 조선족 외에 별로 찾아보기가 힘들었다. 시장조사를 마친 오상교는 한국자동차를 반드시 중국으로 수입하겠다는 결심을 가지게 되었다.

틈새를 비집고 나의 길을 찾다

1997년 국제 상거래 자격 허가증을 따내기가 하늘의 별 따기였던 시기에 오상교는 한국자동차를 수입하는 아무런 루트도 없는 상황에서 한국자동차 판매 대리사업을 개시하기로 마음먹었다. 그때 한국은 자동차 제조의 선진기술을 확보하고 양질의 자동차를 생산하고 있었다. 그 많은 브랜드 중에서 오상교는 우선 삼성자동차를 선택하였다. 시장조사를 통해 삼성자동차회사의 관리가 잘 되고 있다는 정보를 얻었기 때문이다. 그러나 삼성의 지도층과 접촉하고 답을 얻은 지 얼마 지나지 않아 삼성자동차는 르노에게 매각된다. 오상교의 노력은 헛수고로 돌아가게 되었고 다시 방향을 바꿔 현대자동차와의 접촉을 시도하였다.

오상교는 1999년 한 해 동안 한국에 드나들면서 현대자동차 수입을 위한 노력을 기울이는 한편 2000년에는 중국 내의 여러 국영기업과 경쟁을 통해 정부로부터 수입허가증을 따내는데 성공했다. 오상교는 국영기업들이 한국자동차 판매의 마진이 적다며 일본이나 독일제를 선호하고 한국자동차에 대해서 욕심은 내면서도 시작을 안 하는 기회를 노린 것이다. 드디어 현대자동차 300대를 수입하여 자동차판매 사업의 첫 스타트를 떼게 되었다.

한국자동차 대리사업을 고집한 데는 또 하나의 이유가 있었다고 하는데 한국은 '부모님께서 나서 자란 곳'이고 '조선이 일본지배에 넘어가면서 아버지가 광주에서 살다가 열 살 때 중국으로 이주하여 온 꿈에도 잊을 수 없는 곳'이기 때문이었다고 한다. 게다가 한국과는 말이 통해서 사업에 큰 도움이 되었던 것이다. 어쩌면 '고향을 그리워하는 부모님을 위로해 드리자는 마음'도 큰 힘이 되어준 것 같다고 털어놓았다. 그는 조선족이 자동차판매 사업을 하는 사람이 몇 명 안 되는데다가 부모님이 태어난 한국의 자동차를 중국에 판매하는 사업을 시작한 것은 무척 잘한 선택이라고 했다.

운이 좋게도 중국의 국영기업인 중신무역회사에 취직을 했기에 미국에 가서 연수할 수 있는 기회도 가지게 되었다. 오상교의 말을 빌자면 중한 수교의 해에 결혼한 것처럼 첫 직장 또한 잘 만난 셈이 된 것이다. 파트너로 일하는 미국계 한국 기업인은 중신무역회사의 탄탄한 자본 실력을 인정하고 이 관계를 통해 중국사업에 진출할 가치가 있다고 판단했던 것이다.

또 다른 계기는 미국 로스앤젤레스에서 주미 한국 영사 한 분을 알게 되었는데 그분을 통해 미국에서의 현대자동차 시장을 쉽게 파악할 수 있

▶
2001년
한국현대차로부터
중국동북지역 총판매대리상
으로 지정하는 조인식 현장
(오상교: 앞줄 왼쪽 두번째)

었다. 그게 오상교가 자동차사업에 몰입하게 하는 긍정적 요소가 되었다고 한다. 그때 한국 정부는 이미 중국의 미래 시장성에 대해 긍정적으로 보고 있었음을 알게 되었다고 회억했다.

이처럼 오상교는 미국 파견기간에 백지에다 자동차사업의 그림을 어느 정도 완성시켜나갔던 것이다. 게다가 미국에서 자동차 부품을 판매하는 종친 동생을 만나게 되었는데 그 또한 중국에 대해 호감을 갖고 있었고 중국의 역사를 통달할 정도로 좋은 생각을 갖고 있어서 두 사람은 형아우로 자주 만나면서 정을 쌓아갔다. 이는 오상교의 사업 초창기에 많은 도움이 되었다. 물론 본인은 현대자동차의 정품을 써야 했지만 부품 판매 쪽으로 그 동생의 사업을 돕기 위해 별도 매장을 차려주기도 했다. 역으로 오상교가 자금난에 쫓기고 있을 때 그 동생은 선뜻 1억 원을 내주면서 보태 쓰라고 한 고마운 사람이기도 하였다.

현대 자동차는 내 사업의 전부다

오 회장은 현대자동차의 딜러 자격을 2001년에 받아서부터 16년 동안 오직 현대자동차 사업에만 몰두했다. 그는 다롄에서 시작한 현대자동차 대리점 사업의 규모를 늘려 하얼빈, 쟈무스(佳木斯), 안산, 선양 등 도시에로 확장하였다. 그런데 16년을 경영한 완성차의 판로가 막히면서 더는 지탱할 수 없는 지경에 이르렀다. 2016년에 이르러 현대자동차 완성품 대리점 사업을 접어야 하는 아픈 결정을 하게 된다.

현대자동차 완성차 판매 대리는 한국에서 제조 완성된 자동차를 직수입하여 판매하는 사업이다. 초창기에는 북경현대 자동차에서 생산된 자동차의 유통이 적은 편이여서 별 영향을 받지 않았지만 북경현대 자동차의 생산량이 늘어나고 시장을 넓히면서 한국에서 수입하는 현대자동차 완성차의 판로가 차츰 좁아지게 되었다. 이는 오 회장의 사업에 직격탄을 안겨주었다.

현대자동차 대리점을 경영하는 16년 동안 중국 자동차시장의 190여 개나 되는 판로망 중에서 조선족은 유독 오 회장밖에 없었다. 600여 명 종업원을 거느리던 시절에 회사 관련 자료만 해도 집 두 채에 가득 채워야 했으니 지난 일이긴 하지만 현대자동차를 판매하던 시절이 그립고 자랑스러웠다고 오 회장은 솔직한 심경을 밝혔다. 오 회장은 성공한 기업인으로 인정받아 다렌시 정치협상회 위원이 됐고 2005년에는 한국자동차의 해외수출에 앞장섰다고 한국대통령상을 받기도 했다.

세계에 알려진 한국문화에 탄복하다

오 회장은 현대자동차 대리점을 운영하면서 한국의 문화와 가까이 할 기회가 꽤 많았다. 경제 협력과 경제이익에 못지않게 얻은 소중한 것들이 있었다고 한다면 한국 문화에 대해 좀 더 깊이 알게 된 것이다. 세계 각국을 다니며 접했던 한국적인 것들에 대해 감동했고 그것이 자부심으로까지 승화하게 되었다고 오 회장은 말했다.

"외국방문을 할 때마다 한국 사람은 정말 대단하고 강하다는 생각을 하게 되었어요."

오 회장은 해외방문중에 느꼈던 스토리들을 끄집어내며 그때 받았던 강렬한 인상을 오늘도 간직하고 있는 듯 감개무량해 하였다.

"어느 해인가 현대자동차회사 주도로 인도의 제 4대 도시인 첸나이(Chennai)에 가 현대자동차 인도 지사를 사업견학차 방문한 적이 있는데 점심식사를 한식당에서 했어요. 한국인들이 그 후진 곳까지 찾아가서 식당업을 하고 있는 것을 보면서 놀랍기도 했고 마음속으로 탄복을 금할 수 없었어요."

"제가 한일월드컵 때 남아프리카에 간 적이 있었는데 거기에 사는 한국인들은 현대자동차 관련 모임이나 기타 모임 때 무조건 한국인 식당을 이용하더라고요. 참 똘똘 뭉쳐서 살고 있구나 하는 인상을 받았지요."

한국은 현대자동차라는 세계 으뜸가는 기술보유국으로만 알고 있었는데 한국인의 창업정신은 세계 각국 어디에 가나 틈을 비집고 들어가는데서 보여주고 있었으며 기업뿐만 아니라 식당업에서도 체현되고 있음을 느꼈다는 것이다. 한국은 발전도상국인데도 여러 나라에 진출하여 사업도 하고 종교 전도사 일을 하고 있다는 것을 오 회장은 직접 눈으로 확인한 것이다. 아프리카에 가서 가난한 사람들을 도와주는 한국연예인들을 보면서 현대 자동차입장에서 중국의 딜러들에게 할 말이 생기더라고 말

▶ 난싱그룹 창립 10주년 기념 축사

하는 오 회장은 한국인들이 자기의 문화를 전파하면서 자신을 낮추는데 익숙한 그런 모습들을 보고 많이 배웠다고 했다.

도움을 주고받는 데서 정이 쌓인다

오 회장은 중한 경제교류 과정에 중국 조선족기업인들이 일으킨 역할은 진심이었고 평가를 받아 마땅하다고 지적한다.

"다롄은 해변도시이고 한국과 거리가 가까우며 투자환경도 좋아서 한국 기업인들이 다롄에 많은 투자를 했지요. 특히 조선족들은 한국기업이 초창기에 중국에 투자하여 자리 잡는데 큰 도움을 주었지요."

회사등록에서부터 시작하여 일상생활에 이르기까지 조선족들은 한국인들의 손이 되고 발이 되어 주면서 진심으로 도움 주는 일에 게을리 하지 않았다. 몸이 불편할 때 병원에 데려가서 병을 보인다든지 생활용품 구매, 항공권 구매, 거처를 정하고 장식하는 일 등 사소한 일들에 헌신적으로 도와나섰다고 오 회장은 회억했다.

"한국 기업인들에 대한 조선족의 도움은 아주 사소한 곳에서 이루어졌고 한국인들은 고마워했지요."

뿐만 아니라 공무원으로 일하는 조선족들도 많은 도움을 주었다고 했다. 다롄외자유치국의 국장으로 재직했던 공영철 선생은 정부차원에서 편의를 제공해주었고 정부와의 교류를 원활이 진행할 수 있도록 지원을 아끼지 않았다는 것이다.

조선족들이 중국에 진출한 한국 기업인들을 돕는 것은 언뜻 보면 그냥 도우미의 역할 또는 중한 경제인들 사이의 단순한 가교역할에 머무르는 것처럼 보이지만 사실은 큰 도움을 받게 되는 경우가 많다. 도움을 받은 한국인들은 고마운 마음을 갖기 마련이고 신뢰를 할 수 있는 계기가 조성되기 때문에 오히려 사업의 길이 열리는 계기가 되기도 한다고 오 회장은 직언했다. "다른 사람에게 무언가를 줄 수 있을 때 내 길은 넓어지게 되며 따라서 줄 때만이 내 자신을 찾을 수 있는 기회가 생기는 법이다."

누구를 막론하고 서로 도움을 주고받는 과정에 정이 쌓이게 되고 서로 나누고 사랑하면 모두에게 득이 된다는 도리를 깨닫게 해주는 말이다.

오 회장은 하나를 받으면 열 개를 내놓을 수 있다는 이치를 자신의 체험담으로 설명하였다. 현대자동차는 중국 진출 초창기에 조선족들의 도움을 받은 사실을 잊지 않았으며 받은 것 이상으로 조선족들에 대한 지원을 아끼지 않았다고 한다. 가장 대표적인 사례는 중국 조선족골프협회에 해마다 5년 동안 50만 위안씩 후원해준 사례인데 이는 조선족기업인들이 하나로 뭉치는데 큰 힘이 되었다는 것이다. 조선족기업인 3천명 회원을 이끄는 전국조선족기업인 골프협회는 해마다 대회를 개최하는데 참가인원이 보통 400~500명 정도이다. 전국 각지에서 활동하는 조선족기업인들이 한자리에 모이는 대축제가 되곤 하는 대규모 행사를 보는 한국경제인들은 '조선족이 참 멋지고 훌륭하다'면서 엄지를 내밀곤 했다는 것이다. 오 회장은 현대자동차 판매를 대리하고 있던 차라 현대그룹 임원들을 만날 때마다 조선족기업인골프대회를 자랑삼아 이야기를 했고 어느 정도 공감대가 형성되었다고 판단한 시점에 협찬 이야기를 꺼냈다. 예상외로 현대자동차에서는 긍정적 반응을 보였고 곧바로 후원하겠다는 약속을 받아낼 수 있었다. 현대그룹은 말한대로 해마다 50만 위안씩 5년을 후원해 주었다. 오 회장은 중한 수교 이후 조선족과 한국 기업인들

사이에 수많은 협력이 이루어졌으며 준 것에 비해 받은 것이 훨씬 많았다고 하면서 특히 현대자동차회사에 대해 고마운 마음을 항상 간직하고 있다고 전했다.

현대자동차회사뿐만 아니라 다롄지역에 자리 잡은 많은 한국회사들이 다롄에 있는 조선족들에게 도움을 준 일들이 적지 않았다고 한다. 다롄 람경골프협회에서 전국 조선족 골프대회를 두 번이나 유치해서 치른 바 있다. 람경골프협회에서는 행사준비를 위해 여러 차례 회의를 가졌고 예산이 부족하여 다롄 지역에 있는 한국 업체들에 지원을 요청했다. 포항제철, 현대전자, 에러베타, 한라공조, 두산그룹 등 회사들이 선뜻 후원금을 쾌척해주었고 개인으로 사업하는 한국 분들은 어려움 속에서도 자기들 제품을 상품으로 많이 내놓았다. 그뿐이 아니다. 다롄지역 조선족 단체들이 송년회를 할 때나 학술모임을 할 때, 주말 한글학교 옹달샘에 언제든 후원을 아끼지 않아준 한국 분들께도 고맙다는 말을 아끼지 않았다.

상호 윈윈하는 관계를 만들어가자

올해는 중한 수교 30주년을 맞이하는 해이다. 지난 30년간 '중한 두 나라는 경제, 문화 등 많은 영역에서 활발한 교류가 이루어져 왔으며 조선족 기업인들도 많이 성장했다. 오 회장은 다음 30년을 시작한다는 의미에서 볼 때 가장 중요한 것은 어떤 어려움이 닥치더라고 상호 윈윈의 철칙을 지킨다면 보다 큰 발전이 있게 될 것이라고 단언했다.

중한 양국의 경제교류가 더 잘 되기를 바라는 것은 공동의 염원이다. 한국은 이미 선진국 대열에 진입했기에 한국이 발전할수록 조선족 기업도 잘 될 수 있는 기회가 더 많아질 것이며 중국도 G2로 부상한 만큼 한국기업이 필요로 하는 시장으로 더욱 커질 것인 바 한국 기업들에게도 새로운 도약의 기회가 올 수 있는 것이다.

현재 다렌개발구에 있는 중한경제문화교류협회도 한국과 많은 협력을 하고 있으며 'SK하이닉스에서 다렌 찐푸신구에 있는 인텔 캐피탈을 성공적으로 M&A 시킨 일'이 있는 점을 미루어 볼 때 양국 간에는 더 밝은 경제교류의 미래를 열어갈 조건들이 구비되어 있다고 오 회장은 지적했다. 그러면서 조선족 기업인들은 자기에게 주어진 모든 장점을 살려야 하며 특히 언어적 우세를 잘 활용해야 한다고 주문했다. 조선족은 대부분 3개국 언어를 구사할 수 있을 뿐만 아니라 한국의 문화에 대해서 잘 알고 있기에 더 큰 역할을 할 수 있는 것이다.

조선족이 역할을 잘 해야 중국 땅에서 한국 기업과 조선족 기업인들에게 더 많은 기회가 주어질 수 있다. 한국의 기술과 중국 조선족의 우세를 가미하여 상호 원원의 관계를 잘 설정한다면 중한 양국의 경제 문화 교류에 보다 큰 기여를 할 수 있게 된다. '무조건 넓어지기보다 깊어지는 것이 더 필요한 시점'이라고 진단하는 오 회장은 앞으로 첨단기술을 중요시하는 조선족 경제인들의 배출이 시급한 과제라고 덧붙였다. 현재 중국에서 각광받는 제조업이 최첨단 제조업으로 탈바꿈하기 위한 공동의 노력이 어느 때보다 중요한 시점이라고 희망을 전달했다.

글/남춘애

【오상교 프로필】

출　생　1967년

출생지　료오닝성 잉커우(辽宁省 营口)

민　족　조선족

학　력　동북재정대학

기　업　다렌난싱그룹 동사장

　　　　중신(그룹)무역회사 다렌신구사업공사 재무

　　　　다렌회우국제무역유한회사 법인

　　　　한국 현대자동차 중국 판매 첫 지역대리상

　　　　국영기업과 협력으로 그로스보더 전자상거래 업무 개척

영　예　2005 한국대통령상 수상

　　　　2006년 중국 통전부 '우수통전성원' 칭호

　　　　다렌시 정치협상회 위원 역임

지린시 민영병원의 정상에 우뚝 서다

지린시 정대국제병원 원장 **김 숙**

지린시 정대국제병원의 원장이며 지린시조선족기업가협회 회장을 맡고 있는 김숙이 지린시 민영의료업계에 첫발을 내디딘 것은 20여 년 전의 일이다. 당시 불과 18개 침대에 18명의 직원에서 출발한 김숙은 갖은 노력이 깃들어진 세월 속에 다듬어지고 성장하면서 오늘의 지린시 민영병원중 정상의 자리에 당당하게 우뚝 서게 됐다. 지금 김숙이 이끄는 정대박화병원, 정대국제병원은 총 4만 5천 평 면적에 임직원 300여 명을 둔 3급 심장병전문병원으로 눈부시게 발돋움을 했다.

민영의료시장에 과감히 도전장을 내밀고 20여 년의 분투를 거쳐 마침내 성공을 이룬 지린시 조선족 여성 강자로, 그가 이끄는 정대국제병원이 오늘의 인정받는 모습으로 상장하기까지 어느 걸음 하나 순탄한 적이 없었지만 이 길을 선택한 것에 대해 후회는 없다는 그녀는 백년병원을 꿈꾸고 있다고 말한다.

민영병원에 도전장 내밀다

1983년 옌볜의학원 약학과를 졸업한 김숙은 위생전문학교 교원으로 배치 받았으나 1993년 '하해' 열풍 속에서 사업의 길로 뛰어든다. 김숙은 당시 별다른 큰 뜻이 있어서는 아니었고 생활의 질을 더 높이자는 것이 목적이었다고 솔직담백하게 털어놓았다. 그는 어느 정도 자본축적을 하게 되자 대학에서 전공한 의학 분야에서 멀어진 것이 못내 아쉬웠다. 마침 지린시(吉林市)에 고신개발구가 들어서면서 개발구에 의료시설이 전무한 상태임을 보아낸 김숙은 정부에 고신구 민영병원 창립을 제안했다.

그의 생각은 구체화되었고 여러모로 애쓴 탓에 정부의 승인을 받아내는데 이르렀다. 2000년 김숙의 박화병원이 18개 침대, 18명의 직원, 1,000평 규모로 지린시 고신구에 첫 고고성을 울리게 되었다. 규모는 비록 작았지만 병원구색을 갖추다보니 마냥 즐거웠고 힘든 줄 모르게 하루하루를 열심히 가꾸어나갔다. 그의 열정에 보답이라도 되듯이 병원 규모는 조금씩 늘어났다. 몇 년이 지나 5천 평 규모를 갖춘 7층 건물로 확장하게 되었다. 그의 꿈은 점차 커져갔고 2016년에는 정대그룹 투자유치에 성공하면서 2017년 4만평 규모의 정대국제병원을 설립하는데 이르렀다.

민간병원으로서 종합병원의 자격을 갖는다는 게 쉬운 일은 아니었다. 하지만 어디에 쉬운 일이 있냐는 식의 도전 정신이 그를 격려하였고 무턱대고 확장이 아니라 내실을 갖춘 전문성을 내세우면서 자리를 굳혀가기 시작했다. 현재 정대국제병원은 국내 소수의 심장병전문병원의 하나로 심장수술, 성인심장막교체수술 등 심장병위주의 3급 전문병원이기도 하며 종합내과, 보통외과, 치과, 비뇨과, 산부인과 등 종합전과병원으로 자리 잡게 되었다.

한국, 미국의 병원과 손잡은 결과

정대국제병원은 지린시 일류의 심장병 전문의들이 집결된 병원이다. 먼저 시작한 박화병원을 운영하면서 선진기술을 확보한 한국과 미국의 병원들과 협력관계를 설정하고 지속적인 기술 및 학술 교류를 진행해왔다. 일찌감치 한국 부산의 모병원과 합작관계를 맺고 전문가를 정기적으로 파견하여 현장 지도를 하고 심장병관련 연구에 대한 최신 학술교류를 꾸준히 진행해왔다.

특히 미국의 여러 병원들과 손잡고 기술난관을 돌파해나가는데 큰 성과가 있었으며 협력관계를 체결한 미국 협력사들로는 미국캘리포니아주 CBU대학(California Baptist University), 텍사스해안심장병원(Costal Cardiology Hospital), 글로벌교육연맹CGE(Consortium for Global Education), 글로벌메디갈교육(MedEd Global), 미국크립스연구원(Scripps Health/Clinic), 미국셈포드대학(Samford University) 등이 있다.

정대국제병원 설립 후 한국의 고려대학 부속병원과 협력관계를 맺게 되었고. 의료기기 개발, 학술연구 등 상호교류를 다양하게 진행해 오고 있다. 전문가파견, 의료일꾼 강습, 유학생방문교류 등을 다양하게 진행해오고 있다. 지금 정대국제병원은 국내 소수의 미국, 한국 대학생들의 실습병원으로 이용되고 있다.

현재는 서울의 모 정형외과와의 협력을 추진 중이며 코로나가 끝나면

곧바로 시행에 들어갈 예정이다.

코로나 기간에 정부 녹색통로병원으로 지정

정대국제병원은 의술을 인정받게 되고 환자들의 만족도가 높아지면서 점차 지린시에서 유명한 병원으로 알려지고 있을 뿐 아니라 정부에서도 적극적으로 지지해주고 있으며 따라서 정부차원에서 기대하는 병원으로 자리 잡고 있다.

▲ 2021년 7월 1일 지린시소수민족대표자격으로 천안문광장에서 열리는 건당 100주년 경축대회에 참가한 김숙원장

이번 코로나 기간 정대국제병원은 지린시 정부의 녹색통로병원으로 지정되었으며 코로나 위중증 환자를 접수 치료하는 지린시 유일한 민간병원으로서 코로나 기간에 하루도 문을 닫지 않고 운영해오고 있다.

지린시에 코로나 감염환자들이 급작스레 나타나면서 150여 명에 대한 격리치료를 정대국제병원이 책임지게 되었다. 김숙 원장은 직접 방호복을 입고 치료일선에 나서 진두지휘했다. 입원해 치료받고 있는 코로나 환자 중 사망사례는 단 한 건도 발생하지 않았고 정대병원의 의사와 간호사들 중에서도 단 한 건의 감염사례가 발생하지 않은 것은 기적 같은 일이라고 김숙 원장은 말한다.

코로나 감염사례가 장기화되면서 정부로부터 코로나환자 회복병원으로 지정되었으며 500여 명 환자들의 후속 관찰치료까지 맡게 되었지만 모두 원만히 수행해냈다. 지린시 정치협상회 주석은 정대박화병원과 정대국제병원은 지린시 코로나방역에 중대한 공헌을 했다며 칭찬을 아끼지 않았다고 한다.

정대국제병원 지린시구급센터 중동지역 병원으로 지정

2022년 6월 18일은 정대국제병원 설립 4주년이 되는 날이다. 심장질환에 대한 의술이 인정받기 시작해서부터 종합병원의 틀을 갖추게 된 정대국제병원은 이제 정부와 환자 모두가 인정하는 병원으로 자리매김하게 된 것이다.

이날 정대국제병원은 지린시구급쎈터 중동지역 병원으로 지정되어 현판식을 갖게 되었는데 4주년의 경축의미를 한껏 끌어올렸다. 현판식에서 김숙 원장은 정대국제병원이 지린시구급쎈터 중동지역 지정병원으로 된 것은 정대국제병원이 위치한 중동지역의 시민들에게 의료구급수요를 해결하는 임무를 맡게 된 것으로써 본 구역 인민대중들의 생활의 질을 향상시키는데 큰 의미가 있다고 했다. 병원근거리에 있는 중동지역주민들에게 구급의료편의를 제공함과 동시에 지린시구급센터의 신속한 구급체계를 갖추고 구급능력을 한층 제고하는 효과를 가져 오게 될 것이라고 자신감을 내비치기도 하였다.

구급치료는 사람들이 위급한 상황에 처했을 때 가장 빠른 시일 안에

치료대책을 강구할 수 있도록 하는 기능을 가지는 한편 구급시간을 다투는 중요한 역할이 주어진다. 정대국제병원이 이런 기능을 갖추게 되면서 지역주민들에게는 하나의 복지가 주어지는 셈이 되는 것이다. 김 원장은 이렇게 하나씩 인정받는 내용들을 추가하면서 건전하게 성장하고 있다.

지린시조선족기업가협회 회장으로 취임

2020년 지린시 조선족기업가협회 회장에 당선된 김 원장은 고민에 빠졌다. 자신의 기업만이 아닌 100여 명 회원기업의 발전을 염두에 두어야 했기 때문이다. 협회가 회원사들에게 어떤 실리를 가져다 줄 수 있을까 하는 문제가 머리 한구석에 맴돌기 시작했다.

회장 취임 후 가장 먼저 손댄 일은 지린시 조선족집거지 강완로를 민속풍정거리로 만드는 일이었다. 강완로를 조선족특색거리로 신청하자는 강완로 조선족상인들의 목소리를 김숙은 귀담아들었던 것이다. 지린시 제13기, 제14기 정치협상회 위원을 맡고 있는 김 원장은 지린시조선족기업가협회 명의로 강완로를 민족풍정거리로 지정하자는 신청을 시정부에 제출했다. 최종 허가가 떨어지는 데까지 김 원장이 전반을 관장하고 소통한 결과 끝내 성사시키게 된 것이다. 심양의 서탑거리(西塔街)와 맞먹는 길림의 서탑거리라고 보면 될 것이다.

강완로는 해방 전부터 조선족들의 중심지로 자리 잡게 되었는데 지린시조선족중학교가 세워져서부터 오늘까지 조선족들의 집거지로 굳어졌고 조선족의 생활권과 상권도 형성된 지 오래다. 하지만 정부로부터 정식허가를 받은 것은 아니었다.

우선 혜택자는 지린시 조선족기업가협회 소속 요식분회의 다수 식당들과 상가들이다. 지린시 요식분회 2/3에 해당되는 요식업체들이 강완로에 집결되어 있기 때문에 장사가 흥성할 수 있는 중요한 계기를 마련해 준 셈이 되었다. 지린시 강완로 민속풍정거리는 지린시 여행의 필수 코스가 되어 향후 지린시의 명함장이 될 것이다. 6월 말 전으로 민속풍정거리에 비석을 세우고 민족복장쇼 무대도 설치하여 이벤트를 기획하는 등 바쁜 일상을 보내고 있다.

김 원장은 지린시조선족기업가협회 회장 취임 후 설명절을 계기로 지린시조선족기업가협회의 소비쿠폰을 만들어 사용하도록 했다. 지난 설명절 때 정대국제병원에서는 사은품으로 2만원어치를 구입해서 돌렸다. 이 아이디어는 회원기업들의 제품 홍보와 판매 촉진효과를 안아오는 결과로 이어져 회원사들의 환대를 받았다. 김 원장은 정대국제병원 300여 명 임직원가운데 조선족직원이 20명밖에 안된다며 동등한 조건에서 조선족직원을 우선 채용할 생각이라고 조선족인재에 대한 수요를 제시하기도 했다.

민족사회와 지역사회에 적극적으로 보답하는 기업인

김숙 원장은 일찍 박화병원 설립초기부터 지린시 조선족노인들을 상대로 꾸준히 봉사활동을 해왔다.

특히 지린시 조선족로인협회와 협의하여 박화병원을 〈지린시 조선족노인협회 건강보건병원〉으로 지정하고 지린시 조선족노인협회 회원들에게 매년 1회 무료 건강검진을 해드리고 있다.

김 원장은 병원에 찾아오는 조선족 노인들의 언어소통의 불편함을 감안하여 각 의무실에 조선족 의사들과 간호사들을 배치하여 조선족 노인들에게 편리를 제공하고 있다.

김 원장은 지린시 민정국, 지린시 조선족노인협회와 공동으로 지린시 세기광장에서 지린시 '박화건강컵' 조선족 민속무용경연을 진행하는 등 노인들의 문화생활을 풍부히 하는데 기여하고 있어 조선족사회의 호평을 받고 있다. 그래서 김숙은 조선족 노인들의 '훌륭한 딸'로 불리고 있으며 노인들의 사랑을 듬뿍 받는다.

설명절이면 김숙 원장은 언제나 위문품들을 친히 챙겨서 조선족 양로원을 찾아 노인들의 건강상태도 체크하고 위문을 하고 돌아온다.

김숙은 경상적으로 병원 일꾼들을 지린시 주변 농촌으로 파견하여 농민들에게 무료 진찰을 하게하며 환자들이 병원까지 오지 않고도 일반 병을 볼 수 있게 하고 있다.

또한 조선족 마을을 지키고 있는 농촌지역 조선족 노인들을 상대로 무료 건강검진을 꾸준히 제공하고 있다. 정대국제병원 설립이후 지금도 조선족 노인들을 상대로 각종 우대정책을 펼치고 있다고 김 원장은 소개했다.

지금까지 농촌에 내려가 무료진찰을 한 회수는 무려 300차가 넘는다. 김숙이 친히 농촌에 내려가 무료로 환자들에게 약을 배달한 차수만 100여차나 되며 총 노정이 3만여 킬로미터 정도라고 한다. 박화병원의 구조를 받은 사람은 1만여 명, 감면된 의료비는 100만 위안을 초과한다는 것이다.

2001년 수란시 서교향 사합촌에 살고 있는 한족인 손옥민과 언니 모두 선천성심장병 환자들이다. 가정이 곤란하여 의료비를 지불할 수 없어 손옥민의 부친은 일루의 희망을 품고 박화병원을 찾아왔다. 정황을 요해

한 김 원장은 심장병 전문가들과 세심한 진단을 거친 뒤 의료비 2만 위안을 감면해 주고 수술을 성공적으로 진행하여 어린 손옥민에게 새 삶을 찾아주었다. 그녀는 지금 건강하고 행복한 생활을 하고 있단다.

조선족기업인들의 성장공간은 무궁무진하다

조선족기업인의 우세는 어디 있냐는 기자의 질문에 김 원장은 다음과 같이 답했다.

조선족기업인들은 어떤 문화교육을 받았든지 민족의 유전자는 떨쳐낼 수 없다고 본다. 풍속습관에서도 표현되며 성격 면에서도 체현된다. 우리나라는 지리적으로 조선반도와 이웃해 있는데 조선, 한국과의 경제, 무역, 문화 교류에서 같은 언어문자를 사용하는 것만으로도 조선족들은 이미 우세를 점했다고 본다.

▲ 2022년 6월18일 정대국제병원을 지린시구급쎈터 중동지역병원으로 지정하는 현판식 (김숙: 앞줄 우측)

중국과 조선반도의 제반 교류에서 민간의 유대가 되고 화합과 발전에 추진 작용을 해야 하는 것은 조선족기업인들의 몫이다. 조선족들은 상호 교류 과정에 빠른 시간 안에 공감대를 형성하고 신뢰관계를 이끌어낼 수 있다. 신뢰는 모든 합작의 전제조건이기에 조선족기업인들이 노력만 한다면 이런 우세를 충분히 발휘할 수 있다.

창춘에 국가급 중한무역구가 들어서 있는데 많은 정책적 우대조건이 있는 줄로 알고 있다. 이는 조선족기업인들에게도 좋은 기회라고 생각한다. 얼마 전에 창춘중한무역구를 방문하면서 관계자들에게 이런 제의를 했다. 무역시범구에 중한 간 도착비자제도를 도입했으면 좋겠다는 제안이었다. 그러면 쾌속통로를 이용할 수 있기에 효율이 배로 늘어날 것이다.

창춘중한무역구는 하나의 큰 기회로 부상하고 있으며 이런 정보는 지린뿐 아니라 전국조선족기업가들에게 창춘 중한무역구에 대해 널리 알릴 필요가 있다. 창춘중한무역구에서 중국조선족기업인들의 포럼을 조직하는 것도 좋은 아이디어가 된다고 생각한다는 것이다.

따라서 한국이 선두위치에 있는 정형의학미용사업이라든지 양로사업은 아주 좋은 아이템이라고 지적하고 있다. 중국이 노령화시대에 진입하면서 노령화 인구의 증가에 따라 중국에는 아직 할일이 많이 남아 있다. 이런 점들을 감안하면 조선족기업가의 성장공간은 무궁무진하다고 전망을 밝히기도 했다.

글/차영국

【김숙 프로필】

출　생　1962년

출생지　지린시

민　족　조선족

성　별　여

학　력　옌벤의학원 약학과 졸업

기　업　지린시정대박화병원 원장, 지린시정대국제병원 원장

　　　　화전위생직공중등전문학교 교원, 지린시제약공장 공정사

　　　　지린시송화강제약공장 생산공장장 역임

　　　　약사, 영양사, 건강관리사, 고급제약공정사

사회직　지린시정치협상회 제13기 위원, 제14기 상무위원

　　　　지린시조선족기업가협회 회장

　　　　옌벤대학 학우회 지린지회 회장

　　　　옌벤대학 약학영역 석사연구생 교외지도교사

영　예　2018년 지린성 "지린의 좋은 사람", "가장 아름다운 민족단결의 별"

　　　　칭호 수여

　　　　2019년 국무원 전국민족단결진보모범개인 칭호 수여

지피지기면 백전불태

베이징 Ming & Sure 특허사무소 대표 **한 명 성**

지금에야 특허라는 것에 대해 많은 이들이 피상적으로나마 인지하고 있지만 20여 년 전만 해도 특허는 보통 사람들에게 있어서 많이 생소한 분야였다. 필자 역시 특허에 대해 피상적으로 이해하고 있을 뿐이었다.

전문자료를 찾아보니 특허란 특정인의 발명을 보호할 수 있는 수단으로서 발명한 이의 이익을 위하여 일정한 법률적 권리나 능력, 포괄적 법률관계를 설정하는 행위를 말한다고 적혀 있다.

특허 등록을 하게 되면 특허권이 발생하는데 이러한 경우 특허권자만이 특허발명을 독점적, 배타적으로 사용할 수 있게 된다. 도용, 표절, 모방과 같은 침해행위로부터 피해를 받았을 경우 상대방에게 청구권을 행사하여 피해에 대한 보상을 받을 수 있다. 특허 등록된 기술을 보유하고 있는 기업이라면 기술의 뛰어남을 인정받고 소비자, 업계 관련자들로부터 신뢰를 받을 수 있다.

그러나 이런 특허 등록 절차는 관련 경험과 지식이 부족한 일반인이 진행하기에는 많은 어려움이 있다. 특허 등록을 확실하게 진행하고 싶다면 전문 변리사의 도움을 받아야 한다. 여기에 이런 업무를 처리해 주고 있는 특허 변리사 사무소가 있다. 바로 베이징 Ming & Sure 특허사무소이다.

햇빛이 유난히 뜨겁던 지난 6월 말의 어느 날, 베이징 하이뎬구(海淀区)에 위치한 모 과학기술산업단지를 찾아 거기에 입주해있는 베이징 Ming & Sure 특허사무소의 한명성 대표를 만났다.

이 과학기술단지에는 인터넷, 정보통신, 반도체, 바이오 등 하이테크 기업들이 들어있는 곳이다. Ming & Sure 특허사무소는 3,600평방미터의 면적을 가진 자사 4층 건물에서 사무를 보고 있다.

널찍한 한명성 대표의 사무실에서 한 대표가 직접 우려서 부어 주는 차를 마시며 천천히 이야기를 풀어나갔다.

공장장을 꿈꿨던 어린 소년

1962년, 그는 지린성 안투현 명월진(吉林省 安图县 明月镇)이라는 작은 진에서 태어났다. 전 중국이 겪었던 문화대혁명과 그로 인한 극심한 물질부족의 고통을 그또한 피해갈 수는 없었다. 비록 열악한 환경이었지만 그에게는 꿈이 있었다. 언젠가 어머니가 근무하는 공장에 따라갔다가 보았던, 기계설비들이 즐비하게 늘어져 있는 공장의 공장장이 되고 싶은 꿈이었다. 돌이켜 보면 기업체를 운영하는 기업인의 모습이 그가 소년 시절 꿈꿔왔던 것이었을 테지만 바깥세상을 보지 못한 시골소년의 상상력의 한계는 공장의 공장장에 꿈을 한정시켰다.

그러나 그 꿈의 씨앗은 그의 전 인생을 관통했다고 해도 과언은 아니었다. 그는 운동을 유난히 좋아했다. 소학교 시절에는 축구팀에서 활약하다가 초중에 올라가서는 배구팀에 가입하였다. 그는 아직도 아침마다 달리기를 견지하고 있다. 그는 건강한 신체가 있어야 맑은 정신이 깃들게 됨을 믿어의심치 않는 실천적 합리주의자일지도 모른다.

16세 어린 나이에 그는 나서 자란 명월진을 떠나 옌벤자치주 수부인 옌지의 옌벤제일고급중학교에 입학하였다. 어린 나이에 집을 떠나 기숙사에서 생활하는 것도 힘들었지만 당시 중국의 계획경제 시대의 산물인 호적지에 따른 '양식관계'가 그의 고향인 안투현에서 옌지시로 옮겨지지 못한 바람에 한창 클 나이에 그는 배고픈 고생까지 해야 했다.

그래도 옌지시에 거주하고 있는 고마운 한반 동창들이 자기 집으로 데려가 가끔 '생활개선'을 시켜주었다고 한다. 그때 맺었던 교우관계를 지금까지도 이어오고 있으며 그들은 한 대표가 지금까지 정신적으로 많이 의지되는 존재로 되고 있다고 한다.

2년의 고중생활을 마치고 그는 대학입시에서 우수한 성적을 따내고 랴오닝성 선양시에 있는 동북대학에 입학하였다. 1980년은 문화대혁명이 갓 결속되고 대학입시가 복구된 지 2년이 되던 해였다. 그 사이 대학시험을 보지 못했던 많은 젊은이들이 시험에 응했으므로 경쟁이 치열할 수밖에 없었다.

그해 지린성의 대학 진학률은 5% 밖에 안 되었다고 한다. 한명성은 지린성을 떠나고 싶었던 바람대로 바깥세상을 향한 첫 발자국을 내딛었다.

특허사업에 뛰어들다

1984년, 대학을 졸업하고 본 대학에 남은 그는 '특허 변리사 양성반'

에 선발되었다. 이것이 그의 사업생애에 결정적인 첫발자국이 되었던 것이다.

그는 동북대학 과학기술성과처의 직원이기도 하면서 학교에 소속된 특허사무소의 특허 변리사이기도 하였다. 대학 내외의 많은 교수, 발명가들을 위해 특허명세서를 작성해 주고 그들의 연구 성과를 특허로 권리화하는 일이다. 한국에 가기 전까지 10년 동안 명세서 작성을 하면서 변리사로서의 내공을 튼튼히 다졌다. 지난세기 90년대 초반, 중국의 허다한 사업단위, 공무원 월급이 500위안이 채 안될 때 그의 급여는 월 5,000위안에 달했다. 그의 인생은 말 그대로 승승장구에 탄탄대로였다고 할 수 있었다.

그러나 그는 여기에 만족할 수가 없었다.

중한 수교가 되기 일 년 전인 1991년, 한국 삼성그룹에서 해외 시장을 확대하는 사업의 일환으로 중국에서 한국어에 능한 동포인재들을 모집하게 되었다. 그는 삼성회사에 지원서를 제출하였고 면접에 통과되었으며 계약까지 체결하였다. 그러나 여러 가지 원인으로 인해 그 계약서는 1994년

▲ 2015년4월 한국국회의사당에서 중국특허제도에 대한 주제발표

에야 빛을 보게 되었다. 그해에 한명성은 중국에서의 10년간 근무를 마치고 한국으로 떠났다.

일가족을 거느리고 한국으로 간 그는 회사 일에 정력을 쏟아 부었다. 그때 한국에는 조선족이 매우 귀하던 때였다. 그는 공식 취업비자로 한국에 취직한 소수의 행운아였다. 그는 자신을 대표하기도 하지만 조선족의 대표라는 마음을 늘 가지고 일에 임했다 한다. 다시 말해서 조선족 이미지에 누가 되는 일이 없도록 해야 한다는 것이 그의 생각이었다.

1991년에 체결한 계약서대로 이행해야 했으므로 연봉도 그때 계약을 따라야 했다. 그러다보니 월급은 중국에 있을 때보다도 낮았다. 외부 업체에서 회사 모르게 중국 관련 번역 업무를 부탁해 오는 경우도 있었지만 그는 거절했다. 조금 더 높은 수입을 보장할 수 있는 일에 혹할 만도 했지만 그는 '나는 삼성의 직원'이라는 생각이 무엇보다 강했다. 다른 업체의 일을 몰래 맡아 하는 것은 몸담고 있는 삼성사에 대한 '의리'가 아니었기 때문이다.

그는 한국에서 특허업무에 종사하는 1호 중국 변리사였다. 특허제도를 포함하여 중국의 법률제도에 대하여 오해와 불신이 짙었던 시기에 그는 회사 내에서 세미나 등을 통해 중국 특허제도를 소개하고 회사 실정에 맞춰 중국 특허 전략을 수립하는데 주력하였다. 점차 그는 능력을 인정받게 되었고 2004년 삼성에서 퇴사할 때까지 10년 동안 일하며 급여가 무려 7배나 오르기도 하였다. 그는 중국 특허 전문가로 이름이 알려지면서 회사 내에서 주목을 받게 되었다.

그러는 사이에 어느덧 불혹의 나이에 접어들었다. 윤택한 생활과 탄탄대로인 직장생활, 안일해질 법도 한 상황이었지만 그는 혼자서 다른 준비를 해 나갔다. 그는 창업을 하고 싶었다. 그것은 어쩌면 어린 시절 멋모르고 꾸었던 '공장장 꿈'의 연장선일지도 모를 일이었다.

2003년 그는 회사에 사직할 의사를 내비쳤다. 회사에서는 급여를 더 올려 주는 것으로 그를 붙들어두려 하였다. 그는 자신의 의사를 명확하게 밝혔다.

"더 올려 줄 필요 없습니다. 저는 귀국하겠습니다."

퇴사를 결심하고 난 그는 한국의 서울, 수원, 기흥 등지에 흩어져 있는 삼성 특허팀 부문들을 돌아다니며 그동안 고락을 함께했던 동료들에게 작별인사를 나눴다.

"그동안 고마웠습니다. 앞으로 더욱 열심히 살겠습니다."

그는 짧고 굵은 두 마디를 건네며 지난 10년을 마무리 지었다. 귀국하여 특허사무소를 꾸리면 그동안 일했던 삼성사와 협력할 일이 많았을 터였지만 그는 "잘 부탁드립니다." 라는 말은 입 밖에 내지 않았다.

첫째는 작별인사 차 간 걸음에 '영업'할 생각은 없었고, 둘째는 '잘 부탁드린다.'라는 말에 포함된 '자세 낮추기'가 내키지 않았던 것이었다. 그는 무엇보다 실력으로 인정받는 회사를 꾸리고 싶었다. 대체 불능한 실력과 믿음을 바탕으로 누군가에게 허리 굽혀 부탁드리지 않아도 사람들이 알아서 찾아오는 그런 사무소를 꾸리고 싶었던 것이다.

2004년, 그는 귀국길에 올랐다.

Ming & Sure, 창업 그리고 도전

누가 마흔을 불혹이라 했던가. 마흔이면 평균 수명의 반 즈음이기도 하고 또 '불혹'이라 일컫는 마흔은 삶을 관망할 수 있는 능력을 가질 수 있는 나이이기도 하다.

불혹의 나이답지 않게 그는 변화를 꿈꾸며 윤택한 삶이 보장된 회사를 나왔지만 역시 불혹의 나이였으므로 그는 누구보다 굳건하고 단단한 마음으로 새로운 발자국을 내디딜 수 있었다.

많은 기업가들의 창업사를 들어보면 열정 하나만으로 맨땅에 헤딩하듯이 물불 가리지 않고 일에 뛰어든 사람이 있는가 하면 여러 방면의 실패 리스크를 꼼꼼히 체크하고 누구보다 이지적으로 사업에 임한 사람도 있다.

한명성은 후자였다. 그는 10년간 해외에서 근무한 경력을 바탕으로 외국 기업들이 무엇을 원하는지, 기업 내부에서 어떻게 특허를 관리하는지를 그는 국내에 있는 여느 사무소보다도 잘 파악하고 있다고 자부하였다. 또한 국내 특허 사무소들의 업무진행방식에 대해서도 누구보다 잘 알고 있으며 그리하여 보완해야 할 부분도 본인이 제일 잘 파악하고 있음을 자부하였다.

세간에는 지피지기면 백전백승이라고 알려져 있지만 '너를 알고 나를 안다고 반드시 이기'는 것은 아니었다. 기업 운영이라는 것은 수많은 불확정 요소가 얼기설기 얽혀 있기 때문에 승리를 예견할 수는 없는 것이다. 다만 너를 알고 나를 알면 백번 싸워도 위태로움에서 벗어날 수는 있다.

지피지기면 백전무태, 계산을 마친 그는 자신감 있게 창업을 시작하였다. 그는 대학을 갓 졸업한 직원들을 데리고 일을 시작하였다. 새내기 12명 직원을 거느리고 첩첩한 곤란을 이겨내야 했다. 낮에는 업무를 보는 동시에 신입사원들을 교육해야 했고 저녁에는 고객만나는 '영업'을 따로 해야 했다. 그는 한 회사의 대표였고, '영업부장'이었으며 직원이기도 하였다. 가끔은 늦게까지 일을 마친 직원들을 집에 데려다 주기도 해야 했으니 회사의 기사 노릇도 한 셈이다. 일인다역을 맡아 하다 보니 수면은 늘 부족했다. 짧은 점심시간에 사무실 소파에서 잠깐 눈을 붙이면서 일을 계속해야 했고 저녁이면 다시 '전쟁터'에 나서야 했다.

자금 유통도 원활하지 못했다. 직원들 월급으로 줘야 할 돈들, 사무실 월세 등등 나가야 할 돈들… 그는 머릿속으로 늘 살림살이 수판알을 튕기느라 쪼들렸다.

"직장 생활 때는 겪어보지 못했던 마음고생일 줄로 압니다. 힘들다고 느끼지는 않으셨습니까?"

필자의 말에 그는 단호하게 손을 저었다.

"아니요. 다 예상했던 일들입니다."

나름의 꼼꼼한 준비를 마치고 뛰어든 일이었으므로 그는 당황하지 않았다.

Ming & Sure의 영원한 성장을 꿈꾸며

누가 그랬던가, 성을 쌓는 것보다 더 어려운 것은 지키는 것이라고. Ming & Sure라는 '성'을 세우는 것도 힘들었지만 업계와 고객들이 인정하는 Ming & Sure의 명성을 유지하는 것도 쉬운 일은 아니었다.

한 대표는 고객 중심의 이념으로 규범화된 특허 출원 업무 프로세스를 독자적으로 고안하고 운영해 나갔다. 외국에서 중국으로 들어오는 특허 출원들의 문제점들을 보완하고 고객들이 중국 특허 실무를 알지 못해 겪는 어려움을 해소시켜 주는 것이었다. 후에 이 프로세스는 고객의 요구에 의해 다른 사무소에도 도입되었다.

창업해서 일 년 되는 2005년, 그해 달성한 특허출원건수는 1,500건에 달했다. 그것은 업계 일류를 자랑하는 타 특허사무소가 개업 3년 만에 달성한 성과이기도 했다.

▲ 2018년 회사 연말총화 행사에서

사무소는 점차 업무범위를 넓혀 나갔고 규모를 확대해 나갔다. 2007년에는 스촨성 청두에 브랜치를 설립했으며 2013년에는 그의 모교가 있는 랴오닝 선양시에 브랜치를 설립하였다.

설립 초기에 12명 직원으로 출발한 회사는 현재 184명으로 늘었다. 한마디로 국내 가장 큰 조선족 특허사무소로 성장한 것이다. 또한 국내에서 한국으로부터의 특허출원을 가장 많이 처리하는 사무소이기도 하다.

그가 세운 Ming & Sure라는 '성'은 모두의 바람대로, 또 들인 노력만큼 잘 지켜져 간 셈이었다. 한 대표는 이제 Ming & Sure라는 자기의 울타리만 생각할 것이 아니라 더 넓게, 더 높이 바라봐야 할 어떤 사명감을 느꼈다.

2013년 그는 중국 조선족 지식재산전문가 협회를 설립하였다. 중국 조선족 지식재산전문가 협회의 설립은 조선족 변리사들끼리의 상호 교류를 촉진했을 뿐만 아니라 한국의 변리사들까지도 포함하여 전 세계 한인 동포들의 지적재산권 네트워크를 형성하는데 일조하였다.

중화전국특허변리사협회 이사도 겸한 한 대표는 여러 차례 중한 특허 변리사협회 간 교류회에 참석하여 중한 두 나라의 지식재산권 업계의 교류에 앞장서 활동하고 있다.

필자는 그에게 사무소의 앞날에 대해 어떤 청사진을 그리고 있는지에 대해 물었다. 그는 특허 관련 일은 당장 눈앞의 성공을 쟁취하는 것이 아닌 앞으로 10년, 20년을 내다보는 일이라고 하였다. 그는 Ming & Sure 사무소와 직원들의 지속적인 성장이야말로 그가 꿈꾸는 미래라고 답했다.

그는 냉정한 기업인이면서 후덕한 인간애를 가진 사람이기도 하였다. 그의 수하에 능력 있는 변리사들이 초창기부터 지금까지 그와 함께 Ming & Sure를 지키고 있는 것은 그의 후덕한 인품과 갈라놓을 수 없다.

그는 직원들의 가정에 생긴 어려움을 능력껏 해결해 주고 있으며 직원들과의 끈끈한 신뢰관계를 유지해오고 있다. 그리고 직원들의 성장에 필요한 지지를 항상 물심양면으로 해주고 있다.

한 대표는 직원들의 눈높이를 제고시키기 위해 한국, 일본 그리고 국내 다른 지역에 몇 달씩 연수를 보내 학습할 기회를 제공하고 있다. 직원들의 지속적인 성장이야말로 Ming & Sure의 지속적인 성장임을 그는 잘 알고 있기 때문이다.

성장의 사전적 의미는 미숙한 존재에서 성숙한 존재로의 변화를 의미한다. 이렇게 볼 때 성장한 인간에게 요구되는 구체적 양상은 '스스로 살기'와 '더불어 살기'가 될 것이다. 스스로 산다는 것은 삶의 과정에 타인에게 종속되어 있는 존재에서 주체적으로 삶을 영위하는 존재로 되는 것이다. 더불어 산다는 것은 집단 속에서 타자와의 관계를 유지하면서 삶을 영위하는 것을 말한다. 곧 인간이 성장한다는 것은 개인적 주체성을 확립하는 것과 사회적 구성을 확립하는 것이다. 즉 성장은 개인화와 사회화를 통해서 이룩되는 것이다.

직원은 Ming & Sure 안에서 '스스로 살기'에 성공하고 Ming & Sure는 사회에서 '더불어 살기'에 성공하는 과정을 거쳐 직원과 회사가 모두 진정한 성장을 이뤄내는 것이 어쩌면 한 대표가 그리는 청사진일 것이다.

한 대표가 마지막으로 부어주는 차를 마시고 찻잔을 내려놓으며 나는 취재수첩을 덮었다. 사람으로 말하면 올해로 18세 성인이 되는 Ming & Sure회사가 잘 우러난 이 차물처럼 완숙한 모습으로 성장하기를 기대해 본다.

글/이은실

【한명성 프로필】

출　생 1962년

출생지 옌벤 안투현(延边 安图县)

민　족 조선족

학　력 중국 동북대학교 자원공학과

기　업 중국 특허법인 MING & SURE 창설/운영

　　　　 대표 변리사

　　　　 중국 동공특허사무소 근무, 변리사, 부소장 역임

　　　　 대한민국 삼성전자(주) 지식재산팀 근무, 특허고문 역임

사회직 중국변리사협회 이사

　　　　 중국조선민족지식재산전문가협회 초대회장, 고문

　　　　 중국조선민족역사학회운영이사회 이사

두산과 함께 걸어온 23년의 인연

지린성두산공정기계유한회사 이사장 **김용규**

중국 자동차공업의 장자로 불리는 제1자동차그룹이 자리한 창춘은 다양한 산업단지가 어우러져 있는 동북지역의 유명한 도시이다. 서부에 자동차산업개발구가 들어서 있고 동부에 중한(长春)국제협력시범구가 자리 잡고 있다. 남쪽에는 영화산업기지가 있고 북쪽에는 고신기술 산업단지가 있다. 창춘시에 있는 33개의 개발구는 아침 일찍부터 중장비를 포함한 기계들이 쉴 새 없이 가동되고 노동자들의 일손이 부지런히 움직이는 모습을 볼 수 있다. 게다가 7월 동북의 전야에는 비옥한 흑토가 당장 기름이라도 나올 듯 푸른 주단을 깔아놓은 듯한 대지가 한눈에 펼쳐지고 그 위에는 곡식들이 한창 어깨를 겨루며 자람새를 뽐내고 있다.

동북의 옛공업기지로 불리는 창춘에는 20년 전에 중국에 진출한 한국 독자기업 두산공정기계(중국)유한회사가 공정기계를 제공하면서 도시의 건설에 단단히 역할을 발휘한 일화가 전해지고 있다. 이런 사건을 만들어 낸 사람이 바로 조선족기업가 김용규이다. 김용규는 현재 지린성두산공정기계유한회사 이사장 겸 CEO를 맞고 있으며 지린성조선족경제과학기술진흥 총회 부회장으로 활약하고 있다.

"2022년은 중한 수교 30주년이 되는 뜻 깊은 해입니다. 제가 한국 두산이라는 우물만 판 지 23년이 되는 해이기도 합니다."

김용규 이사장은 중국에 진출한 한국의 두산이라는 기업이 있었기에 자신이 오늘까지 올 수

▲ 2011년 두산공정기계(중국)유한회사의 중국 내 판매량 10만대 돌파 기념식(김용규: 오른쪽 네번째)

있었다고 하면서 23년을 걸어온 두산공정기계(중국)유한회사는 오늘날 지린성 공정기계 시장의 1인자로 우뚝 서게 되었다고 감격에 넘쳐 말한다. 김용규 이사장은 중한 수교 30주년이라는 이 시점에 두산의 성장과정을 되돌아 볼 때 감회가 새롭다며 뜻 깊은 인연에 대해 이렇게 설명했다.

김용규가 한국 기업과 인연을 맺게 된 것은 중국과 한국이 수교를 맺은 지 3년이 다가오던 1995년으로 거슬러 올라간다. 작은 나비 한 마리의 날갯짓이 지구에 큰 바람을 몰고 오듯이 인생도 때로는 뜻하지 않게

아주 자그마한 계기로 인해 완전히 뒤바뀌는 경우가 있다. 창춘에 있는 지린건축학원을 졸업하고 지린시건축공정회사에 취직하여 남들이 부러워하는 직장을 다니며 평범한 일상을 보내던 김용규에게 어느 날 신문에 실린 성냥갑 크기만한 작은 광고가 눈에 들어왔다.

"세상의 일이란 참으로 예측하기 어려운 것 같아요. 그날 만약 내가 신문을 보지 않았더라면 그리고 그 광고를 지나쳤더라면 지금의 나는 과연 어떻게 되어 있을까 생각하게 되네요."

김용규는 이렇게 말하며 잠깐 회억에 잠긴다. 사연은 이러하다. 1995년 중국 산둥성 옌타이시에 진출한 지 얼마 안 되는 한국 기업인 대우중공업(두산공정기계 전신)이 조선족 공정기술 인재를 찾는다는 모집광고를 《인민일보》에 낸 것이다. 당시 29살의 열혈청춘이던 김용규는 단위에서 신문을 읽다가 우연하게 이 광고를 접하게 되었고 순간 그의 머릿속에는 무언가 혜성처럼 스쳐지나가는 것이 있었다.

그는 일생을 개변하는 전환점을 포착했고 과감히 잡았다. 더 나은 삶을 갈망하는 도전에서 우러나온 충동이었다. 그때는 한국회사에서 주는 노임이 중국기업에 비해 월등히 높을 때였다. 무작정 옌타이로 달려간 그는 면접을 마친 후 잠깐 고민에 빠졌다. 대우중공업에서는 그에게 높은 대우를 제시하면서 적극적으로 입사를 제안했지만 '철밥통'을 버려야 하는 갈림길에 놓여있었던 것이다. 그는 과감히 공직을 버리는 결단을 내리고 연해지구의 한국 기업에 처음으로 발을 들여놓게 되었다. 허허벌판에서 공장 건설에 들어간 두산 회사는 초창기라 할일이 많았다. 김용규는 정부 각 부처를 오르내리며 관원들과 교섭하면서 각종 서류를 작성하고 인허가를 받아내는 일에 시간을 보냈다. 그리고 일손이 부족할 때면 통역으로도 나섰다.

"대우그룹의 김우중 회장이 옌타이에 왔을 때 통역을 두 번 맡았던 기억이 납니다. 그분은 키가 작았으나 아주 다부지게 생긴 분이었어요. 옌타시 정부에서는 대우중공업을 유치하기 위해 인허가에서도 푸른 등을 켜주었지요."

김용규는 한국 회사에 처음 들어가 일을 시작했을 때를 이렇게 회억했다.

대우중공업이 두산에 인수된 후에도 김용규는 회사에 계속 남아서 열심히 일했다. 회사에서 생산하는 공정기계의 시장 개척을 위해 영업팀에 가담해 뛰어다니던 중 그는 고향인 동북 시장의 잠재력을 보아냈다. 이번에도 기회라고 생각한 그는 다시 한 번 자기 인생에 과감한 도전장을 내밀었다. 회사에 사표를 내고 지린시에 돌아와서 자그마한 사무실을 얻어 두산공정기계 대리상의 신분으로 창업에 뛰어들었던 것이다. 아내와 어린 딸을 옌타이에 남겨둔 채 홀로 자신이 대학을 나와 처음 직장을 다녔던 고장으로 돌아와서 새출발을 하게 된 셈이다. 하지만 시장은 생각만큼 녹록하지 않았다.

"시작해서 돈을 벌기는커녕 날벼락을 맞았지요. 180만 위안을 받기로 하고 할부로 공정기계 2대를 고객에게 넘겼는데 그 작자가 글쎄 사기를 치고 달아난 것 아닙니까."

김용규는 눈앞이 캄캄해졌다. 한동안은 절망 속에서 회의를 느끼며 사우나에서 힘든 날을 보내기도 했다. 이때 그의 상황을 알게 된 두산에서는 하늘이 무너져도 솟아날 구멍이 있다면서 힘을 내서 다시 시작해보라고 위로를 보내왔다. 두산의 지지를 받고 힘을 얻은 김용규는 창춘으로 자리를 옮겨서 다시 사업을 시작했다. 지금 생각해보아도 빈털털이가 된 지신을 믿고 떠밀어준 두산이 참으로 고맙기만 하다고 말한다.

와신상담의 비장한 결심으로 창춘에 발을 붙인 김용규는 휴식일이 없이 발바닥에 불이 날 지경으로 공정기계가 필요할 만한 곳들을 찾아 샅샅이 훑었다. 스스로 노력하는 자는 하늘이 돕는다고 마침 지린성의 건설시장들이 후끈후끈 달아오르기 시작하는 때였다. 드디어 회사에 황금발전의 시기가 찾아왔다. 두산공정기계의 품질과 김용규의 서비스가 좋다는 말이 이미 구매한 사용자들로부터 전해지면서 건설업체들에서는 공정기계를 먼저 사기 위해 계약금을 들고 줄을 서서 물건을 기다리는 진풍경이 펼쳐졌다. 물이 있을 때 노를 저으라고 그 후 몇 년 동안 김용규는 달리는 말에 채찍질을 하면서 창춘에 있던 5개의 대리상들을 하나하나 합병하였다. 회사는 점점 규모가 커지고 정규적인 기업으로 성장하여 동북에서 가장 큰 두산공정기계 대리상으로 자리를 잡았다. 2011년에 김용규는 창춘경제기술개발구에 40무(26,680제곱미터)의 대지를 매입해 6천여만 원을 투자하여 회사 건물을 새로 지었으며 회사는 지린성에서 규모가 제일 큰 공정기계판매회사로부터 부품공급, 애프터서비스, 설비수리, 품질보상, 교육양성, 공정건설 등 기능을 갖춘 종합성적인 기업으로 우뚝 섰다.

지난 23년 동안 김용규는 각종 두산공정기계를 5천여 대나 판매하는 실적을 올렸으며 연간 매출액이 최고로 6억 위안을 훨씬 넘길 때도 있었다. 그는 두산으로부터 연속 10년 동안 전국 최우수 대리상으로 선정되기도 하면서 진정한 '판매왕'으로 인정받았다.

"두산공정기계(중국)유한회사를 '큰 집'이라고 한다면 전국에 널려있는 대리상은 '작은 집'이라고 할 수 있지요."

그동안 두산은 회사와 대리상들이 힘과 지혜를 합쳐 동반성장을 이룩했는데 중국에서 누계 20만 대 이상의 공정기계를 판매하는 기적을 낳았다. 두산은 거대한 성공과 함께 많은 재부를 창출했으며 대리상들 역시 두산공정기계에 힘입어 부를 쌓았고 자신들의 꿈을 실현할 수 있었다.

"두산은 중한 수교 이후 한국 기업이 중국에 진출해 현재까지 성공한 기업의 좋은 사례라고 할 수 있어요."

김용규는 두산이 중국 시장에서 이룩한 성과에 대해 실적을 바탕으로 높이 평가했다.

한국 기업인들과 오래 동안 협력해 온 김용규 이사장은 2020년 4월에 국무원의 정식 비준을 거쳐 설립된 중한(창춘)국제협력시범구에 대해 주목하고 있다. 중한(창춘)국제협력시범구는 중한 양국 간의 교류를 목적으로 하는 국내 유일의 국가급 개발구이다. 이곳은 중한 협력 시범 프로젝트로서 신생에너지, 장비제조, 제약, 의료 등 다양한 산업단지를 건설함으로써 중한 경제협력을 한차원 더 높이는 새로운 플랫폼으로 구축하는 것을 목표로 하고 있다. 주선양 한국총영사관 관계자는 2021년 9월에 중한(창춘)국제협력시범구에 오픈한 중한 도시관을 둘러보고 연신 감탄하며 이렇게 규모가 큰 한국 관련 대상을 단시일 내에 건설한다는 것은 중국만이 가능하다며 '중국속도'를 높이 평가했다.

중한 도시관은 부지면적 21만 제곱미터에 건축면적이 13.5만 제곱미터나 되는 초대형 상업종합체로서 한국의 17개 도시관과 국제상품 전시판매관, 다국경 디지털 서비스센터, 글로벌기업관, 비즈니스센터 등이 개설되어 있다. 여기서 중한 테마박람회, 산업발전포럼, 문화예술 공연과 학술교류 등 행사를 주기적으로 개최하게 된다.

목전 중한(창춘)국제협력시범구에는 23개에 달하는 고신기술기업이 입주해있으며 그중 한국 TMS주식회사는 광학접착제 제조 분야에서 세계적으로 앞서가는 기술혁신형 중소기업으로서 시범구에 OLED 광학접착제 생산기지를 건설했다. 시범구는 또 삼성 SDI, SK, 하이닉스 등 한국 반도체제조기업과의 합작도 적극 추진 중에 있으며 그 외 한국의 식품, 제약, 의료기계, 정형미용, 화장품, 건강제품 등 분야의 기업들도 적극 유치 중에 있다.

중한 수교 30년 이래 중국과 한국의 경제무역협력은 그야말로 휘황한 성과를 냈다고 말할 수 있다. 중국은 한국의 가장 큰 대외무역 파트너로서 매년 양국의 대외무역 규모가 3,400억 달러를 웃돌고 있다. 코로나로 인한 세계경제 침체 속에서도 지난해 두 나라의 무역액은 3,600억 달러

▲ 2011년 5월 25일 지린성두산공정기계유한회사 신축 사옥 준공식(김룡규, 왼쪽 첫번째)

를 넘어섰는데 이는 중국과 한국이 경제무역 협력에서 여전히 거대한 잠재력을 갖고 있음을 잘 설명해주고 있다. 이러한 대 환경을 놓고 봤을 때 동북아의 중심에 위치한 중한(창춘)국제협력시범구는 유능한 한국기업인들이 와서 투자하기에 가장 적합한 곳이라고 볼 수 있다.

김용규 이사장은 이런 전망 속에서 이제 중국에 진출하려는 한국기업들에게 이렇게 조언한다.

"한국기업들이 과거 중국의 저렴한 인건비와 거대한 시장을 믿고 투자하던 것처럼 들어와서는 성공하기 어렵습니다. 첨단기술 또는 독보적인 기술력을 갖고 들어와야 승산이 있습니다."

김용규 이사장은 자신은 중한 두 나라 경제협력의 최대 수혜자라고 하면서 중한 수교 30주년을 계기로 새로운 출발점에서 두 나라가 앞으로도 정치, 경제, 문화 등 여러 영역에 걸쳐 광범위한 협력과 교류가 꾸준히 이루어지기를 진심으로 기원한다고 밝혔다.

"예전에도 그랬듯이 앞으로도 창춘에 투자하는 한국 기업인들과의 교류와 친목을 꾸준히 다져나갈 것이며 한국 기업인들이 지린성에 투자하는데 필요한 자문을 언제든지 제공할 것입니다. 이 면에서 지린성조선족 경제과학기술 총회와 창춘시조선족기업가협회는 항상 최선을 다할 것입니다."

글/이철수

출 생 1966년

출생지 지린성 판스현(吉林省 磐石县)

민 족 조선족

학 력 지린공정학원 건축공정학부 공업민용건축 전공

기 업 지린성두산공정기계유한회사 이사장 겸 CEO

사회직 지린성공정기계협회 부회장

　　　　지린성조선족기업가협회 회장

　　　　창춘시조선족기업가협회 회장 역임

　　　　지린성조선족경제과학기술진흥 총회 부회장

　　　　지린성 푸위현 신잠향 두산희망소학교 명예교장

　　　　지린성 바이청시 삼합향 두산희망소학교 명예교장

중국 패션시계 중심에 우뚝 서다

선전시가마시계유한회사 이사장 **박용남**

세상에는 우수한 기업, 사랑받는 기업이 많다. 중국 패션시계 분야에서 이름만 대도 떠올리는 브랜드가 있다. 바로 줄리어스(JULIUS)다. 줄리어스 브랜드 이름이 풍기는 이미지 때문에 언뜻 영어권 나라의 브랜드인줄로 착각하지만 줄리어스는 한국에서 만들어져 지금은 중국에서 탄탄하게 성장한 브랜드다. 국내 패션시계 명브랜드 자리를 지켜가고 있는 줄리어스에는 누구보다 신의를 지켜가고 있는 중국 기업인 박용남과 줄리어스 브랜드를 탄생시킨 한국 기업인 이정균 사장의 끈끈한 정이 담겨 있다.

한국에서 패션시계로 사랑을 받던 줄리어스가 맨 처음 중국에 상륙한 것은 1999년이다. 어언 20년 세월도 더 흘렀다. 그 사이에 줄리어스는 중국 내 패션시계업계에서 어엿한 자리를 지켜내면서 대중화되고 젊어졌다. 중국 패션시계업계의 최강자로 알려지고 있는 선전시가마시계유한회사 박용남 이사장은 본인의 삶은 1988년에 중국 남방도시 선전에 발을 들여 놓은 순간부터 한국과 인연이 되었다고 한다.

2011년 중국우수민영기업가로 선정된 박용남은 현재 선전시계업협회 상무이사로 맹활약하고 있지만 그가 선전에 처음 발을 들여놓을 때만 하여도 '패션시계'라는 개념 자체를 모르던 19살 시골청년이었음을 아는 사람은 별로 많지 않다. 중국 지린성 룽징시 지신태생인 박용남은 1988년 대학입시에서 낙방된 후 어머니가 재수하라고 챙겨 준 돈 700위안을 가지고 부모 몰래 선전행 기차에 올랐다. '큰물'에 가서 헤엄쳐보고 싶다는 오기 하나로 선전에 발을 들여놓은 것이다.

그가 선전시에서 찾은 첫 직장은 조선족이 운영하는 구멍가게에서 시계줄을 조립하는 '품팔이'였다. 그 구멍가게 옆에 한국인이 운영하는 완구공장이 있었는데 거기에 자꾸 눈길이 쏠렸다.

은근히 지켜보다가 하루는 사장인 듯한 분이 점심 드시러 나가는 길목을 막아서며 막무가내로 "이 회사에서 받아주면 최선을 다해 일하겠습니다."라고 용기를 내어 취직의향을 밝혔다. 그 회사에 취직하게 된 박용남은 한국의 선진적인 기업문화도 익히고 또 한국인 사장님을 모시고 가이드 겸 통역으로 따라다니다 보니 차츰 세상이 얼마나 넓고 할 일이 많은지도 폐부로 느끼게 되었다. 그게 끈이 되어 훗날 한국에서 무역공부도 하게 되었고 서울과 선전을 오가면서 떨이옷장사도 하게 되었다. 그렇게 마련한 종자돈으로 선전시 번화가에 커피숍을 차리게 되었고 차츰 대도시에서 자리를 잡아갔다.

운명은 우연하게 바뀌는 경우가 있나보다. 한국에서 시계사업을 하는 이정균 사장이 박용남의 커피숍을 찾았는데 첫눈에 믿음이 갔는지 시간 나면 짬짬이 자기를 도와서 시계부품을 구매해서 보내달라고 했다.

박용남은 고지식하게 마진도 붙이지 않고 그대로 도와주는 일을 마다하지 않았다. 신뢰가 쌓여가게 되자 이정균 사장은 시계조립사업을 같이 하자는 제의를 하게 된다.

드디어 1999년 9월, 박용남을 법인 대표로 하는 시계공장이 선전에서 설립되었다. 시초에는 아파트단지 내 살림집을 세내고 출납원 한 명과 시계 조립공 한 명이 모여 회사랍시고 첫걸음을 떼였다. 시계공장이라기보다 부자재를 구입해 조립공장에 맡겨 완제품을 만들어서 그냥 한국에 납품하는 떠넘기기식 '사무처'에 불과했다.

그렇게 한동안 한국 쪽 오다만 취급하면서 무난하게 푼돈벌이는 할 수 있었는데 문제도 튀어나왔다. 위탁조립을 하다 보니 불량품이 적지 않아 품질을 보증할 수 없었다. 품질을 보장하자면 뭐니 뭐니 해도 제대로 된 조립공장을 세워야 했다. 그래서 2000년 봄에 다시 400평 규모의 건물을 임대 맡아 30명 직원을 모집해서 자체의 시계조립공장을 가동했다. 그렇게 2006년까지는 자체 브랜드가 없이 한국 오다만 취급하다보니 운영은 큰 모험 없이 벌이가 잘 되었다. 직원 수도 30명에서 40명, 50여 명으로 점점 늘어났다.

중국에서 조립한 시계는 전량 한국으로 들어갔다. 2002년 이정균 사장이 한국에서 등록해 놓은 '줄리어스'라는 시계 브랜드가 남대문시장의 전문매대에서 시장반응이 꽤나 좋았다. 그 후 4년이라는 세월이 흐르면서 '줄리어스'는 서서히 한국에서 알아주는 브랜드로 자리를 굳혀가고 있었다. 한국시장에서 '줄리어스'가 먹혀들고 있을 때쯤 해서 이정균 사장이 박 대표에게 '줄리어스'를 중국시장에서 키워보지 않겠냐는 제안을 하게 된다.

두 사람은 큰 결심을 내리고 광주시계도매시장에 가게를 오픈했다. 그런데 오픈한 지 반년이 넘도록 곁눈질하는 사람조차 없었다. 조급해하는 박 대표를 다독이는 이정균 사장은 브랜드가 하루아침에 알려지지 않는다는 것을 알려주었다. 그의 말은 적중했다. 반년이 지나서부터 줄리어스를 찾는 사람들이 하나 둘씩 늘기 시작했다. 패션시계다운 멋스러움을 고집한 것이 드디어 통한 것이다.

이때가 기회라고 박 대표는 유능한 영업사원 한 사람을 영입해 총경리 직에 앉히고 지분을 줘가면서 빡세게 밀어붙였다. 이때 이정균 사장은 한국에서 디자인만 책임지고 박용남이 생산과 유통을 전담하는 분공이 명확한 줄리어스 동사회가 새롭게 출범했다. 2006년부터 주식제 경영모식을 도입하고 후불제전략을 펼쳐가면서 광주를 중심으로 시장 매대마다 줄리어스를 깔기 시작했다.

▲ 줄리어스 전속모델 전세연과 함께(박용남: 왼쪽)

2008년에 들어서 줄리어스를 알아주는 고객층이 기하급수적으로 늘어나기 시작했다. 그때 큰마음을 먹고 3년 후 2,000만 위안 영업액을 올린다는 목표를 세웠다. 그 목표가 2년 만에 도달했다. 성장세는 멈추지 않았고 2012년에 접어들면서 기적같이 영업액 1억 위안을 돌파했다. 그런데 한계가 여기까지인가 의심이 들 정도로 1억 위안 고지에 오르자 전에 있었던 성장템포가 주춤하기 시작했다.

1억 위안에서 1억 5,000만 위안 사이를 오리내리면서 그렇게 수년간 현상태를 유지할 때쯤 위기라고 할 수는 없지만 박 대표에게 청천벽력 같은 이변이 일어났다. 항상 이끌어주고 믿음을 주셨던 이정균 사장이 갑작스레 1선에서 물러나 퇴출하겠다는 제안을 해왔다. 이정균 사장은 박 대표가 혼자서도 잘하고 있다고 생각했고 좋을 때 그만두는 게 서로에게 도움이 된다는 이치였다.

말은 맞지만 회사가치를 5,000만 위안으로 따진다고 하면 당장 드릴 돈이 없었다. 하지만 박 대표는 그동안의 고마움도 있고 해서 토 하나 달지 않고 원하는 대로 해드리겠다고 약속했다.

회사의 명운이 달린 중대한 문제라 박 대표는 가슴을 짓누르는 중압감을 느꼈다. 하지만 해야만 하는 도전이기에 강수를 두지 않으면 안 되는 결단의 순간이기도 했다. 그는 남들이 보면 '미친 짓'이라고 할 만한 선택을 내렸다. 분명 우위를 잡고 있는 상황이었지만 중국 시장에서 충분히 성숙되지 않은 한국 줄리어스 코리아를 인수하는 조건으로 통쾌하게 받아들인 것이다.

유동자금까지 빡빡 긁어모아봤자 현찰은 600만 위안밖에 되지 않았다. 더는 현찰이 없는 상황에서 잔액은 나중에 벌어서 갚을 수밖에 없다고 말할 수도 있었지만 이제까지 맺은 돈독한 우애를 깨면서 이 사장과 어긋나고 싶지 않았다. 더 이상 현금을 빼낼 수 없으니 부동산을 처분해서라도 맞추어드려야 했다. 한창 부동산이 치솟고 있는 때라 잠시만 미루었다 팔아도 돈이 갑절 오를 수 있는 시점이었지만 욕심으로 미루어 둘 수만은 없었다. 돈이고 집이고 다 내주고 나니 헛물만 쥐고 나앉은 기분이 들었다. 초유의 시련 앞에서 과연 회사가 불찰 없이 제대로 돌아갈 수 있을지 엄청 고민스러웠다. 이제 처음부터 다시 시작해야 했던 것이다.

박용남과 이정균 사장 간의 사업관계는 여기까지가 전부였지만 서로 간에 신의와 믿음을 깨지 않고 지금도 시계업계에서는 살아있는 전설로 무수한 미담을 낳고 있다. 당시 그 많은 현금을 일시불로 송금할 수 없는 상황에서 박 대표는 한국에 있는 디자이너들이 올 때마다 달러로 환전해둔 돈을 인편으로 이정균 사장에게 전달하였다. 굳은 약조를 지키는 데는 장장 3년이 걸렸다.

한때 이정균 사장의 무한한 신뢰를 받았던 박 대표는 지금도 사업차로 한국에 가게 되면 일부러 찾아가 술잔을 기울이며 마음을 터놓고 속정을 나누며 호형호제로 다정하게 보내고 있다.

사업을 완전히 인수받고 나서 회사는 한때 힘든 시기를 겪었지만 박 대표는 위기를 기회로 이겨냈다. 빚을 갚아가면서 그는 집요하게 사업에 전력 투신하여 재빨리 줄리어스의 기반을 탄탄히 다져놓았다. 지역마다 대리상을 깔아놓으며 오프라인시장에 매달리던 전통을 과감히 깨고 2012년부터 토우보(淘宝), 위쳇(微信)을 이용한 온라인판매에 열을 올렸다. 뿐만 아니라 2015년부터는 해외 전속모델을 기용하여 어마어마한 마케팅비용을 지급하면서 공격적인 마케팅전략을 펼쳤다. 인지도가 높은 인기스타들을 전속모델로 내세워 홍보효과를 극대화하였다. 한국 인기배우 진세연을 전속모델로 영입했다. 진세연은 당시 인기 드라마에 출연하여 시청률을 최고로 끌어 올리던 때라 줄리어스의 홍보가 서민들에게 크게 먹혀들게 되었다. 뒤이어 젊은이들의 마음을 사로잡기 위해 깜찍하고 발랄한 이미지 스타일의 인기스타 김유정을 전속모델로 영입해 지속적인 홍보에 나섰다.

▲ 젊은여성들의 눈길을 끄는 패션감각이 뛰어난 줄리어스 시계

박 대표는 차분하게 힘을 키워나갔다. 그는 자신이 갖고 있는 능력을 최대한 발휘하면서 거침없이 사업을 확장하였다. 2015년에 영업액 2억 위안을 달성한 기세를 몰아 해마다 그 전해보다 1억 위안 이상의 영업액을 더 올려가면서 충실한 고객층을 확보해나갔다. 지금은 온라인 판매와 오프라인 판매 비율이 75대 25로 온라인 판매가 오히려 더 크게 확대되었다. 그동안 내수시장이 상승단계에 오르면서 80% 이상의 성장세를 보였다. 해외시장도 한국, 일본, 베트남, 태국 등 30여 개 나라로 수출되고 있다. 줄리어스의 브랜드 인지도가 점차 높아지면서 장차 해외시장에서도 커다란 상승공간을 열어갈 것이라고 전망하고 있다.

줄리어스 패션시계의 주고객은 80%이상이 젊은 여성들이다. 펴션옷과 어울리게 '줄리어스'를 착용하는 '멋진 애장품'으로 젊은 여성층에서 널리 애용되고 있다

패션에서 디자인은 성패의 전부라고는 할 수 없지만 성패를 결정짓는 관건임에는 틀림없다. 패션에서 디자인이 생명이기 때문에 새로운 제품을 내놓아야 하는 이유도 지극히 단순하다. 패션시계의 최강자로 우뚝 선 줄리어스에는 박용남의 독특한 미적 감각이 녹아있고 경영사상이 가미되어 있다. 다양한 고객층의 수요를 흡수하기 위해 박용남은 필요한 사업체계를 갖추고 매년 130여 종 이상의 신상품을 출시하고 있다.

줄리어스가 지속적인 상승세를 유지하는 데는 다 그럴만한 이유가 있다. 디자인이 뛰어나기 때문이다. 기초 디자인은 한국에서 하고 거기서 선별작업이 끝나 재 작업을 할 때는 다시 중국 디자이너한테 의뢰하는데 한국 디자이너가 보내온 샘플에 대한 선별작업은 아무리 힘들어도 박 대표는 자기가 직접 나서서 한다.

매달 신모델이 들어오면 50여 종 신모델에서 25종을 선정하여 시제품을 만들어 비교분석에 들어간다. 비교과정에서 또 반으로 줄여 최종 10내지 12종 신모델을 엄선하여 매 모델마다 4칼라로 각기 5,000개씩 주문 제작한다. 그것을 시중에 내놓고 시장반응과 수요에 따라 생산을 다시 조율하다보니 줄리어스는 재고가 거의 없는 운영모식으로 돌아가고 있다.

한 가지 시계모델이 디자인에서 시장출시까지 이어지는데 약 3~5개월의 시간이 소요된다. 한 달간의 디자인작업, 한 달간의 샘플작업, 또 한 달간의 생산과정을 거치면 제품 출시는 이르면 3개월 늦어지면 5개

월이다. 해마다 12번에 걸쳐 100여 종의 신모델을 만들어내는 일은 그야말로 피를 말리는 아이디어전쟁이다. 박 대표는 줄리어스에 소속된 디자이너들이 저마다 경력을 가지고 있는 베테랑이라 하지만 그들만의 세상에 갇히지 않게 하기 위해 해마다 많은 돈을 들여 디자이너들을 정기적으로 이탈리아, 일본, 스위스, 프랑스 등 나라에 견학을 보내 새로운 디자인 감각을 키워오도록 하고 있다. 또한 세계 패션시계의 동향과 소비현황을 분석하기 위해 빠짐없이 세계 각지에서 소집되는 대형 시계박람회에 참가시켜 시장변화에 적극적으로 대응하고 있다.

해외 디자이너 인건비는 천문학적 숫자이다. 하지만 그가 아직은 일색으로 한국 디자이너를 채용하고 있는 것은 그래도 한국 디자이너들의 디자인 감각이 앞서있고 또 수시로 일본이나 이탈리아, 스위스 등 나라를 편하게 드나들 수 있는 여건이 구비되어 있다는 것이 나름대로의 판단이다. 줄리어스가 고집하는 건 어디까지나 오리지날 디자인이다.

이에 줄리어스는 '남의 것이 좋다하여 카피하는 건 금물이다. 남의 걸 카피했다면 그건 곧 줄리어스에 대한 모독이다. 줄리어스는 모방을 모른다.'는 슬로건을 내걸고 시장감각에 민감한 반응을 생명으로 간주하고 있다.

지금까지 회사는 1,300여 종의 모델을 개발하여 언제든 수요에 따른 생산라인이 깔려 있다. 그중 어떤 모델은 이미 100만 개 이상이 팔려나가 단일 모델로 기록을 쇄신하고 있으며 출시된 지 10여 년이 지난 지금도 매년 10만 개 이상 팔려 인기가 떨어질 줄 모른다.

한 가지 재미있는 현상은 2000년대 초기에 줄리어스 제품을 구매한 사람들이 이미 중년에 접어들었지만 그들은 여전히 줄리어스 제품을 아끼고 있을 뿐만 아니라 그들 자식들도 이 소비행렬에 합류되고 있다는 것이다. 세대가 바뀌고 시장수요가 변화하고 있는 지금 줄리어스는 선제적인 대응으로 20대 젊은 세대를 대상할 뿐만 아니라 중년층을 겨냥하는 시계도 출시하고 있다. 줄리어스는 오랜 고객의 손을 놓지 않을 뿐더러 젊은 세대의 손도 맞잡는 경영철학으로 새로운 명품경영 시대를 열어가고 있다.

국내 패션시계의 유망주로 떠오른 줄리어스는 지금 300명의 임직원을 두고 있는데 이는 창립초기의 10배에 해당한다. 현재 산하에 100여 개 하청업체를 두고 있으며 전국 중점 도시와 각 성 소재지에 도합 1,000여 개의 매장을 두고 있다. 이 외에도 한국, 독일, 태국 등 30여 개 나라에 지사와 협력사를 두고 있다.

박 대표는 시장변화에 기민하게 대응하면서 놀라운 성장세로 국내 패션세계 시장에서 자신의 입지를 단단히 굳혔다.

글/김준환, 김창석

【박용남 프로필】

출　생　1969년

출생지　지린성 룽징(吉林省 龙井)

민　족　조선족

학　력　옌벤 룽징고급중학교 졸업

기　업　선전시가마시계유한회사 이사장

　　　　선전줄리어스투자유한회사 이사장

　　　　선전시태련달시계유한회사 총경리 역임

　　　　선전시 소형시계공장 시계줄 가공 노동자

　　　　선전시수출입무역그룹 남풍무역회사 무역1과 과장

　　　　옌벤대외무역그룹 양천분사 총경리 등 역임

　　　　심남양복장무역상가 운영, 명가커피숍 운영

중국 골프운동의 대중화에 앞장서다

골프존 차이나 대표이사 **박 성 봉**

중국의 골프운동 판도가 서서히 바뀌고 있다. 과학기술의 발전에 힘입어 골프에 대한 새로운 접근방식이 가능해짐에 따라 중국에서도 골프운동은 점차 '귀족운동'에서 '서민운동'으로 대중화의 행보를 걷기 시작했다.

"부자들만이 아닌 일반 시민들도 금전적으로, 시간적으로 부담 없이 여유롭게 골프운동에 참여할 수 있도록 하자는 것이 제가 실내스크린 골프사업에 뛰어든 계기입니다."

골프존 차이나 박성봉 대표이사는 현재 이 커다란 흐름의 선두자리에 서있다. 베이징에 있는 필자는 홍콩에 체류 중인 박성봉 대표와 음성통화로 중국 골프운동의 앞날에 관하여 약간의 담소를 나누었다.

박 대표는 올해 나이가 30대 초반인 젊은 기업가다. 2013년 쯤 홍콩에서 석사과정을 마친 후 현지에 머물며 금융업에 종사했다. 평소 골프운동에도 관심이 있었고 동료, 친구들과 함께 골프를 쳤으나 일반적 취미에만 그쳤다. 골프를 한번 치는데 적어도 하루는 소모해야 했으니 일상이 바쁜 그에게는 시간적으로 부담이 컸다. 그러다가 2018년 지인의 소개로 그는 한국 골프존 본부를 방문해 회사 경영상황을 알아보고 실내 골프운동을 직접 체험해 보았다. 스크린 속 필드를 보면서 스윙을 날렸는데 실제 필드에서 치는 느낌 못지않게 진실감이 살아있었고 계속 해보고 싶은 느낌마저 들었다. 골프존 회장은 현재 한국 국내 스크린 골프장이 2,000곳을 넘겼고 아주 빠른 속도로 확장 중이라고 하였다. 홍콩에 돌아온 후 박성봉은 주택 근처의 골프존 스크린 골프장에 회원 등록을 하고 시간 나는 대로 가서 골프를 쳤다. '중국에서 이 사업을 해보면 어떨까?' 박 대표의 미래 사업구상이 펼쳐지는 순간이었다.

중국은 어림잡아도 실내골프장 사업에 승산이 있어보였다. 시장조사를 해보니 중국에는 실내골프장이 전무하다시피 했고 골프운동은 여전히 실외에서만 진행됐다. 아울러 개혁개방 40년간 급속한 경제성장과 더불어 중국에는 부를 축적한 방대한 인구가 있었고 이들은 새로운 소비와 레저형태를 맞이할 준비가 되어 있었다. 날씨와 장소, 시간을 가릴 필요가 없이 언제 어디서든 값싼 가격에 골프의 매력을 느낄 수 있는 실내 골프장이 중국에서도 큰 인기를 얻게 될 것이라는것을 박 대표는 여러모로 확신했다. 2020년 코로나 사태 속에 많은 사람들이 힘든 시간을 보냈다. 박성봉의 실내 골프장 사업도 일정한 난항을 겪었으나 골프존 베이징 플래그십 스토어 공사가 무탈하게 진행됐고 온라인, 오프라인 홍보와 마케팅을 통해 회원도 적지 않게 모집하였다. 회원들의 조바심을 해소하려 그들을 모시고 공사 중인 스토어에 들려 진행상황을 설명하고 공사가 마무리되자 두어 달간 시영업을 시작하였다. 결과는 아주 좋은 반응을 얻게 되었다. 처음에는 실내 골프가 별로라고 생각했던 사람들도 점차 이에 빠져들었고 마케팅을 일부러 하지 않아도 입소문을 통해 많은 사람들이 골프존을 찾았다. 그렇게 단 일 년 시간 내에 정규회원이 2,000명을 넘어섰으며 회원이 아니어도 짬짬이 들려 골프를 치는 단골들이 점점 늘어났다. 이렇게 되자 전국에 가맹점이 늘게 되었고 현재는 이미 100곳을 넘긴 상태이다.

베이징 골프존파크 1호점에는 주말마다 초등학교에 다니는 아들을 데리고 와서 골프를 치는 아버지가 있다. 골프 솜씨가 제법인 그는 박 대표에게 이 실내 골프장에서 처음으로 골프를 배웠다고 하였다. 지난해 6월 달쯤 회원등록을 하고 골프채를 잡았는데 생각밖에 실력이 빨리 늘었고 또 어린 아들도 골프를 좋아하게 되어 주말마다 베이징 서쪽의 해정구에 있는 집에서 동쪽 조양구에 있는 골프존을 찾는다고 했다.

"이게 바로 실내 골프의 매력인 것 같습니다. 실외 골프장에 가기보다

▶ '대중골프운동'을 위한
전략적동반자 협의서
체결 현장
(박성봉: 왼쪽 첫번째)

편리한데다 경기 체험 또한 못지않습니다. 현재 한국에는 스크린 골프 장비를 만드는 업체가 10여 곳이나 되는데 골프존 장비가 주는 체험도가 가장 좋습니다. 골프전문지 '골프다이제스트'는 연속 5년간 '베스트 시뮬레이터' 영예를 골프존에게 수여했습니다. 인정받은 실력은 어디에서든 다 알아주기 마련입니다." 박성봉의 말이다.

골프존의 높은 지명도와 튼튼한 기술력은 중국 골프 대중화 진척에 참여하는 밑거름이 됐다. 2020년 코로나 사태 속에 중국골프협회는 중국 국가체육총국의 지지 하에 '대중골프 프로젝트'를 가동하고 신체적 접촉이 적고 운동공간이 넓은 골프 운동의 전통적 우세를 빌어 체계적인 전국골프경기시스템을 설립하여 대중들의 폭넓은 참여가 가능한 경기들을 다양하게 조직하도록 하고 있다. 골프인재 육성체계를 세우고 시뮬레이터 수업을 전개하며 청소년중심의 골프 아카데미 등 새로운 플랫폼을 건설하는 계획을 세우고 실시단계에 들어갔다. 골프존으로 말하면 중국 골프 대중화에 참여하는 둘도 없는 기회였다. 2021년 4월, 골프존 차이나는 중국골프협회에 '중국 골프 대중화 전략 파트너십 계약'을 체결하고 중국 실내 골프 산업 발전 및 대중화를 위한 새로운 길을 모색하고 있다. 중국 대중골프 사업의 양적인 보급과 질적 향상을 위해 함께 노력할 것이며 실내 골프 인프라 구축 및 실내 골프대회 표준화 작업 등에서도 심도 있는 협력을 전개할 것을 약속했다.

현재 전 세계 60여 개 국가 및 지구에 포진되어 있는 30,000여 대의 골프존 시뮬레이터에서 매일 200,000여 차의 골프경기가 진행되고 있다. 정보기술의 발전과 더불어 시뮬레이터 골프 경기는 단순한 홀로 즐기는 PC게임'의 차원을 넘어 함께 참여하는 '온라인 게임'으로 진화했다. 지난 7월 말, 골프존 차이나는 베이징 골프존파크 1호점에서 중국 스크린골프 프로대회 '골프존차이나 온라인 챔피언십'을 성공적으로 치렀고 올해 2월말에는 중국프로골프선수 수이샹(隋响)을 홍보대사로 계약하고 제1회 골프존 중한온라인골프대회를 성공적으로 개최하였다. 총 상금이 무려 100만 위안이 걸린 시합에는 골프 랭킹 상위권 선수들이 대거 참여해 치열한 접전을 펼쳤고 경기는 중국 SNS 서비스를 통해 생중계되었으며 자연히 전국 골프애호가들의 관심을 모으게 되었다.

"우리는 앞으로 계속해서 온라인 골프대회를 조직할 계획입니다. 현재 중·한·일 삼국 온라인 골프대회도 준비 중에 있습니다. 그리고 모든 골퍼들이 다 참여할 수 있는 '골프존오픈경기'에 총상금이 120만 위안까지 걸려 있으며 나이, 성별, 직업을 막론하고 모든 사람들의 참여가 가능합니다." 박성봉의 말이다.

중국 골프 대중화의 일환으로 골프존 차이나는 청소년 골프운동의 보급에도 적극 참여하고 있다. 중국청소년체육발전공익기금 전략 파트너인 골프존 차이나는 청소년과 노인들을 포괄하는 온라인 골프시합체계를 건설하는 등 중국골프운동의 대중화에 새로운 발전 루트를 모색하고 있다. 올해 4월, 골프존 차이나는 베이징골프운동협회와 '청소년골프성장계획 프로젝트' 협약을 체결하고 청소년골프를 중심으로 청소년골프 경기체계 건설, 자원 공유, 선전과 홍보, 업계표준채택 등을 둘러싸고 깊은 협력을 펼쳐 함께 중국청소년골프 및 골프 대중화의 발전을 추진하기로 약속했다.

골프존의 힘찬 발걸음에는 지난 20여 년간 경영에서 쌓은 우수한 기술력과 성공적인 비즈니스 모델을 기반으로 하고 있다. 현재 골프존의

50% 이상의 직원이 기술자들이며 골프존은 매년마다 R&D에 1,700만 달러 이상을 투입한다. 고급인재와 과학연구를 바탕으로 골프존은 코로나 사태 속에 메타버스 6가지 기술을 적극 활용해 가상신분, 사회관계망, 실감성, 개방성, 신문명 등 메타버스 5가지 특성을 새롭게 해석하며 우수한 개발능력, 빅데이터 분석능력, 협동하드웨어 연구능력으로 새로운 황금루트를 개척해 지속적인 혁신으로 성장을 거듭하고 있다. 지난 4월, 골프존 차이나는 국투태강신탁유한공사(SDI TAIKANG TRUST CO., LTD.)와 전략적 제휴 관계를 맺었고 투자서비스, 브랜드 건설, 골프경기조직, 공익사업 등에서 협력하여 공동으로 중국 대중 골프산업의 질적 발전을 추진하고 메타버스 골프문화의 새로운 장을 개척할 것을 약속했다.

　"우리는 아직 할 일이 많습니다. 골프존 차이나는 중국골프협회와의 협력 하에 향후 10년 내에 실내골프장 1만개를 건설하고 이를 통해 5만

▲ 2021골프존스크린대회에서 1등을 수상한 중국프로골퍼에게 수상(박성봉: 왼쪽 첫번째)

~10만 개의 일자리를 창출할 것이며 350억 원의 소비성장, 100억 원의 골프용품 판매액을 이끌어낼 계획입니다. 이제 골프존의 실내 골프장이 중국 곳곳에 들어서면서 사람들이 저렴한 가격에 간편하고 빠르게 골프 운동에 참여할 수 있습니다. 한국에서는 직장에 금방 입사한 젊은이들도 적지 않게 실내 골프를 하고 있습니다. 중국에서도 전민이 골프운동에 참여하는 날이 하루 빨리 오기를 기대해 봅니다."

박 대표가 인터뷰를 마무리하면서 들려준 말이었다.

글/한동준

【박성봉 프로필】

출 생 1989년
출생지 베이징(北京)
민 족 조선족
학 력 중국인민대학 법학 졸업
　　　홍콩중문대학 법학 석사
기 업 골프존 차이나 법인대표, 골프존(홍콩)홀딩스 주식회사 이사
　　　골프존(베이징)과기유한공사 동사장
　　　홍콩신화회부금융홀딩스유한회사 기관융자부 주임 역임
　　　고통자본(홍콩)유한회사 이사

기자들의 프로필 및 취재소감

출　생　1963년

출생지　헤이룽장성 무링시(黑龙江省 穆陵市)

민　족　조선족

학　력　중앙민족대학 소수민족언어문학 학부 학사, 석사

직　업　<민족단결> 잡지사 조선문편집부 기자, 편집, 편심

사회직　중국조선어규범위원회 전문가 위원

취재소감

　며칠 전 집정리를 하다가 1990년대 초, 중한 통역으로 선발되어 일하던 시기 한국 손님으로부터 선물 받은 스카프가 눈에 띄었다. 농악 상모 돌리기와 훈민정음 패턴의 실크 스카프다. 20대 젊은 나이 때 즐겨 입던 흰 원피스에 포인트 컬러가 되어주던 이 스카프를 나는 30년이 넘게 장농서랍에 소장하고 있다. 스카프를 선물한 손님은 훈민정음을 외우는 나를 무척 대견해 하시면서 고향이 어딘가, 한국에 다녀왔는가, 생활에 어려움이 없는가 하며 무한한 친절을 베풀어주셨던 기억이 난다.

　취재글에 쓴 바와 같이 그때 한국인들은 미지의 땅인 중국에서 자기들과 같은 언어를 구사하고 전통문화를 상당부분 간직하고 있는 조선족에 강한 호의를 갖고 있었으며 우리는 한국인들을 친척처럼 가깝게 느껴 정을 주고받으면서 손님들의 자그마한 부탁이라도 있으면 노트를 꺼내 메모해서 해결해주느라 열심히 뛰어다녔다. 혹시 중국에 투자할 의향이 있으니 어느 분야에 대해 좀 알아봐달라는 부탁을 받으면 전화번호부를 뒤지면서 마땅한 파트너를 찾아주기 위해 애썼다.

중한 수교 30년간 나 자신도 징검다리 역할을 했던 한사람임을 새삼스럽게 상기하면서 가슴속 깊은 곳에서 울리는 진한 감동을 느끼면서 이번 취재에 임했다.

새로운 30년은 우리들에게 더욱 뜻 깊은 나날들이 될 것이라 확신한다!

【이호남 프로필】

출　생　1971년
출생지　지린성 룽징시(吉林省 龙井市)
민　족　조선족
학　력　중앙민족대학 조선언어문학학과 졸업
직　업　<민족단결> 잡지사 조선문편집부 기자, 주임
작　품　《그림으로 배우는 혼인, 입양, 상속 관련 법률》(민족출판사)
　　　　《세상에서 만난 가장 아름다운 사랑》(중국우항출판사) 등
　　　　다수 번역저서 출판

취재소감

지난 30년간 많은 조선족 기업인들이 중한 경제협력에서 큰 역할을 담당해왔다는 것을 이번 취재과정에서 더욱 실감나게 느낄 수 있었다. 이번에 취재한 세 명의 조선족 기업인들이 비록 종사하는 업종은 각자 달랐지만 기업을 키워오는 과정에서 모두 한국과 정도 부동하게 연계를 갖고 있었으며 장래에도 업무적 차원에서 한국과 지속적으로 좋은 관계를

맺게 될 것이라고 생각된다. 새 시대를 열어가는 조선족 기업인들이 향후 중한 경제협력에서 계속 큰 몫을 담당하고 가교역할을 더 잘 발휘하기를 기대해본다.

【한동준 프로필】

출 생 1989년
출생지 지린성 엔지시(吉林省 延吉市)
민 족 조선족
학 력 산둥대학 석사졸업
직 업 <민족단결> 잡지사 조선문편집부 기자

취재 소감

서로간의 왕래는 소통을 증진하고 오해를 풀 수 있다. 현재 코로나 사태로 인해 오가는 길이 막히고 마음의 길도 막혀 편견과 혐오가 무성하게 자라고 있어 안타깝다. 이러한 시점에 중한 양국 친선과 교류에 기여한 조선족 기업가들을 취재하고 기록하는 일에 동참했다. 역사의 연륜이 담긴 이 묵직한 기록들이 양국 민중이 서로를 더 잘 알아가고 깊게 이해하는데 조금이나마 도움이 되기를 바라마지 않는다. 향후 중한 관계가 한층 더 돈독해지길 기원한다.

출　생　1971년

출생지　지린성 왕칭현(吉林省 汪淸县)

민　족　조선족

학　력　옌벤대학 조선언어문학학부 졸업

　　　　노신문학원(고급연구토론반) 수료

직　업　지린신문사 기자, 편집

　　　　옌벤텔레비죤방송국 청소년부

　　　　옌벤인민출판사 '별나라' 편집부

　　　　'흑룡강신문' 편집, 기자로 활약

사회직　옌벤작가협회 회원

　　　　옌지명동문화예술원 부원장 겸 글짓기 지도

　　　　단행본 장편스포츠실화 ‹챔피언 1965›

　　　　아동중단편소설집 ‹요구르트의 번민› 출간

　　　　‹60주년에 만난 60인›

　　　　‹중국조선족백년실록›

　　　　‹옌벤축구의 발자취를 찾아서›

　　　　‹불완전결투› 등 공저

영　예　'세계동화문학상', '화신문학상'

　　　　'압록강문학상', '흑토문학상'

　　　　'상익컵실화문학상' 등 다수 수상

취재소감

　어느덧 중한 수교 30년이라고 한다. 십년이면 강산이 변한다고 하는데 그것이 벌써 세 번이나 변한 세월! 그동안 대체 무엇이 어떻게 변했는지? 그 격변의 현장을 열심히 경작해온 주역들을 만나보면서 어느 정도 답안을 찾을 수가 있었다.

　모든 기사 작성을 끝내던 날, '시대가 영웅을 낳고 영웅이 시대를 짓는다!'는 어느 선인의 말씀이 귓가에 메아리쳐 가슴을 크게 울렁거리기도 했다. 산 넘어 바다건너 천리타향 날아온 일편단심 민들레 홀씨처럼 중한 수교 30년이라는 연리지(連理枝)에 노랗게 행복의 꽃송이를 피워 올리고 싶은 그런 날이었다!

【차영국 프로필】

출　생　1969년

출생지　지린성 쥬우타이시(吉林省 九台市)

민　족　조선족

학　력　창춘시금융전문학원 은행관리학과 졸업

직　업　지린신문사 지린 주재 기자

　　　　지린시 농업은행 근무 경력

취재소감

　중국에서 옌벤조선족자치주를 제외한 조선족 산재 지역 중 조선족 최다 집거지는 지린지구이다. 80년대 인구통계자료에 의하면 지린시를 중심으로 한 지린지구에는 조선족 인구가 17만 명에 근접했다.

　장백산천지에서 발원한 송화강이 S자로 굽이굽이 시내를 감돌아 흐르는 지린시는 고구려 룡담산성 유적지로도 유명한 도시이다. 우리 민족의 성산 - 장백산천지에서 발원한 송화강 물을 마시며 우리 민족의 숨결을 느낄 수 있는 룡담산의 정기를 받은 수많은 조선족 영재들이 이 고장에서 잉태되었다. 그중 한사람이 바로 지린시 정대국제병원 원장이며 지린시조선족기업가협회 회장인 김숙이다. 흔들림없는 추진력, 강인한 성격의 소유자인 김숙은 '여중호걸', '여대장부' 라는 타이틀이 잘 어울리는 인물이며 지린시 조선족사회와 지린시 지역사회의 큰 공헌자로 널리 알려져 있다.

　김숙 원장이 우리 민족 역사의 한 페이지에 기록될 『무지개를 수놓는 사람들』이란 도서의 조선족 경제인 30명중 한 사람으로 선정되었고 그런 인물을 취재하게 된 것을 무한한 영광으로 느낀다.

【이철수 프로필】

출　생　1965년
출생지　지린성 옌벤 룽징시(吉林省 延边 龙井市)
민　족　조선족
학　력　연구생, 경영학 석사
직　업　지린신문사 주임편집
영　예　중국신문상, 중국소수민족 신문상
　　　　지린신문상 등 수상
작　품　국경 70돐 특별기획 <제1자동차공장과 조선족건설자들>
　　　　대형 구술시리즈 <문화를 말하다>
　　　　특별기획 <민속문물에 담긴 이야기>
　　　　계렬보도 <장백산 아래에 민족문화의 향기 그윽하네>
　　　　<중국조선족 백년백인>, <좋은 선생님을 찾습니다>
　　　　<중국조선족기업가탐방>, <백성이야기>
　　　　<나의 조국 나의 집>, <새봄맞이 기층탐방> 등

취재소감

　중국 공정기계 판매 업계에서 거의 찾아볼 수 없는 조선족 기업가들 중 지린성두산공정기계유한회사 김용규 이사장은 산둥성 옌타이시에 진출한 한국 독자기업 두산공정기계(중국)유한회사의 직원으로부터 연 매출 6억 위안을 훌쩍 넘기는 성공한 사업가로 성장했다.

김용규 이사장과 두산공정기계의 동반성장 일화는 중국과 한국이 수교 30년 이래 경제협력 분야에서 이룩한 성과를 단면으로 잘 보여주고 있으며 과거 한국 기업들이 중국에 정착하는 과정에서 유능한 조선족 인재들이 독보적인 역할을 발휘하여 상호 원원의 좋은 사례가 된다고 본다.

2022년은 중한 수교 30주년을 맞이하는 해로서 그동안 양국의 대외 무역 규모는 60여 배 성장했으며 중국은 연속 18년 동안 한국의 최대 무역파트너로 되었고 올해는 한국이 일본을 제치고 중국의 두 번째 무역상대국으로 올라설 전망이다.

중국과 한국 국민들이 모두 존경하고 우러르는 공자의 《논어》에 '삼심이립'이라는 말이 있다. 중한 수교 30주년은 과거를 되돌아보고 새로운 출발을 시작하는 중요한 시점이기도 하다. 중국과 한국 기업인들이 서로의 인연을 소중히 여기고 교류와 협력을 지속적으로 이어나가면서 중한 우의의 새로운 편장을 엮어나가기를 기대한다.

출 생 1980년

출생지 료오닝성 선양시(辽宁省 沈阳市)

민 족 조선족

학 력 발해대학 신문학 전공

직 업 료오닝신문 기자, 편집

영 예 중국소수민족뉴스상 2등상 수상

작 품 <중국유전개발분야의 거인>

　　　　<창도현 대흥향 부향장>

　　　　제23기 료오닝뉴스 2등상 수상

　　　　<농촌독거로인들 가족을 그리워하고 있다>

　　　　동북3성 제1기 우수뉴스 2등상 수상

　　　　<조선족사회의 아름다운 명함지-료녕성한마음애심기금회>

　　　　<중국조선족백년실록>

　　　　<기사로 읽는 새중국 60년 조선족변천사>

　　　　<조선족당원풍채> 등 도서에 10여편 작품 수록

　　　　료오닝성조선족미술서예작품전시회서 10여 편 촬영작품 전시

취재소감

　작은 가마니회사를 시작으로 중국 건조기 제조업 분야 45%의 판매실적을 창출해내는 용두기업으로 성장한 박해평 동사장을 만나 취재하는 기간 그의 도전적인 기업가정신에 큰 감명을 받았다.

　거듭되는 시련을 극복하고 사업의 최고 정상에 오른 박해평 동사장은 참으로 많은 고생을 했고 많은 위기도 넘겼다. 특히 그가 겪은 위기들은 일반 사람들이 감당해내기 어려운 큰 풍파들이었다는 생각이 든다. 강한 심리적 감당능력이 없다면 결코 이겨낼 수가 없는 고비들이었다.

박해평 동사장을 통해 이런 도리를 깨우치게 되었다. 사람은 살면서 누구나 위기에 부딪친다. 그 위기를 어떻게 극복하느냐에 따라 결과가 달라지고 인생이 달라진다는 것을.

청춘을 불태우며 분투해온 박해평 동사장은 현실에 안주하고 변화를 두려워하는 사람은 결코 성공할 수 없다는 것을 본인의 행동으로 보여주고 있다. 잘 나갈 때일수록 어려운 시기를 잊지 말아야 하고 부단히 내실을 다져놓아야 위기가 닥쳐도 두렵지 않다. 뿌리 깊은 나무는 어떠한 시련에도 흔들리지 않는다.

출　생　1961년

출생지　옌벤 허룽현(延边 和龙县)

민　족　조선족

학　력　옌벤대학 조선언어문학학부 졸업

직　업　작가, 출판인

　　　　중국조선족소년보사 문예부, 기자부 주임 역임

　　　　옌벤인민출판사 소년아동 잡지 부주필

　　　　옌벤인민출판사 상해지사 지사장 역임

　　　　옌벤작가협회 회원.

주요작품　동시집《짜개바지》, 아동문학작품집《볏이 하얀 수탉》

　　　　장편인물전기《장판룡의 이야기》, 인물평전《중국영화황제 김염》

　　　　보고문학집《동방명주를 빛낸 사람들》

　　　　인물전기《해란강의 아들(中文)》외 다수

　　　　《중국조선족백년실록(전 10권)》

　　　　《구술, 연변 65년(전3권)》집행주필 역임

출　생　1961년

출생지　옌벤 옌지시(延边 延吉市)

민　족　조선족

학　력　연변대학 조선언어문학학부 졸업

직　업　《연변일보》사 국제시사부, 농촌부, 경제부 기자 역임

　선전에 계시는 남용운 회장의 소개로 2년 전 옌지에서 박용남 이사장을 처음 만났다. 만나기에 앞서 그의 회사 홍보 관련 영상물을 보고 크게 놀랐다. 요즘 같이 핸드폰이 널리 보급된 시대에 시계가 패션 트렌드로 사업성이 있다는 것에 우선 놀랐고, 고작 고등학교를 졸업한 가방끈이 짧은 그가 맨땅에 헤딩하는 식으로 혈혈단신으로 낯선 고장에 찾아가 연간 매출액 수억을 호가하는 사업을 한다는 것에 또 한 번 놀랐다.

　그 후 박용남 이사장이 옌지에 있는 부모님 산소에 나올 적마다 만나서 지나온 얘기를 자주 듣곤 하였다. 그래서 깊은 인연이 되었고 또한 그의 초청으로 선전에 불려가 그의 회사까지 돌아보게 되었는데 우리는 현지에서 더 크게 놀랐다. 자수성가한 그의 이야기가 책 한권이 되고도 남겠다는 생각에 그의 창업스토리를 책으로 펴내는 일을 맡아 진행하던 중 편집부로부터 취재 제안을 받게 되어 감개무량하다.　(김창석, 김준환)

【박영만 프로필】

출　생　1970년

출생지　헤이룽장성 닝안시 발해진(黑龙江省 宁安市 渤海镇)

민　족　조선족

학　력　헤이룽장 쟈무스대학 졸업

직　업　현재 흑룡강신문사 사장 겸 총편집

　　　　25년간 칭다오에서 헤이룽장신문 산둥지사장 역임

작　품　매년 약 200편에 달하는 신문기사원고 발표

취재소감

　주최측의 부탁을 받고 배철화, 박진희 두 분 회장에 대해 인터뷰하고 기사를 작성할 기회를 가졌다.

　상기 두 분 기업가의 성공은 중한 수교라는 역사적 기회와 기업경영 찬스를 제대로 잡았기에 이루어진 것이라 생각한다.

　30년 전에는 고향에서 평범한 농민이나 공무원으로 생활하였을 것이나 한국 기업들의 중국 진출에서 기회를 찾고 어깨너머로 배우고 능동성과 창의성을 발휘하여 확실한 자신만의 성공 브랜드를 창출한 것이다.

　코로나19 팬데믹 상황으로 새로운 위기가 점점 더 가심화되어 기업의 지속적인 성장을 저애하는 리스크가 닥쳐왔다.

　30년 전에 빈주먹으로 창업하던 초심을 잃지 않고 그 사이 튼튼하게 다져온 인적 물적 자원을 활용하면서 지혜롭게 위기를 극복하고 인생에 새로운 금자탑을 쌓아갈 수 있으리라 확신한다.

출 생 1972년

출생지 헤이룽장성 닝안시 발해진

민 족 조선족

학 력 무단장사범학원 졸업

직 업 헤이룽장신문사 산둥지사 부지사장, 산둥특파원

취재소감

  남기학 회장을 직접 만나지는 못하고 전화상으로 인터뷰를 진행했다. 코로나로 인해 지역별 이동이 제한되었기 때문이기도 하다. 그러나 남기학 회장의 성장과정을 들으면서 조선족 기업인 중에 참으로 훌륭한 분이 있구나 하는 느낌이 새삼스럽게 들었다. 남기학 회장은 이제 단순한 중국내 시장을 무대로 하는 것이 아니라 전 세계를 상대로 무대를 확장해가고 있다. 한민족네트워크를 형성하고 그 속에서 리더의 역할을 담당하고 있는 남기학 회장은 조선족 기업인들에게 모범이 되고 있다. 앞으로 남기학 회장 같은 분들이 좀 더 많이 배출되기를 기대해본다.

【남춘애 프로필】

출 생   1963년

출생지   네이멍구 우란호터(內蒙古 乌兰浩特)

민 족   조선족

학 력   옌벤대학 조선언어학부 졸업, 충남대학교 문학박사

직 업   대련민족대학 외국어대 재직 교수

사회직   국제 교육 리사

전국 번역위원회 위원, 옌벤작가협회 회원

다렌조선족문학회 회장

학술저서 <중국 제재 근대 조선이민소설의 서사 주제론> (민족출판사. 2014)

<해방전 중국조선족 소설문학의 파노라마> (민족출판사, 2015)등 학술저서 2부

학술논문 <중국 내 한국 드라마의 상황과 전망>

<중국에서의 조선족의 정착과 그 문학연구의 현황>

<이효석의 '벽공무한'에 담긴 중국 '만만디' 문화 일고찰>

<북한문학의 주체사상 관점에서 보는 항일혁명 연극문학 연구>

<한국 근대소설 이문열의 장편소설 '불멸'에 반영된 중국문화>

<한국 소설에 반영된 중국 마적 형상 연구>

<안수길의 장편 '북향보'에 담긴 중국문화 일고찰>... 등 38편

번역저서 <아이디어가 숨쉬는 종이의 나라>

문학작품 <차향에 담아보는 쉼표> <역사의 흉금>

<세월의 가슴에 꽃 달아주기>

<봄의 기품>

<바다밖은 하늘인데 하늘밖은 무엇이냐>....등 60여편 발표

취재 소감

중한 수교 30주년을 맞으며 다롄에서 크게 성공한 오상교, 엄광철 두 기업인의 창업 이야기를 듣는 시간을 가졌다. 인터뷰 과정에 두 나라 수교 후 양국의 경제인들이 상호 교류 및 성장 과정의 스토리들을 실감나게 들을 수 있었다. 중국과 한국을 아우르며 기업을 키워온 두 기업인의 이야기는 중한 수교 30년간 양국 경제인들의 협력의 축소판이 아닐까 하는 생각이 들었다.

조선족 경제인들이 두 나라 경제 교류 과정에 유대역할을 해온 것은 마치 양국 경제인들의 열애설마냥 너무나 가깝게 친분을 쌓아왔다는 느낌이 든다. 이를 바탕으로 향후 더욱 큰 협력과 발전이 이루어질 것이라는 기대도 해보게 된다.

4차산업의 시대적 흐름에 맞게 조선족 기업인들도 첨단과학과 같은 업종에 더 많은 사람들이 종사하는 날이 오지 않을까 하는 생각도 해본다. 다음 30년은 어떤 이야기들을 들을 수 있을지도 기대된다.

【이은실 프로필】

출　생　1984년

출생지　지린성 훈춘(吉林省 珲春)

민　족　조선족

학　력　옌벤대학 조선한국학학원 문학 석사

직　업　민족출판사(북경) 편집, 부편심

취재소감

　이주원, 이주확, 한명성 등 세 명 기업가의 인터뷰를 맡게 되었다. 대저 내가 하는 일이란 1제곱미터 되나마나한 책상에서 글을 쓰고 원고를 보는 일이다. 그 1제곱미터가 내 세상이고 내 사회인 것이다. 나와는 전혀 생태가 다른 곳에 살고 있는 세 분의 인터뷰 위탁을 받고 호기심이 동했다. 그들은 어떤 생각으로 이 사회를 이해하며 살아가고 있는지, 어떻게 오늘과 같은 성공을 거머쥘 수 있게 되었는지 알고 싶어졌다.

　내가 취재한 세 분 기업가의 공통점은 자기 욕망에 솔직했고 불도저 같은 추진력을 보여주었으며 목적한 바를 향해 돌진하는 그런 끈기가 있었다.

　올해는 중한수교 30년째가 되는 해이다. 그 사이 조선족들은 세계화의 급물살을 타고 이웃 국가이면서 고국인 한국에 대거 이주하였다. 그러나 대부분은 3D 업종에 종사하는 노동자들이다. 그들이 일군 성과도 결코 얕볼 수 없지만 우리는 늘 뭔가 한국에서 수혜자의 입장이었던 것 같다. 한국에서 조선족은 가난하고 불우한 존재, 도움을 줘야 하는 존재이다.

그 사이 창작된 우리 조선족들의 소설을 살펴보아도 한국에 돈 벌러 갔다가 겪었던 설움, 울분 같은 것이 주를 이룬다.

중한 교류에서 톡톡히 한몫을 담당해 온 이주원, 이주환, 한명성 세 기업가의 이야기를 들으며 나는 어떤 이름 할 수 없는 뿌듯함을 느꼈다. 우리도 늘 받기만 해온 존재는 아니었다는 것, 우리도 누군가에게 도움을 주는 존재였다는 점에 큰 위로가 되었다.

그러나 지금까지 이런 분들의 사례가 소개된 바 없었다. 이 책을 통해 조선족으로서의 긍지를 가지게 된다면 좋겠다. 한국 분들께도 널리 알려 조선족에 대한 새로운 인식이 이루어지는 계기가 된다면 더할 나위 없이 흡족할 것 같다.

그런 일에 일조할 수 있어 뿌듯하고 보람을 느낀다.

【한미화 프로필】

출 생 1983년
출생지 지린성 투먼시(吉林省 圖門市)
민 족 조선족
학 력 옌벤대학 한어교육 학사
　　　　옌벤대학 비교문학 석사 졸업
　　　　한국 충북대학 국문과 연수
직 업 베이징 삼지마을문학회 회원
영 예 전국 애심여성 수기 동상
　　　　효사랑 수필 최우수상 등 수상

취재소감

중한 수교 이후 많은 조선족 기업가들이 양국의 경제, 문화 교류에 막강한 영향력을 행사했고 양국의 실질적인 번영과 발전에 기여했다.

나는 이번 중한 수교 30주년을 기념하여 출간하는 책자에 조선족 기업가 권충광, 김점걸, 김연숙 등 세 분을 인터뷰하였다. 그분들과 이야기를 나눌 수 있는 시간을 갖게 되어 행운이라고 생각한다.

세 분 모두 조선족 출신이고 기업을 국내 굴지의 기업으로 성장시켰으며 중한 양국 경제 문화 교류와 발전에 혁혁한 공로를 세웠다. 일반 사원으로부터 기업을 이끄는 회장으로 되기까지 그들의 타의 추종을 불허하는 능력 외에 올곧은 신념과 당당함, 그리고 민족사회와 지역사회를 위한 헌신적인 노력은 중국과 한국을 넘어서 성공을 꿈꾸는 수많은 차세대 기업가들의 귀감이 될 것이라 믿어 의심치 않는다.

중국은 지난 40여 년간 개혁개방을 통해 경제, 교육, 환경, 인권 등 다양한 영역에서 이미 괄목할 성과를 거두었다. 그것은 이 분들처럼 사회 가치 창출과 글로벌 영향력을 행사한 기업가들의 리더십과 숨은 노력이 있었기에 가능했다고 생각한다.

글로벌시대에 경계와 차이를 논하는 자체가 무의미한 일일지도 모른다. 하지만 시대와 국가, 민족, 언어, 문화를 초월해 찬란한 빛을 발하고 있는 사람들의 이야기는 반드시 조명 받아야 된다고 생각한다. 이번에 기업가 인터뷰 기회를 준 중국아주경제발전협회에 감사를 드리며 이 분들의 빛을 따라 더욱 많은 차세대 기업가들이 배출되기를 기대해 본다.

【유란 프로필】

출　생　1972년
출생지　지린성 룽징시(吉林省 龙井市)
민　족　조선족
학　력　옌벤대학 조선언어문학학부 졸업
직　업　한국어 강사

취재소감

　동년배이긴 하지만 그렇다할 굴곡이 없는 삶을 살아온 필자에게 이송미 회장의 선택과 살아온 삶을 이해하는 것은 꽤 벅찬 일이었다. 곁눈 한 번 팔지 않고 한 회사에 한 가지 일에 28년을 올인했다는 자체도 기적처럼 들렸다. 그러다가 갑자기 이해가 되었다. 하긴 필자에게 상식적으로 이해되는 일이라면 '말단 영업사원에서 그룹 회사의 최고위층까지'라는 기적이 이루어지진 않았을 것이니까.

　인터뷰를 하면서 28년의 회사생활에 완벽하게 마침표를 찍은 성취감과 또 다른 인생 2막을 준비하는 그녀의 설렘을 나는 분명 보았다. 그리고 무엇보다도 사람과 삶에 대한 진정성과 일에 대한 열정을 읽었다. 어쩌면 바로 그 진정성과 열정이 이송미 회장의 성장을 이룩하게 해준 밑거름이 아닐까 싶다.

　인생 전반기에 쌓은 경험과 삶에 대한 원숙한 이해를 바탕으로 그녀가 살아갈 인생 2막, 그녀가 이끌어갈 중국조선족여성기업가협회의 역동적인 모습이 기대된다.

【로춘화 프로필】

출　생　1986년

출생지　지린성 왕칭현(吉林省 汪清县)

민　족　조선족

학　력　창춘대학 회계전공

직　업　국제인증재무컨설턴트

　　　　IFA독립재무컨설턴트, 외자은행 경력

　　　　매체운영 방송인, 자기계발브이로그

사회직　텐진조선족여성협회홍보부부장

　　　　중은삼성최고정상회 회원

　　　　텐진조선족역사자료집 편집

　　　　텐진조선족여성협회우수회원

취재소감

　중한 수교 30주년 기념 책자에 선정된 텐진의 조선족기업인 심재관 회장님과 김일호 회장님 두 분을 취재하는 일을 편집부로부터 의뢰받고 인터뷰를 진행하는 과정에 많은 것을 배우고 느끼게 되었다.

　성공한 기업가들은 도전정신과 남다른 선견지명이 있다는 생각이 들었고 특히 조선족 기업인들은 한국과의 여러 가지 우세를 잘 활용하여 서로에게 도움되는 일들을 성사시키는 등 감동적인 스토리들을 듣게 되면서 창업의 충동을 느낄 정도로 감명 받았다. 그들의 성공은 절대로 하늘에서 떨어진 것이 아니라 꾸준한 노력과 과감한 실천을 통해 하나씩 쌓아온 것이라는 점에 공통점이 있음을 알게 되었다. 그들은 나의 기존 생각을 바꾸게 해준 고마운 분들이다.

취재과정에 나름의 고통도 있었지만 쓴 약이 몸에 좋은 것처럼 나의 인생에 큰 터닝포인트를 가져오도록 하는데 중요한 계기가 되었다. 내 인생에도 새로운 여행이 시작되어야 한다는 생각을 갖도록 해준 이번 취재가 나에게는 너무나 큰 행운이 아닐 수 없다.

【김정룡 프로필】

출　생 1961년

출생지 옌벤 룽징(延边 龙井)

민　족 조선족

학　력 창춘대학 일본어 전공

직　업 중국동포타운신문 편집장, 중국동포사회문제 연구소장
　　　　‘다가치포럼’ 대표, 서울시 관공서 대상 ‘중국동포문화 이해 강의’ 강사
　　　　옌벤제1고등학교 일본어 교사 역임
　　　　전 재한동포교사협회 초대회장, 전 재한동포 장기협회 초대회장

사회직 전 법무부 외국인 정책 자문위원, 전 법무부 이주민 멘토단 멘토

작　품 장편역사소설 <황제와 소녀>, 장편역사이야기 <멋, 맛, 판>
　　　　<중국동포사회문제연구집> 등 다수 출판

영　예 2015년 구로경찰서장 표창장, 2016년 구로구청장 표창장, 2017년 서울시장
　　　　표창장 수상

취재소감

한국에 있는 중한실크로드국제교류협회 이선호 회장 사무실에 들어서면 수십 개에 달하는 사진액자가 눈에 띈다. 모두 이선호 회장이 반기문

전 유엔 총장을 비롯해 전 국회의장, 정당 대표, 국회의원, 기업 오너 등 한국에서 내로라하는 거물급 인물들과 함께 찍은 사진들이다. 그는 조선족사회에서 그 누구보다도 한국인들과의 인맥이 가장 두텁고 끈끈한 분이라는 느낌을 받았다.

'친구 하나 더 사귀면 길이 하나 더 생긴다.'는 중국 속담처럼 이선호 회장은 한국에서 수많은 '길'을 확보하고 있다. '친구가 많을수록 그만큼 자본(자산)이 더 많아진다.'는 한국 속담마냥 이선호 회장은 한국에서 많은 '자본(자산)'을 갖고 있다.

이선호 회장은 이런 인맥이 있기에 3년 전 서울시청광장에서 열린 '2019실크로드 서울포럼' 한중기업협력 논의에 800여 개 한국기업이 참여하여 성황을 이뤘다. 당시 한국 사회에서는 "주최 측인 중한실크로드국제교류협회가 사드사태에 의해 얼어붙었던 양국 간의 교류를 훈훈하게 녹여주는 역할을 하고 있다."고 높게 평가하였다.

공자는 '삼십이립(三十而立)'이라고 말했다. 중한 수교가 30년을 맞고 있는 현재 이선호 회장은 확실하게 자리를 굳혀가고 있으며 미래 30년까지 구상하고 있다.

이렇듯 훌륭한 인물을 취재하게 되어 매우 큰 영광이었다.

【문현택 프로필】

출 생 1963년

출생지 흑룡강성 해림시(黑龙江省 海林市)

민 족 조선족

학 력 옌벤방송통신대학 미술학과 졸업,
　　　 대구대학교 미술대학원 서양미술 학과 수료

직 업 한중포커스신문 대표, 발행인 / 민들레사랑예술단 단장
　　　 한중동포신문/법율구조신문 편집국장 역임
　　　 서울시 외국인대표자회의 대표 역임
　　　 (사) 동포교육지원단 이사 역임

사회직 서울 서남권 민간협의체 위원, 영등포구 상호문화 참여단 단원
　　　 다가치포럼 운영위원

영 예 2006제문화예술대상, 2020영등포경찰서장 표창장
　　　 2021영등포구 모범구민 표창장

【박연희 프로필】

출　생　1961년

출생지　지린성 옌지시(吉林省 延吉市)

민　족　조선족

학　력　옌벤대학 조문학부 함수부 졸업

직　업　이주민센터 '친구' 이사

　　　　재한동포문인협회 이사

　　　　옌벤작가협회 수필분과 회원

　　　　전 서울시서남권글로벌센터 중국동포담당

　　　　전 옌지시텔레비죤방송국 편집기자

사회직　전 동포모니터링단 단장

　　　　전 국회의원 다문화 특별보좌관

　　　　전 사단법인 <조각보> 공동대표

경　력　2014년 YWCA연합회 제작 영화 <한민족 그리고 조선족>주연 출연

영　예　2018서울시 <모범외국인주민상>표창

　　　　2007 KBS서울프라이즈 특별상수상

　　　　2010 KBS한민족방송 북방동포수기공모 우수상

　　　　2020 KBS한민족방송 한민족체험수기공모 우수상

　　　　2021 <낯섦 그 너머로>수필집 출간

취재소감

　중한 수교 30년이 되는 해이지만 한국에 살고 있는 재한 중국동포들은 아무 것도 할 수 없다는 것에 많이 실망하고 있었다. 마침 한 지인으로부터 중국에서 중한 수교 30년간 양국의 경제협력에 기여한 조선족 기업인 30명의 이야기를 담은 책자를 출간한다는 소식을 들었다. 너무 감사

한 일이었고 나도 뭔가 기여할 수 있는 기회가 온 것 같아 한편으로는 기쁘고 한편으로는 책임감을 느꼈다.

책자에 선정된 30여 명 중에 월드옥타에서 오랫동안 리더로 활동했던 이광석 회장에 대한 취재를 맡게 되었다.

이광석 회장은 틀이 없이 소박하고 솔직했다. 이 회장은 옥타에 대한 깊은 애착을 갖고 조선족 기업인들이 국제무대로 나갈 수 있도록 하는데 중요한 역할을 한 분이다. 중한 수교 30년 동안 이런 우수한 경제인들이 있었기에 오늘의 우리가 있지 않을까 하는 생각을 갖게 해준다.

이광석 회장은 자신이 해놓은 일에 대해서는 적게 언급하고 앞으로 옥타의 차세대 리더들을 양성하는데 힘쓰겠다는 얘기를 반복해주셨다. 자신의 직위나 이익보다도 전체 동포사회를 위한 그의 책임감과 리더다운 모습에 수긍이 갔다. 조선족 기업인 30여 명의 이야기가 우리에게 새로운 희망이 되기를 기대해본다.

출　생　1959년

출생지　료오닝성 잉커우(辽宁省 营口)

민　족　조선족

학　력　옌벤대학 조선언어문학 학부 졸업, 학사

베이징대학 광화관리학원 EMBA석사

김일성종합대학 경제학박사

기　업　베이징신홍과기문화발전유한공사 동사장

사회직　중국아주경제발전협회 부회장

베이징조선족기업가협회 명예회장

김일성종합대학 중국학우회 상임부회장

옌벤대학 조선학국연구중심 겸직교수

옌벤대학 교육기금회 상임부회장 역임

인민일보 해외망 '조선채널' 총고문 역임

옌벤대학 베이징학우회 회장 역임

작　품　<조선경제특구지대법 해독> 공저

<조선선군시대경제건설로선 및 실천> 저자

<만리마속도 - 김정은시대 조선경제> 저자

<그린우의 동행> 주필,

<무지개를 수놓는 사람들> 주필

다수 소론문, 수필, 기사 등 발표

crlee@qq.com

편집후기

이 책을 내자고 제안하고 기자들을 동원해서 원고작업을 시작하면서

첫 시작부터 그다지 순탄치가 않았다. 주된 이유는 코로나방역의 강화로

인해 기자들이 방문취재를 할 수 없는 상황이 이곳저곳에서 나타났던 것이다. 요즘은 화상인터뷰도 가능한 시대이지만 어찌 됐던 만나서 얼굴 보면서 인터뷰를 하는 것과는 차이가 있기 마련이다. 그러다 보니 취재는 하루 이틀씩 미뤄지게 되고 출판사에 넘겨야 할 시점은 빠닥빠닥 다가왔으니 나로서는 기자들을 재촉하지 않으면 안 되었다.

어떤 기자들은 꼬박 두 달간 집에 격리되어 문 밖을 나올 수 없는 상황에서 인터뷰할 수 있는 여건도 안 되지만 더욱이 마음이 안정되지 않았던 것이다. 원고에 대한 기준은 대충 정하고 시작했건만 취재대상자들의 사연이 각기 다르고 기자들의 접근 방식과 글 다루는 재주가 서로 다르다보니 하나의 책으로 통일시키는 것이 결코 쉬운 일은 아니었다.

다행스러운 것은 취재한 30명 기업인들의 이야기가 생동감 있고 내용이 알차 편집과정에 저절로 감명을 받기도 하였다. 이렇게 훌륭한 조선족 기업인들이 중한 수교 이후 한국과의 경제교류과정에 일으킨 가교역할은 여태껏 조명하지 않았던 부분들이라는 생각이 들었다. 중한 수교 30년간 조선족 기업인들은 대체로 한국을 통해 시장경제에 눈 뜨게 되었고 잔심부름을 시작으로 경영노하우를 배워왔다. 하지만 조선족 기업인들의 역할은 날이 갈수록 커졌고 한국 기업들이 중국에서 자리 잡고 사업을 키워가는 가장 중요한 자산이 되었다. 그들은 조건없이 상생의 관계로 서로 원원하는 훌륭한 사례들을 무수히 많이 만들어낸 장본인으로 오늘 이 책의 주인공들이 된 것이다.

이 책의 출판을 앞두고 전 유엔사무국 부총장 사주캉, 중국공상연 제9기 부주석 청루, 전 대한민국 총리 이수성, 대한민국 경기도지사 김동연 등 거물급 인사들이 추천사를 써주셨다. 책의 내용도 무게가 있지만 이런 분들의 공감을 자아냈다는 것은 기자들의 고생이 헛되지 않았다는 위안을 받게 한다.

본인은 이 책의 주필로서 감개가 무량하다. 주인공들은 중한 양국의 교량역할을 해온 무지개를 수놓는 사람들이고, 기자들은 그런 사람들을 기록한 무명영웅들이다. 단 주인공과 기자들 모두 조선족이라는 점에서 우리들의 이야기는 좀 더 실감나고 가치를 더해주는 듯한 느낌이 든다. 더욱 많은 조선족들의 이야기를 담아내지 못한 것이 못내 아쉽다. 하지만 과거에도 그랬듯이 앞으로도 명예보다는 실리로 중한 간에 더욱 알찬 협력이 이루어지는데 있어 조선족 기업인들의 역할이 새롭게 주어질 것이라 믿어 의심치 않는다.

중국 조선족 기업가 30인에 대한 취재 실록

무지개를 수놓는 사람들

초판인쇄 2022년 8월 18일   **초판발행** 2022년 8월 20일

주 필 이춘일
펴낸이 이혜숙   **펴낸곳** 신세림출판사
등록일 1991년 12월 24일 제2-1298호

04559 서울특별시 중구 퇴계로49길 14
　　　(충무로5가, 충무로엘크루메트로시티2) 1동 720호
전화 02-2264-1972   팩스 02-2264-1973
E-mail : shinselim72@hanmail.net

정가 25,000원

ISBN 978-89-5800-253-6, 03070